"十三五"国家重点图书出版规划项目
新型智慧城市研究与实践——BIM/CIM系列丛书

新型智慧城市设计与建造

刘伊生 主编

中国城市出版社

图书在版编目（CIP）数据

新型智慧城市设计与建造/刘伊生主编．—北京：中国城市出版社，2020.12
（新型智慧城市研究与实践：BIM/CIM系列丛书）
ISBN 978-7-5074-3327-2

Ⅰ.①新… Ⅱ.①刘… Ⅲ.①现代化城市－城市建设－研究 Ⅳ.①C912.81

中国版本图书馆CIP数据核字（2020）第246085号

本书是"新型智慧城市研究与实践——BIM/CIM系列丛书"中的一本，书中聚焦新型智慧城市的设计与建设环节，通过吸收大量有关新型智慧城市的最新理论、政策与实践，力求建立相对完善的新型智慧城市设计和建造理论和应用框架体系。本书按照新型智慧城市总论、设计、建造和应用的思路，全书共分为三篇，包括8个章节。第一篇对新型智慧城市进行整体论述，第二篇聚焦新型智慧城市设计，第三篇聚焦新型智慧城市建造。本书内容全面，指导性强，可供地方城市领导、智慧城市设计与建造者、智慧城市相关专家学者参考使用。

责任编辑：王砾瑶　范业庶
版式设计：锋尚设计
责任校对：姜小莲

新型智慧城市研究与实践——BIM/CIM系列丛书
新型智慧城市设计与建造
刘伊生　主编

*

中国城市出版社出版、发行（北京海淀三里河路9号）
各地新华书店、建筑书店经销
北京锋尚制版有限公司制版
北京雅昌艺术印刷有限公司印刷

*

开本：787毫米×960毫米　1/16　印张：20　字数：353千字
2020年12月第一版　2020年12月第一次印刷
定价：148.00元
ISBN 978-7-5074-3327-2
（904309）

版权所有　翻印必究
如有印装质量问题，可寄本社图书出版中心退换
（邮政编码100037）

丛书编审委员会

顾　问：褚君浩　郭仁忠　周成虎　孟建民　沈振江
主　任：尚春明　彭　明　沈元勤
副主任：郑明媚　聂聪迪　万碧玉　姜　栋　刘伊生
　　　　张　雷　刘　彪　张立杰　蒋瑾瑜　朱俊乐
　　　　张观宏　樊红缨
委　员（以姓氏笔画为序）：
　　　　马　蓉　朱　庆　吴晓敏　吴淑萍　张劲文　陈　炼
　　　　陈慧文　周　泓　郑从卓　赵蕃蕃　梁化康

组织编写单位：
中国城市出版社
深圳市斯维尔城市信息研究院

编写单位（以单位名义参编并提供相应支持）：
中国城市和小城镇改革发展中心
宁波市智慧城市规划标准发展研究院
德国弗莱堡市经济与公共事务国际管理咨询公司
中城智慧（北京）城市规划设计研究院
北京交通大学
同济大学
深圳市斯维尔科技股份有限公司
深圳清华大学研究院斯维尔城市信息研究中心
广东省BIM+CIM工程管理工程技术研究中心

本书编写委员会

顾　　问：孟建民

主　　编：刘伊生

副 主 编：张立杰　吴淑萍　梁化康

编　　委（以姓氏笔画为序）：

　　　　　于　琪　王之龙　甘旭阳

　　　　　宁若宇　苏家兴　杨亭丽

　　　　　张志东　张育雨　郑　瀚

　　　　　彭译萱

出版说明

自2012年国家多部委开始开展智慧城市试点以来，历经数年发展，各地逐渐摸索出符合我国国情的智慧城市建设方案。随着智慧城市建设工作的不断推进，对协调融合、信息共享的需求为智慧城市的建设提出了更高要求，新型智慧城市这一概念逐渐出现在公众视野中。2015年，新型智慧城市被首次写入政府工作报告；2016年，国家"十三五"规划纲要明确提出"建设一批新型示范性智慧城市"；同年10月，中共中央总书记习近平在主持中央政治局集体学习时强调，"以推行电子政务、建设新型智慧城市等为抓手，以数据集中和共享为途径，建设全国一体化的国家大数据中心，推进技术融合、业务融合、数据融合，实现跨层级、跨地域、跨系统、跨部门、跨业务的协同管理和服务。"党的十九大报告也指出，要把我国建设成一个网络强国，推动数字中国进程，构建智慧社会。近年来，依托大数据和现代信息技术的发展，打造智慧城市，正成为各地政府的一致选择。

由于新型智慧城市对信息协同共享的高要求，亟须建立相应的信息化平台作为实现这一要求的技术基础。近年建筑信息模型（BIM）和城市信息模型（CIM）开始在学界和产业界发酵，被认为是解决多源数据融合问题的有力支撑。2018年11月住房城乡建设部《"多规合一"业务协同平台技术标准（征求意见稿）》中鼓励有条件的城市在BIM应用的基础上建立城市信息模型（CIM）；目前，已有北京城市副中心、广州、厦门、雄安新区以及南京被住房城乡建设部列入"运用建筑信息模型（BIM）进行工程项目审查审批和城市信息模型（CIM）平台建设"试点城市。

目前市场上关于智慧城市的书籍，多为顶层设计或智慧城市中某一具体领域的应用，尚未形成体系。基于此背景，中国城市出版社、深圳市斯维尔城市信息研究院合作组织了包括中国城市和小城镇改革发展中心、中城智慧（北京）城市规划设计研究院、同济大学、武汉大学、北京交通大学、西南交通大学等多家单位的专家和学者组成的编写团队，结合国内外智慧城市优秀案例，全面探讨和总结了新型智慧城市的提出和发展模式、资源与规划、设计与建造、运营与治理，并提出了对未来城市发展的展望。

本丛书于2019年增补为"十三五"国家重点图书出版规划项目，丛书共分为四个分册，包括：《新型智慧城市概论》《新型智慧城市资源与规划》《新型智慧城市设计与建造》《新型智慧城市运营与治理》。在丛书的编写过程中，正值新型冠状病毒肺炎疫情。疫情防控的经验告诉我们，"新型智慧城市"不只局限于城市建设，除了智能交通、智能生活、智能公共服务外，还包括城市管理、智慧社区、绿色低碳建筑、再生能源等各个方面。本丛书及时总结了突发公共卫生事件和新基建下新型智慧城市的发展方向和路径。相信本丛书的出版将对我国新型智慧城市的建设起到一定的引领和指导作用，同时为新型智慧城市研究人员与高校师生了解新型智慧城市建设内容及实际案例应用提供重要参考。

中国城市出版社

2020年12月

丛书序言

建设新型智慧城市，是新时代为了满足人民日益增长的美好生活的需要，是解决城市发展不平衡的矛盾的需要，是解决"城市病"的需要，是实现中华民族伟大复兴的中国梦的需要。

当前中国正处于城镇化的重要阶段，根据2017年有关统计数据，目前中国有30个城市的全域人口超过了800万，有13个城市的全域人口超过了1000万。各个城市经济发展不均衡，各个城市的自然条件、产业发展、工业化和城镇化水平、商业环境、人口结构等情况各不相同，各大城市面临的问题也各不一样。

城镇化不仅是中国也是当今世界上最重要的社会、经济现象之一。21世纪初，全球人口的半数以上生活在城市地区，并且这种趋势仍在加剧，每年有超过6000万人涌入城市。现在，城镇化的步伐还在加快，随之而来的是大都市和城市群，这在人口密集的亚洲表现得尤为明显。根据联合国的预测，全世界358个百万人口城市中的153个出现在亚洲；27个人口超过千万的"超级城市"中有15个在亚洲。作为全球人口最多的国家，中国在城镇化过程中衍生出人口超千万的超大城市是必然的，很多问题也随之而来。

城镇化进程中涌现出了各种"城市病"，例如异常脆弱的基础设施、日益加剧的交通拥堵、不断恶化的生态环境、进城务工人员的蜗居生活……这些都是在城镇人口快速增长过程中出现的问题。

那些人口超千万的超大城市面临的问题尤为严峻，这些问题主要集中在以下几个方面：第一，当前超大城市地面沉降问题日益凸显。中国现在有超过50个城市发生地面沉降，地面沉降是一种严重的自然灾害，会危及城市基础设施的安全。第二，极端条件环境下城市灾害频发。超大城市的发展改变了土地利用性质，当城市不透水面占75%以上后，55%的降水需要靠地表径流来排，不透水层变化从根本上改变了降水再分配。由此带来的影响涉及城市建筑安全、城市生活，也影响城市的正常功能。近年来特大暴雨频发，如2016年汛期的武汉，24小时降雨达到550毫米。灾害频发给老百姓的生活带来很多不便，甚至会危及生命，对城市的经济也造成了巨大的损失。第三，交通拥堵问题突出。目前，国内外城市（特别是超大城市）普遍存在高峰期交通拥堵、停车难、公共交通出行难、交通管理难等问题，城市交通发展面临着交通安全和通行效率的双重挑战。第四，城市能源问题。大城市现有能源系统也面临着挑战，绿色能源生产不可持续，能源使用效率低。

上述这些"城市病"需要通过智慧城市来解决。智慧城市在实现经济转型发展、城市智慧管理和对广大工作和生活在城市的居民的智能服务方面具有广阔的前景，从而使得人与自然更加协调发展。

智慧城市要掌握三大技术，有这三大技术才能构成智慧城市。

第一个技术是"数字城市"空间信息技术，就是把物理空间城市所有相关的空间数据和非空间数据等全部数字化，将它们呈现在网络空间。中国的数字城市要从二维到三维、从室外到室内、从地上到地下，即三维GIS+BIM。

第二个技术是物联网（IoT）技术，通过无所不在的传感器网实现人与人、人与机器、机器与机器的互联互通，让在城市内外流动的人、车、物上网。物联网技术可以实现数字城市与现实城市的动态信息交换。BIM+3D GIS+IoT构成城市信息模型。

第三个技术是云计算。无处不在的、分布在城市中的大量各种类型的传感器不停地产生大量数据，通过物联网传输数据，但它们不能存储、处理和分析数据，所以需要无处不在的、社会化、集约化、专业化的动态可伸缩虚拟化的云计算和边缘计算来实现信息处理和智能服务。

简言之，城市具有生存繁衍、经济发展、社会交往、文化享受四大职能。智慧城市是城市职能的智能化延伸和发展，如实现智慧安防、智慧制造、智慧交通、智慧教育等，就是在上述四个方面保障城市"善政、促产、利民"。

习近平总书记在十九大报告中指出："以信息化推进国家治理体系和治理能力现代化，统筹发展电子政务，构建一体化在线服务平台，分级分类推进新型智慧城市建设，打通信息壁垒，构建全国信息资源共享体系，更好地用信息化手段感知社会态势、畅通沟通渠道、辅助科学决策。"2020年4月4日习近平总书记在杭州城市大脑运营指挥中心进一步指出："让城市更聪明一些、更智慧一些，是推动城市治理体系和治理能力现代化的必由之路，前景广阔。"习总书记的指示为我国新型智慧城市的建设指明了方向。

非常高兴看到"新型智慧城市研究与实践——BIM/CIM系列丛书"的策划与出版，本丛书由四册组成，第一分册《新型智慧城市概论》，在整体上介绍了新型智慧城市的发展历史，新型智慧城市的一些主要概念，以及国内外智慧城市的建设情况。第二分册《新型智慧城市资源与规划》，结合目前国内外智慧城市建设规划发展经验，对大数据时代下的新型智慧城市规划建设及相关的标准技术进行了梳理和总结。第三分册《新型智慧城市设计与建造》，聚焦新型智慧城市的设计与建设环节，通过吸收大量有关新型智慧城市的最新理论、政策与实践，力求建立相对完善的新型智慧城市设计、建造理论和应用框架体系。第四分册《新型智慧城市运营与治理》，在综合性分析与评估国内外智慧城市运营和治理方面的学术成果和发展成就的基础上，梳理与引导我国新型智慧城市建立运营生态体系和持续治理体系，完善生产生活、共享共治、维护正常的功能和秩序的过程，实现新型智慧城市对公共利益的保护，围绕提升新型智慧城市运营和治理能力的模式，利用大数据等作为先进技术范式来推动城市运营和治理能力的优化。

　　本丛书每分册均以BIM、GIS、CIM、物联网、大数据、5G等现代信息化技术应用为主线，对智慧城市不同阶段的建设内容、实施路径以及国内外实际应用案例进行了系统总结和分析。本丛书理论与实践相结合，覆盖面广，结构完整，内容翔实。对于国内外学者、研究及教学人员系统了解新型智慧城市建设内容及实际案例应用具有重要参考价值。

　　本丛书的出版，将填补新型智慧城市在规划、设计、建设、运营等方面体系化研究的空白，对总结新型智慧城市的实践经验，丰富新型智慧城市的内涵，发展具有中国特色新型智慧城市的理念，具有重要的学术价值，在我国建设国际一流的新型智慧城市方面具有引领与指导作用。

中国科学院院士、中国工程院院士
武汉大学教授、博士生导师
2020年7月8日于武汉

前言

我国在2012年开展了首批90个国家智慧城市试点工作。2014年,国务院印发《国家新型城镇化规划(2014—2020年)》,提出要推进智慧城市建设;同年,国家发展改革委等八部委发布《关于促进智慧城市健康发展的指导意见》。2016年,国家"十三五"规划纲要明确提出"建设一批新型示范性智慧城市"。

截至2020年,中国有超过500个智慧城市项目,占全球智慧城市项目总数的50%。整体来看,我国的智慧城市建设目前已初具规模。但随着我国经济发展进入新常态,支撑经济增长的旧有动能减弱、新动能正在形成,智慧城市的发展也面临诸多新要求、新挑战。2016年,国家发展改革委等25个部门在新型智慧城市建设部际协调工作组第一次会议上强调,要紧密围绕国家战略需求,建设"新型智慧城市"。但针对新型智慧城市的设计与建造,尚有诸多问题亟待探索和解决。

本书吸收了大量有关新型智慧城市设计与建造的最新理论、政策与实践,力求建立相对完整的新型智慧城市设计与建造理论和应用框架体系。按照新型智慧城市总论、设计与建造思路,全书共分为三篇8章。

第一篇新型智慧城市总论共包括2章。首先阐述新型智慧城市的特征及建设内容,接着介绍主要支撑技术;特别是结合国家对于"新基建"发展战略部署及"新冠肺炎疫情"冲击,讨论了新型智慧城市所面临的机遇和挑战。

第二篇新型智慧城市设计共包括3章。首先基于国家标准《智慧城市 顶层设计指南》GB/T 36333—2018阐述新型智慧城市顶层设计,在此基础上聚焦新型智慧城市两大核心内容——智慧建筑和智慧交通,对设计方法和案例应用进行深入分析。

第三篇新型智慧城市建造共包括3章。首先,从整体上分析了新型智慧城市建造主体与实施模式;接着,深入分析了新型智慧城市建造应用较多的PPP模式;最后,着重阐述了全过程工程咨询和工程总承包模式的政策要求和实施要点。

新型智慧城市设计与建造涉及的学科和专业非常广泛，且不断有新的技术、理念、案例出现。在编写过程中，本书参考、引用了诸多文献、案例等资料，再次表示衷心感谢！同时，感谢中国城市出版社和深圳市斯维尔城市信息研究院对本书编写和出版的大力支持。

本书不妥之处在所难免，恳请读者批评指正。

编者

2020年12月

目录

第一篇 新型智慧城市总论

第1章 新型智慧城市的特征及建设内容 ······ 2

1.1 新型智慧城市的内涵与特征 ······ 2
    1.1.1 新型智慧城市的提出 ······ 2
    1.1.2 新型智慧城市的内涵及基本架构 ······ 4
    1.1.3 新型智慧城市的本质特征 ······ 6

1.2 新型智慧城市的建设目标和内容 ······ 8
    1.2.1 新型智慧城市的建设目标 ······ 8
    1.2.2 新型智慧城市的建设内容 ······ 9

1.3 新型智慧城市未来发展及面临的挑战 ······ 11
    1.3.1 新型智慧城市未来发展 ······ 12
    1.3.2 新型智慧城市发展面临的挑战 ······ 14

拓展阅读 新型冠状病毒肺炎疫情对新型智慧城市的影响 ······ 16
    1. 新型冠状病毒肺炎疫情 ······ 16
    2. 新型冠状病毒肺炎疫情为智慧城市建设带来的挑战 ······ 16

第2章 新型智慧城市支撑技术 ······ 19

2.1 地理空间信息与可视化技术 ······ 20
    2.1.1 GIS技术 ······ 20
    2.1.2 BIM和CIM技术 ······ 23
    2.1.3 VR、AR和MR技术 ······ 32

2.2 云计算与大数据技术 ······ 36
    2.2.1 云计算技术 ······ 36
    2.2.2 大数据技术 ······ 39

2.3 物联网与人工智能技术 ······ 42

  2.3.1 物联网技术 …………………………………… 42
  2.3.2 人工智能技术 ………………………………… 49

2.4 5G与信息安全技术 …………………………………… 64
  2.4.1 5G技术 ………………………………………… 64
  2.4.2 信息安全技术 ………………………………… 68

拓展阅读 "新基建"与新型智慧城市技术发展 ………… 72
  1. "新基建"概念的提出 ………………………………… 72
  2. "新基建"与"智慧城市3.0" ………………………… 73

第二篇 新型智慧城市设计

第3章 新型智慧城市顶层设计 ……………………… 78

3.1 **新型智慧城市顶层设计特点和意义** ………………… 78
  3.1.1 顶层设计内涵和特点 ………………………… 78
  3.1.2 顶层设计意义 ………………………………… 79

3.2 **新型智慧城市顶层设计基本原则和过程** …………… 80
  3.2.1 顶层设计考虑因素和基本原则 ……………… 80
  3.2.2 顶层设计基本过程 …………………………… 84

3.3 **新型智慧城市顶层设计内容和方法** ………………… 89
  3.3.1 需求分析内容和方法 ………………………… 89
  3.3.2 总体设计内容和方法 ………………………… 90
  3.3.3 架构设计内容和方法 ………………………… 91
  3.3.4 实施路径设计内容和方法 …………………… 96

3.4 **新型智慧城市顶层设计案例** ………………………… 97
  3.4.1 总体设计 ……………………………………… 98
  3.4.2 架构设计 ……………………………………… 98
  3.4.3 实施路径设计 ………………………………… 100

第4章 智慧建筑设计 …………………………………… 102

4.1 **智慧建筑概述** ………………………………………… 102

  4.1.1　智慧建筑的概念与特征 …………………………………… 102
  4.1.2　智慧建筑与智慧城市的关系 ………………………………… 106
  4.1.3　智慧建筑的系统架构与设计要素（含相关标准）…… 108
4.2　**智慧居住建筑设计及案例** ……………………………………… 111
  4.2.1　智慧居住建筑的概念 ………………………………………… 111
  4.2.2　智慧居住建筑的主要构成及设计要素 ……………………… 112
  4.2.3　智慧居住建筑案例 …………………………………………… 113
4.3　**智慧公共建筑设计及案例** ……………………………………… 117
  4.3.1　智慧公共建筑的概念及分类 ………………………………… 117
  4.3.2　智慧公共建筑的主要构成及设计要素 ……………………… 122
  4.3.3　智慧公共建筑案例 …………………………………………… 127
4.4　**智慧建筑未来科技与发展趋势** ………………………………… 131
  4.4.1　智慧建筑未来科技 …………………………………………… 131
  4.4.2　智慧建筑发展趋势 …………………………………………… 135

第5章　城市智慧交通设计 …………………………………… 136

5.1　**城市智慧交通概述** ……………………………………………… 136
  5.1.1　城市智慧交通特征及相关政策 ……………………………… 137
  5.1.2　智慧交通与智慧城市的关系 ………………………………… 143
5.2　**城市智慧交通核心技术** ………………………………………… 144
  5.2.1　交通信息采集技术 …………………………………………… 144
  5.2.2　交通网络传输技术 …………………………………………… 147
  5.2.3　交通信息处理技术 …………………………………………… 150
  5.2.4　交通动态控制技术 …………………………………………… 155
  5.2.5　交通地理信息系统 …………………………………………… 157
5.3　**城市智慧交通技术标准** ………………………………………… 159
  5.3.1　网络基础设施标准 …………………………………………… 159
  5.3.2　交通网技术标准 ……………………………………………… 162
  5.3.3　智能交通技术标准 …………………………………………… 172
5.4　**城市智慧交通系统设计要素** …………………………………… 173
  5.4.1　交通集成管理及道路监控 …………………………………… 173

  5.4.2 出行者信息服务 ·········· 176
  5.4.3 车辆运营管理及监控 ·········· 182
  5.4.4 电子收费系统 ·········· 186
  5.4.5 智能车辆与自动公路 ·········· 188
  5.4.6 紧急事件及警务管理 ·········· 191
 5.5 城市智慧交通案例 ·········· 194
  5.5.1 国外城市智慧交通案例 ·········· 195
  5.5.2 国内城市智慧交通案例 ·········· 201

第三篇　新型智慧城市建造

第6章　新型智慧城市建造主体与实施模式 ·········· 210

6.1　新型智慧城市建造主体及特点 ·········· 210
  6.1.1 政府部门为主体的智慧城市建造 ·········· 211
  6.1.2 电信运营商为主体的智慧城市建造 ·········· 213
  6.1.3 系统集成商为主体的智慧城市建造 ·········· 217

6.2　国内外智慧城市建造的典型模式 ·········· 228
  6.2.1 政府独资建造模式 ·········· 228
  6.2.2 政府与市场主体合资建造模式 ·········· 232
  6.2.3 市场主体独立建造模式 ·········· 236

第7章　新型智慧城市PPP市场发展及运作流程 ·········· 240

7.1　PPP及其在新型智慧城市建设中的应用 ·········· 240
  7.1.1 PPP内涵及分类 ·········· 240
  7.1.2 智慧城市PPP应用的必要性和可行性 ·········· 245
  7.1.3 智慧城市PPP的应用范围和运作方式 ·········· 246

7.2　新型智慧城市PPP市场发展 ·········· 250
  7.2.1 市场发展规模及特征 ·········· 250
  7.2.2 市场发展存在的主要问题 ·········· 256

7.3　新型智慧城市PPP项目运作流程 ·········· 259

7.4　新型智慧城市PPP项目案例 ·· 261
　　7.4.1　国内案例 ··· 261
　　7.4.2　国外案例 ··· 266

拓展阅读1　我国PPP相关政策梳理 ·· 269

拓展阅读2　我国智慧城市PPP项目梳理 ·· 276

第8章　新型智慧城市建造组织实施模式 ·············· 285

8.1　全过程工程咨询 ·· 285
　　8.1.1　政策要求 ··· 286
　　8.1.2　实施要点 ··· 289

8.2　工程总承包 ·· 291
　　8.2.1　政策要求 ··· 291
　　8.2.2　实施要点 ··· 296
　　8.2.3　应用案例 ··· 298

参考文献 ·· 300

第一篇
新型智慧城市总论

- 新型智慧城市的特征及建设内容
- 新型智慧城市支撑技术

第1章 新型智慧城市的特征及建设内容

随着我国城市化进程的不断加快，人口超载、社会治安、交通拥堵、资源紧缺和生态恶化等问题也愈发凸显，严重影响了居民的日常生活。与此同时，地理信息系统与可视化、云计算与大数据、物联网与人工智能、5G与信息安全等技术不断发展，部分城市管理人员在系统层面的协同管理思维也初步形成。2015年我国提出建设新型智慧城市，为其赋予了新的内涵和特征、明确了"为民服务全程全时、城市治理高效有序、数据开放共融共享、经济发展绿色开源、网络空间安全清朗为主要目标"的建设目标，丰富了建设内容，为新型智慧城市建设指明了方向。尽管如此，新型智慧城市的未来发展仍面临着重重考验。

1.1 新型智慧城市的内涵与特征

1.1.1 新型智慧城市的提出

1. 智慧城市概念

关于智慧城市概念，国内外专家学者意见不一，但可以大致分为三派：技术论派（如IBM公司、华为等）认为技术的应用和创新是建设智慧城市的基础，智慧城市就是信息技术武装下的更智能、更便利的新型城市；应用论派从城市运营管理智能化和决策智能化的角度对智慧城市进行描述，强调智慧城市的智能应用特征，认为智慧城市是通过智能系统的广泛应用,提高了资源管理、环境保护、经济活动等领域的智能化水平;而系统论派认为智慧城市是一个类生命体的大系统,能够通过感知、认识、学习、成长等环节的培育,具备完善的创新、决策、调控能力和行为意识,不断增强自身的智慧化水平。

综合以上说法,智慧城市是一种将新一代信息技术与城市发展相结合,形成一系列智慧应用功能,能促进城市规划、建设、管理、服务并且能够系统地解决城市发展问题,最终达到改善居民生产生活质量目标的城市可持续发展新形态。

2. 新型智慧城市提出背景

"智慧城市"这一提法最早出现在1990年5月美国旧金山举行的一次国际会议,会议以实现全球经济可持续发展为目标,探索城市化基础设施如何通过网络等信息通信技术进行互联互通。进入21世纪,新加坡、韩国、欧盟相继提出了要建设"智慧城市""智慧国家"等理念,尽管当时对智慧城市的认识和研究还不全面,但这些实践摸索为全球智慧城市建设提供了引导和启发作用。

2008年11月6日,时值全球金融危机和美国国家领导人选举的前夕,IBM总裁彭明盛在美国对外关系委员会上讲话的主题为《智慧的地球:下一代领导人议程》,他提出要把新一代信息技术充分运用在各行各业中,形成万物互联的网络,"智慧城市"被国际信息技术领头企业再一次提及,它也是"智慧地球"的核心组成部分。奥巴马政府在2009年2月的《经济复兴计划》中提出了一系列推进"智慧地球"的举措,并将其上升为美国国家战略,使美国迈出了智慧城市建设的第一步。随后,"智慧城市"在全球范围内也受到了广泛推广和实践,中国、日本、印度等也都加入智慧城市建设浪潮中来。

我国智慧城市的建设也正在如火如荼地进行当中,在2012年开展了首批90个国家智慧城市试点工作,截至2017年年底,已有超过500个城市均已明确提出或正在建设智慧城市,部分城市有效地改善了公共服务能力,促进了城市经济发展。然而由于对智慧城市认识不足,许多问题在这一阶段爆发出来。例如,在建设过程中以技术为主导,将智慧城市建设和城市信息化建设划等号;出现信息孤岛现象,重复建设浪费大量财政资源;业务架构协同不到位,不同领域之间没有实现真正的互联互通;信息安全存在隐患等。现有的智慧城市建设显然已经不能全面有效地解决城市发展面临的问题,无论是人民还是政府都对智慧城市的建设提出了更高的要求。

面对智慧城市发展的新挑战和新要求,2015年12月16日,在浙江乌镇举办的第二届世界互联网大会上习近平提出关于共同构建网络空间命运共同体的五点主张,对于互联网时代的新型智慧城市建设这一重大主题具有十分重要的指导作用。尤其是加快网络基础设施建设、推动网络经济创新发展、保障网络安全等主张,指明了新型智慧城市建设的关键所在。2016年,国家"十三五"规划纲要明确提出"建设一批新型示范性智慧城市"。2017年,新型智慧城市建设开始提档加速。

随着国家治理体系和治理能力现代化的不断推进,"创新、协调、绿色、开放、共享"的发展理念也在不断深入,网络强国战略、国家大数据战略、互联网+行动计划相继实施,数字中国的建设不断发展,城市被赋予了新的内涵和新的要求,这不仅推动了传统意义上的智慧城市向新型智慧城市演进,更带来了前所未有的发展机遇。

1.1.2 新型智慧城市的内涵及基本架构

1. 新型智慧城市内涵

新型智慧城市是我国在传统智慧城市建设过程中经过不断摸索,进入瓶颈期后寻求突破的新阶段,它是现代信息技术和城市发展深度融合的产物。目前,我国还处于从建设传统智慧城市向建设新型智慧城市转变时期。

和传统智慧城市相比,新型智慧城市被赋予了新的内涵,可以简化为五个词:惠民、善治、开放、绿色和安全。

惠民,就是要做到全程全时地服务人民。新型智慧城市的本质是全心全意为人民服务的具体措施与体现,因此发展新型智慧城市必须从人民群众的根本利益出发,不断满足人民群众日益增长的美好生活需要,不断促进公共服务的公平性,确保经济社会和人的全面同步发展,让居住在城市中的居民有认同感、获得感和幸福感。

善治,就是让城市治理更加高效有序。新型智慧城市利用传统智慧城市建设已有的基础设施和技术条件,实现低成本地收集、统计和整理城市治理中的信息,使得城市治理透明化,并倒逼城市治理制度和治理理念的改革与创新,形成现代化的城市治理制度体系,最终实现公共利益最大化。

开放,就是数据要更加开放、共融共享。传统智慧城市建设始终存在着数据使用效率低、数据资源割裂等现象。新型智慧城市的政府上下力求信息化并做到云数据开放，但由于政府信息数据的特殊性，电子政府云数据信息一体化缺乏良性环境。尤其针对这些资源的有效配置和分配规范并没有达成一致。因此，想要实现数据共享，就需要尽快找到数据安全开放可见度的平衡点，并且有效解决在要求数据共享的呼声如此高涨的当下依旧存在的数据割裂的现状。

绿色，就是经济发展要绿色开源。盲目建设在传统智慧城市建设中并不少见，浪费了大量资源，造成环境污染等问题。新型智慧城市的建设发展一定要走可持续方向，改善城市居民生产生活方式和环境，倡导人民生活、政府管理低碳环保，达到人与自然和谐共生的状态。

安全，就是指网络空间安全清朗。传统智慧城市建设的工作内容集中在网络空间的覆盖面和传输速度上，而新型智慧城市是要建设安全可控、高效便捷且智能的信息基础库和感知系统，增强关键信息安全韧度，提升信息安全事件响应速度，对网络不良信息进行治理。网络是新型智慧城市建设的支撑点，保证网络空间的安全、可靠是建设过程中需要特别注意的一环。

综上所述，新型智慧城市的定义是以为民服务全程全时、城市治理高效有序、数据开放共融共享、经济发展绿色开源、网络空间安全清朗为主要目标，通过体系规划、信息主导、改革创新，推进新一代信息技术与城市现代化深度融合、迭代演进，实现国家与城市协调发展。

2. 新型智慧城市基本架构

新型智慧城市的基本架构被概括为"六个一"系统工程，即构建一个开放的体系架构，构建共性基础"一张网"，建立一个通用功能平台，建立一个数据体系，建立一个高效的运行指挥中心，建立一套统一的标准体系。

构建一个开放的体系架构。新型智慧城市是一个复杂巨系统，需要遵循体系建设规律，运用系统工程方法，构建开放的体系架构，通过"强化共用、整合通用、开放应用"的思想，指导各类新型智慧城市的建设和发展。

构建共性基础"一张网"。为了实现城市的精确感知、信息系统的互联互通和惠民服务的无处不在，要构建一张天地一体化的城市信息服务栅格网，夯实新型智慧城市建设的基础。

建立一个通用功能平台。为有效管理城市基础信息资源，提高系统的使用效率，要构建一个通用功能平台，实现各类信息资源的调度管理和服务化封装，进而支撑城市管理与公共服务的智慧化。

建立一个数据体系。海量数据是新型智慧城市的特有产物，要建立一个开放共享的数据体系，通过对数据的规范整编和融合共用，实现并形成数据的"总和"，进而有效提高决策支持数据的生产与运用，进一步提升城市治理的科学性和智能化水平。

建立一个高效的运行指挥中心。为更好地对城市的市政设施、公共安全、生态环境、宏观经济、民生民意等状况有效掌握和管理，需要构建新型智慧城市统一的运行中心，实现城市资源的汇聚共享和跨部门的协调联动，为城市高效、精准管理和安全、可靠运行提供支撑。

建立一套统一的标准体系。标准化是新型智慧城市规范、有序、健康发展的重要保证，需要通过政府主导，结合各城市特色，分类规划建设内容及核心要素，建立健全涵盖"建设、改革、评价"三方面内容的标准体系。

从新型智慧城市的基本架构之中可以扩展出新的智慧城市建设的体系框架，包括感知层、网络层、数据层、应用层、调度层。

如图1-1所示，感知层通过各种传感设备感知城市的运行状况，由网络层高速安全地传输到城市信息基础数据库中，由数据处理中心结合其他行业数据库进行数据的传输、整理、融合、分析和智能决策，并给上游应用提供支撑服务。新型智慧城市运营中心能够实现城市资源的汇集共享，为城市的高效管理提供支撑，在遇到突发公共事件时，也可以作为集中指挥部统一调度。最后，要形成一套新型智慧城市标准规范体系和一套网络空间安全体系。

1.1.3　新型智慧城市的本质特征

IBM在《智慧的城市在中国》白皮书中提出智慧城市需要具备四大特征：全面物联、充分整合、激励创新、协同运作。新型智慧城市除了延续传统智慧城市的基本特征以外，囊括了更多的本质特征。

图 1-1 新型智慧城市基本架构

图片来源：笔者自绘

新型智慧城市是一个开放的复杂巨系统。根据钱学森对系统论的定义，新型智慧城市与周边城市、区域乃至世界都存在着物质、能量和信息的交换，它所包含的子系统难以计数、功能复杂、结构庞大、系统层次多，具备着典型开放的复杂巨系统特点，需要使用系统科学和系统工程的新方法。

新型智慧城市有着全新的发展理念。新型智慧城市将"创新、协调、绿色、开放、共享"作为其发展理念。崇尚创新是前提条件，为建设注入动力和活力；注重协调是现实需要，实现整体功能最优化；倡导绿色是重要体现，绿色低碳环保活动全民参与；厚植开放是有效途径，落实互利共赢开放战略；推进共享是根本要求，推进公共服务均等化。

新型智慧城市需要构建一个城市大脑。传统智慧城市建设中存在的最主要的问题就是信息孤岛问题，针对如何解决这一问题，新型智慧城市提出构建一个城市大脑，用于加强智慧城市建设与工业化、信息化、城市化、农业现代化的融合发展，实现城市的全面管理和资源的实时调配，对城市运行数据进行分析，是支撑城市决策优化和服务优化的新技术。

新型智慧城市强调顶层设计。传统智慧城市建设一般是单个城市发展，各地也都热衷于单个智慧项目的建设。新型智慧城市对顶层设计有着极高的要求，基于网络实现跨部门、跨层级和跨领域的信息共享和业务协同，要求建立多方面的协同发展体系，推动城市特色化建设，不断缩小城市之间的差距，实现整体智慧和繁荣。

新型智慧城市注重市场力量。新型智慧城市作为体量十分巨大的系统工程，只依靠政府力量一定会以失败告终。政府可在建设初期发挥引导作用，之后结合项目的属性实行多元化融资、多元化主体参与，政府应负责顶层设计、规则制定和非市场领域的项目建设，盈利项目可由企业参与建设，采取社会投资等模式，确保智慧城市建设的可持续性。另外，市场的技术创新活力是最旺盛的，政企合作进行技术革新可以实现共赢发展。

1.2 新型智慧城市的建设目标和内容

新型智慧城市是现代信息技术和城市发展深度融合的产物，是建设数字中国、智慧社会的核心载体。其建设目标是根本性问题，是新型智慧城市的出发点与终极服务归宿；建设内容则是新型智慧城市发展的终端呈现，是城市形象提升的关键。

1.2.1 新型智慧城市的建设目标

在智慧城市推进过程中，我国暴露出各城市各部门信息共享互联互通难、协同运作整合难，重技术轻应用，网络信息安全有隐患，城市发展问题难以被有效解决等问题。

在此背景下，国家发展改革委等25个部门于2016年在新型智慧城市建设部际协调工作组第一次会议上强调要建设新型智慧城市，以提升城市治理和服务水平为目标，以为人民服务为核心，推动信息技术与城市治理和公共服务深度融合，分级分类、安全护航、改革创新，打破信息藩篱。因此，建设新型智慧城市不仅是追求网络技术的应用，更应是以人为本、统筹协调，应用信息技术为公众提供优质的城市服务，提高城市治理水平，推进城市运作更安全、高效、便捷、绿色。

综合来看，根据"创新、协调、绿色、开放、共享"的新发展理念，新型智慧城的建设目标既要有全球视野，也要有地方特色，全面推进新一代信息通信技术与新型城镇化发展战略深度融合，以创新引领城市发展转型，提高城市治理能力现代化水平，提升人民群众幸福感和满意度，实现城市可持续发展。此外，结合新型智慧城市的内涵与特征，新型智慧城市的建设目标又可概括为五个方面：为民服务全程全时、城市治理高效有序、数据开放共融共享、经济发展绿色开源、网络空间安全清朗。

具体而言，新型智慧城市的建设目标可从政府、企业和居民三方面阐述。在政府层面，新型智慧城市的建设目标是提升城市的治理能力与公共服务能力，提升公共服务的便捷性与均等化，建立透明、高效的政府，构建宜商宜居的和谐社会。在企业层面，新型智慧城市的建设目标是为企业提供优质的服务和广阔的创新平台，使得企业能够在优良的营商环境中实现持续经营。在居民层面，新型智慧城市的建设目标是提升居民的生活品质，支持公众参与城市治理，全程、全时、全方位为居民提供服务，建造美好、绿色的宜居家园。

1.2.2 新型智慧城市的建设内容

根据维也纳科技大学的调查研究，建设新型智慧城市又可划分为智慧经济（Smart Economy）、智慧公民（Smart People）、智慧治理（Smart Governance）、智慧移动（Smart Mobility）、智慧环境（Smart Environment）和智慧生活（Smart Living）六大领域。这些以人为本的六大建设领域，值得我们借鉴和思考。因此，本节结合我国国情，以建设应用领域角度出发，将新型智慧城市的建设内容具体划分为：智慧交通、智慧建筑、智慧政务、智慧医疗、智慧教育、智慧物流、智慧社区、智慧经济等。

（1）智慧交通。建设智慧交通就是通过信息技术等手段，让交通变得有"智慧"，具有思考问题和解决问题的能力。这涉及交通运输系统的各方面、各环节，需统筹协调交通运输的所有业务、所有人、所有设施、所有装备以及所有企业。按服务领域划分，智慧交通可分为交通管理、电子收费、交通信息服务、智能公路与安全辅助驾驶、交通运输安全、运营管理、综合运输、交通基础设施管理和数据管理9个方面。

（2）智慧建筑。建设智慧建筑是通过信息技术等手段，根据人的体验和感受，向人们提供安全、高效、便捷、节能、环保、健康的建筑环境。这会涉及建筑和建筑中使用者行为习惯等多方面因素，也包括所有周边的建筑及一切可能存在关联的人、物及外部环境，即智慧建筑需构建人、环境、建筑之间相互协调的生态体系，包括智能化集成系统、信息化应用系统、信息设施系统和建筑设备管理系统等建设内容。

（3）智慧政务。政府治理能力的现代化发展是建立在现代化智慧政务系统构建基础上的，政府治理能力社会服务功能的最大化体现是由现代化智慧政务建设水平决定的。也就是说，提高政府公共服务和社会治理能力需要通过科学、合理的智慧政务建设工作来实现。随着互联网等信息技术的发展，智慧政务建设需纳入信息技术、智能技术、数字技术等，推动政务数据标准化、服务网络化、办理自动化，持续探索政府惠民便企服务新路径。

（4）智慧医疗。智慧医疗是利用物联网、云计算、大数据等信息技术，打造以患者为服务中心、以数据为支撑中心的医疗服务模式，构建以电子健康档案为中心的区域医疗信息平台，整合优化区域医疗资源，使紧缺的医疗资源合理分配。建设智慧医疗需根据医疗改革的发展需求，构建全覆盖的民生健康医疗智慧信息化服务体系，实现医疗行业的智能化、平台化、精准化、便捷化，推动医疗事业的繁荣发展。

（5）智慧教育。教育对未来城市的发展起着决定性的作用，提升其智慧化水平，对新型智慧城市的发展建设有着重要意义。智慧教育是指运用物联网、云计算为代表的一批新兴的信息技术，统筹规划、协调发展教育系统各项信息化工作，转变教育观念、内容与方法，以应用为核心，强化服务职能，构建网络化、数字化、个性化、智能化、国际化的现代教育体系。它旨在提升现有数字教育系统的智慧化水平，实现信息技术与教育主流业务的深度融合，促进智慧教学、智慧学习、智慧管理、智慧科研、智慧评价和智慧服务六大主流教育业务的顺利开展。

(6)智慧物流。目前,我国正加速进入以物流业务数字化和物流数据业务化为主要特征的智慧物流时代。智慧物流是通过物流系统和物联网以及互联网的深度融合,使物流系统具备自动化和可视、可控能力,并最终获得智能管理能力。它包括推动物流企业数字化改造,建立物流信息平台,加强物流数据政企共享合作应用,完善智慧物流标准体系建设,打造物流金融一体化平台等建设内容。

(7)智慧社区。住房城乡建设部发布的《智慧社区建设指南(试行)》(建办科[2014]22号)中明确规定:智慧社区是通过综合运用现代科学技术,整合区域人、地、物、情、事、组织和房屋等信息,统筹公共管理、公共服务和商业服务等资源,以智慧社区综合信息服务平台为支撑,依托适度领先的基础设施建设,提升社区治理和小区管理现代化,促进公共服务和便民利民服务智能化的一种社区管理和服务的创新模式。智慧社区建设旨在方便居民生活,高效进行基层社会治理,满足居民多元化的社会需求,实现信息资源的共享,促进社会阶层的融合。

(8)智慧经济。智慧经济是以创新为驱动,实现人与自然、人与社会的和谐与可持续发展。智慧经济与其他经济形态的根本区别在于:智慧经济通过云计算、大数据和物联网等技术,实现供给与需求之间快速、有效的信息传递,精准满足人们个性化需求,有效提升政府、企业和金融机构等各部门的工作效率,促进全要素生产率的提高。

1.3 新型智慧城市未来发展及面临的挑战

随着国家治理体系和治理能力现代化的不断推进,"创新、协调、绿色、开放、共享"发展理念的全面贯彻,城市也被赋予了新的内涵。新型智慧城市按照"创新、协调、绿色、开放、共享"的理念进行顶层设计,形成全国统一或区域统一的智慧城市公共信息平台,结合本地线下服务,实现集约化管理服务,打破了以往以一个城市为单位的智慧城市建设模式。新型智慧城市是信息时代下城市经营的新思维和新战略,是以发达的信息神经网络提升城市治理现代化,以无处不在的"互联网+"营造柔性繁荣的城市新型产业,是一个安全可信赖、服务体验时尚便捷、信息经济高度繁荣的城市,是信息社会城市发展的一种高级形态。

1.3.1 新型智慧城市未来发展

1. 贯彻理念，提高规划质量

智慧城市规划既要有全球视野，也要有地方特色，要以人民为中心，全面体现"创新、协调、绿色、开放、共享"新发展理念的要求，引领城市朝着绿色、低碳、现代、便利的智慧城市方向迈进。要着力构建集智慧交通、智慧治理、智慧民生、智慧医疗、智慧养老、智慧社保等为一体的智慧城市规划体系，通过智慧城市规划，促进横向、纵向间的信息资源共享与业务协同，逐步消除信息共享的障碍。

2. 价值导向，注重提升经济效益

建造新型智慧城市的最终目的是在"创新、协调、绿色、开放、共享"发展理念的指导下，实现人口、资源、环境、社会的全面协调可持续发展。目前，智慧城市建设主要是由政府主导筹措资金，企业积极提供技术和产品支撑。政府不计成本为智慧城市统一买单，但是不能平衡其经济效益，这种发展模式从长期来看并不能可持续。因此，新型智慧城市建设需要尊重市场经济规律，坚持市场和价值导向，遵循价值实现的内在逻辑，因势利导，协调好公益性与盈利持续性的关系。在新型智能城市建设过程中，一是需要兼顾其生态效益，欧洲国家长期受到环保主义的深远影响，一直致力于运用新技术促进城市的节能减排和环境保护工作，例如伦敦的智能建筑可以通过建筑隔热、冷热交换、天然采光等巧妙设计，充分利用太阳能、风能等可再生资源，大幅度节约供热能耗和电力消耗。二是需要提升其经济效益。从长期来看，未来新型智慧城市基础设施和政务服务的智能化将会使城市管理和服务成本更加低廉，科技与产业的结合将会使现代产业体系发生根本变革，工业互联网、智能制造、电子商务等的应用，能节约企业成本，匹配供需环节，优化产业流程，提高产品竞争力，提升城市产业经济水平。这样，才能使得新型智慧城市的发展可持续。

3. 开放共享，构建一体化大数据平台

目前，各城市、各部门、各主体之间在智慧城市建设上还存在着一定割裂，存在数据重复建设、更新不及时等问题，存在"信息孤岛"和"数据鸿沟"现象，这与"协调、开放、共享"的发展理念相悖。新型智慧城市建设要求构建一体化的时空大数据平台，实现数据的互融互通和开放共享，最终节约财政成本，促进跨部门业务协同，推进服务型政府建设。在此基础上，新型智慧城市可以新建"云上政务平台"，联合各行政部门在线进行城市服务，打造"行政审批不见面""城市服务一条龙"的优质服务模式。建立和完善城市人口、法人、资源、经济、信用等基础信息数据库，加强城市服务能力。

4. 多方参与，构建立体化产业生态圈

传统的智慧城市主要是由政府主导，企业为参与主体，居民参与较少。新型智慧城市建设强调多方主体的共同参与，涉及政府组织、技术服务商、产品服务商、金融服务商、研究机构、产业联盟等多个参与方。在这个"物网互联""万物互联"的时代，将会通过多方共同合作构建的方式，打造涵盖开放式物联网平台、大数据云平台、政企合作平台、金融服务平台、医疗合作平台、教育合作平台在内的多个立体化的产业生态圈。新型智慧城市将深刻影响未来城市功能，构建的立体化产业生态圈将涵盖城市管理、人居环境、基础设施、公共服务、现代产业体系等方方面面，为城市居民提供衣、食、住、行、娱、医、保、投、学等人生全方位、全场景和多角度的服务。前沿信息技术在智慧安防、智慧政务、智慧交通、智慧社区等场景的应用将会越来越深入。

5. 发挥优势，提升城市智慧治理的水平

智慧城市建设内容丰富，城市政府要重视提升治理的智慧化水平，要加快建设高速、宽带、融合、安全、无线的网络技术信息设施，为提升城市治理水平提供保障条件。要逐步将工作的重心转向城市设施高效安全运行，加强城市精细化管理等重要任务上来，以网络化管理、社会化服务为方向，以智慧城市建设为契机，以大数据应用为突破，加快形成与经济社会发展相匹配的城市治理能力，通过完善城市治理，形成支撑城市发展的新优势。

6. 互联互通，融入"智慧社会"

习近平总书记在2018年5月中国国际大数据产业博览会上强调，中国要秉持"创新、协调、绿色、开放、共享"的发展理念，围绕建设"数字中国、智慧社会"。人类社会智慧化趋势不可逆转，新型智慧城市将会是智慧社会的重要组成部分。新型智慧城市运用新兴技术，联合各社会主体共同参与，打造了智慧政务、智慧产业、智慧生活。在城市内部、城市之间、社会生活的各个领域之间实现了互联互通、资源共享、优势互补，创新和引领了经济社会的跨越式发展，推动了我国的"智慧社会"进程。此外在国家"一带一路"倡议下，新型智慧城市在建设过程中还链接了上下游产业，推动了全球产业链的转型升级，推动了产业的国际化布局，为"智慧地球"贡献了力量。

1.3.2 新型智慧城市发展面临的挑战

新型智慧城市的建设正处于火热状态，它是我国城市发展和转型的客观要求，是提高城市品质、增强城市竞争力、提高城市服务大众能力的必然选择。截至目前来看，新型智慧城市的发展在技术、资金、体制和管理等方面都有所欠缺，在模式创新、平台建设等方面有待提高。

1. 信息整合不完全

各级地方政府部门掌握着涉及社会方方面面的海量公共信息和数据，然而这些具有重要意义的信息数据却分散存储于各个职能部门，犹如一个个"信息孤岛"，不仅政府部门与社会组织、企业、市民之间的数据流通困难，政府内部间各系统的条块分割也使得信息化数据多被保留在内部之中。我们需要在进一步完善数据产权、数据公开、数据使用、数据安全等方面法律法规的前提下，通过构建互联互通平台，实现政府间信息共享，促进智慧城市的建设走向整体性治理。

2. 管理机制不完善

信息资源的整合和协同共享问题，一方面在于跨部门、跨产业链的合作机制缺乏，整个社会信息共享意识淡薄，对信息集成共享存在误区，轻软件、重硬件；另一方面，由于现行行政体制下垂直传递信息，行业间、部门间资源配置和利益相互割裂的制度性缺陷依然存在，跨行业、跨部门的横向整合，是智慧城市最大的难点。另外，投资、建设、运维、使用、监管的机制不健全。在投资和建设方面，由财政拨款投资，各部门各搞各的建设，导致业务专用网建设水平低、重复建设多、高效处理能力弱等问题；在运维方面,技术类、事务类等业务没有剥离,仍由政府部门内设机构直接负责,导致运维效率低、效果差;在新的商务模式创新方面,政府购买云服务的采购方式、业务监管和政策保障等尚未建立健全。

3. 资金投入不充足

推进智能城市建设,除了技术以外还需要资金的支持。智慧城市建设涉及面广,涉及城市运行以及经济与社会发展的方方面面,涵盖城市管理、政府服务、经济发展、居民生活等多个领域,目前以政府自营自建为主导的模式已远远不能满足发展需求,多地智慧城市建设面临资金瓶颈。破解资金难题的关键是要撬动巨大的市场资本,加强政企合作。随着财政收入增速下滑以及对地方债管控的收紧,原来以政府财政投入为主的智慧城市建设,不得不更多地引入社会资本,PPP模式被频繁提到。

4. 标准和规范不健全

信息资源共享的相关标准体系不健全,缺乏统一的行业标准、建设标准和评估标准等来约束和指导,各行业、各部门信息化建设自行其是,条块分割较为普遍,不同系统之间接口复杂,不易实现系统互联互通和信息的共享,有形成"智能孤岛"的可能。行业、部门分割造成一定程度的"孤岛"现象,导致智慧城市建设中主题分散、主线缺乏、资源浪费、效率低下,进而影响智慧城市建设的整体步伐与效果。

5. 运营模式少创新

新型智慧城市是一个复杂的巨系统。对于不同业务领域,采取的商业模式有很大不同。如政府特许经营模式,如一卡通、城市智慧停车等;政府购买模式,如无线城市、智慧医疗教育等;自建模式,如自建数据共享平台、平安城市等。新型智慧城市建设需要构建多赢的商业模式,使得各方效益最大化。

6. 运营平台不完善

新型智慧城市对运营管理平台提出了更高的要求。新型智慧城市建设中的"生态圈"需要通过平台进行整合和支撑。例如,智慧政务、无线城市、平安城市、智能交通、智慧教育、智慧医疗、智慧农业、智能制造、精准扶贫等，都需要大数据服务支持平台、业务应用支持平台和城市运营管理平台等进行支撑。但是，就当前的运营平台而言，还需要进一步的发展完善。

拓展阅读　新型冠状病毒肺炎疫情对新型智慧城市的影响

1. 新型冠状病毒肺炎疫情

2019年年底，湖北省武汉市发现首例新型冠状病毒肺炎感染者，随着春运期间人员流动迅速，疫情在短时间内迅速扩散。在中央政治局常务委员会会议上，习近平总书记明确提出，"这次疫情是对我国治理体系和能力的一次大考"，同样这次疫情也是对"智慧城市"建设水平评估的试金石。

2. 新型冠状病毒肺炎疫情为智慧城市建设带来的挑战

新型冠状病毒肺炎疫情对经济发展、社会生产带来了较大冲击，但我们也看到"云经济""非接触经济""大数据防疫"等新业态显现。疫情为我们提供了将智慧城市建设推入"深水区"的机遇，引导数字化、在线化、智能化建设更加贴合实际，同时也显现出智慧城市的发展面临着严峻挑战。

（1）大数据管理挑战：数据融合共享程度不够

数据融合是新型智慧城市建设的关键内容，很多城市开展了数据融合工作。但面对突然发生的疫情，我们会发现城市数据融合还有很长的路要走。例如，目前对人员位置、流动轨迹最有效的监控方式就是利用运营商的数据，但3家运营商数据分散，尚未有全国层面的集成应用。另外，位置数据、城市视频数据、交通数据、金融数据、社区/园区数据等并未有效结合，难以实现人员全时空行动轨迹溯源，未充分发挥出数据在疫情监测、追踪、隔离管理、复工复产等环节的作用。与人员数据类似，其他疫情相关数据也分散在城市各个领域之中，要释放出真正的大数据价值,就需要各方通过一定的数据共享机制打破壁垒,推动数据真正融合,助力疫情联防联控。

(2)城市微单元治理挑战:基层治理信息化支撑不足

在疫情防控期间,居家隔离、复工复产防护等要求使基层社区、园区、楼宇成为疫情管控的关键区域。但在各基层社区、企业园区、办公楼宇等微单元防控工作中,大多仍然是采用人员拉网式摸排、人员登记、测温等传统人防策略。同时,对特定隔离人员(在家、隔离点等)、居家老人的监控,也缺少信息化手段支持。这些方式容易导致信息收集不全面、动向掌握不准确、隐患发现不及时,甚至有可能出现居民故意隐瞒行程和病情的情况。总体来看,基层微单元基础信息自动实时采集分析(人员信息、防控信息等)、日常综合监管(隔离人员、复工人员、居家老人等管理)、配套服务能力(健康医疗、商品采购、物流配送等)等方面都需要信息化提供更深度、更定制化的支撑。

(3)资源协同管理挑战:数字化管理能力存在短板

自疫情发生以来,医疗人员、医疗和生活物资成为防疫抗疫工作的关键,各种物资的捐赠、各省医护人员的驰援都向湖北倾斜,但诸如物资运输与仓储信息不透明、物资分配不合理、人员上班运力不足等问题也不断暴露出来。从宏观上看,由于缺少专业化统一的应急物资管理平台,无法掌握全部资源信息,跨域的物资采购、运输、流通等无法实现全流程、透明化管理。从微观上,与应急物资相关的医疗机构、药店、物资生产商、商业零售等尚未全部纳入信息管理范围,无法彻底掌握物资供给信息,不能更好地对接公众对应急资源的需求。这些都需要对应急资源管理进行深度数字化变革,加速推动相关生产、物流、交通、销售等环节的信息化支撑能力,并实现以资源为核心的多维信息和数据互通。

(4)政府公共服务挑战:公共服务线上化尚存差距

在国家"放管服"改革下,各地政府大力推行"一网通办""不见面审批""掌上办"等政务服务。在疫情防控背景下,在线政务服务成为切断疫情线下传播的重要方式,确保疫情期间工作"不打烊",服务"不断档"。但也应该看到,全国范围内政务服务仍然存在数字鸿沟,像是广东、浙江、江苏这些政务信息化建设比较好的省份,在线政务服务仍然以高频需求服务为主,即使在线服务比例在不断提高,但仍存在一部分线下办事的要求,而其他政务服务信息化能力相对较弱的省份,尚不能满足高频服务在线化需求,容易造成线下办事,从而导致感染风险。此次疫情或将加快"放管服"改革和政府治理模式的进一步转型,倒逼"互联网+政务服务"的加速布局。

第2章　新型智慧城市支撑技术

　　智慧城市的"智慧"主要体现在对信息深度处理和应用的开放性、易用性以及交互性上，这种能力需要多种技术协作支撑。智慧建筑的发展是由信息技术的研究、其他新技术的发展推动其社会化服务的进步，数字城市、物联网以及云计算技术等新技术，是智慧城市发展最为重要的支撑。

　　2020年3月31日，习近平总书记在杭州城市大脑运营指挥中心指出，推进国家治理体系和治理能力现代化，必须抓好城市治理体系和治理能力现代化。运用大数据、云计算、区块链、人工智能等前沿技术推动城市管理手段、管理模式、管理理念创新，从数字化到智能化再到智慧化，让城市更聪明一些、更智慧一些，是推动城市治理体系和治理能力现代化的必由之路。建设"城市大脑"[①]，是实现智慧城市建设的关键。城市大脑是指创新运用大数据、云计算及智能技术等前沿科技构建的平台型城市协同和智能中枢，其整合汇集政府、企业和社会数据，在城市治理领域进行融合计算，实现城市运行的生命体征感知、公共资源配置、宏观决策指挥、事件预测预警、"城市病"治理等功能。

　　因此，智慧城市发展在很大意义上也是前沿科技在城市建设中的应用演进。具体地，智慧城市发展进程中的信息技术演进趋势包括：近期发展以建筑信息模型技术、物联网技术、通信技术等的应用为主；中期以云计算技术、大数据和数据中心技术的发展

---

① 2019年6月20日，浙江省数字经济发展领导小组办公室、省经信厅、省大数据发展管理局联合印发了《浙江省"城市大脑"建设应用行动方案》，为全国"城市大脑"建设与应用提供浙江样板。

为目标；远期目标以人工智能技术的研究为主。由于人工智能技术是建筑实现智慧化的关键技术，基于机器学习的弱人工智能将在中期得到应用，远期则针对强人工智能的深层应用研究。

本章将具体介绍地理空间信息与可视化技术、云计算与大数据技术、物联网与人工智能技术、5G与信息安全技术的概念及其在智慧城市建设中的应用。

2.1 地理空间信息与可视化技术

智慧城市中的各个业务应用系统的展现都离不开地理空间信息与可视化技术的应用。具体地，我们将地理空间信息与可视化技术分为GIS技术，BIM和CIM技术，VR、AR和MR技术三大类，分别进行介绍。

2.1.1 GIS技术

1. 基本原理

地理信息系统（Geographic Information System，GIS）是指在计算机软、硬件支持下，把各种资源信息和环境参数按空间分布或地理坐标，以一定格式和分类编码输入、处理、存储、输出，以满足应用需求的人-机交互信息系统，是近些年迅速发展起来的一门时空信息分析技术。GIS的基本功能是将表格型数据（无论它来自数据库，电子表格文件或直接在程序中输入）转换为地理图形显示，然后对显示结果进行浏览、操作和分析；它通过对多要素数据的操作和综合分析，方便快速地把所需要的信息以图形、图像、数字等多种形式输出。

GIS是多种学科交叉的产物，它以地理空间为基础，采用地理模型分析方法，提供多种空间和动态的地理信息，是一种为地理研究和地理决策服务的技术系统。在环境、资源、交通、规划等应用领域中，GIS技术发挥着技术先导的作用。以在资源管理领域的应用为例，GIS技术不仅可以有效地管理具有空间属性的各种资源环境信息，对资源环境管理和实践模式进行快速和重复的分析测试，便于制定决策、进行科学和政策的标准评价；而且可以有效地对多时期的资源环境状况及生产活动变化进行动态监测和分析比较，也可将数据收集、空间分析和决策过程综合为一个共同的信息流，提高工作效率和经济效益，为解决资源环境问题及保障可持续发展提供技术支持。

随着GIS技术的不断发展，GIS技术逐渐呈现以下主要特征：①支持"智慧地球"和"智慧城市"概念的实现，从二维向多维发展，从静态数据处理向动态发展，具有时序数据处理能力。②基于网络的分布式数据管理及计算、Web-GIS和B/S体系结构，用户可以实现远程空间数据调用、检索、查询、分析，具有联机事务管理（On-line Transaction Processing，OLTP）和联机分析（On-line Analysis Processing，OLAP）管理能力。③面向空间实体及其相互关系的数据组合和融合，具有矢量和遥感影像数据互动等多源数据的装载与融合能力，多尺度比例尺数据、互动。④具有统一的海量数据存储、查询和分析处理能力，基于空间数据的数据挖掘和强大的模型支持能力。⑤具有与其他计算机信息系统的整体集成能力。例如与MIS（Management Information System）、ERP（Enterprise Resource Planning）、OA（Office Automation）等各种企业信息化系统的无缝集成；微型、嵌入式GIS与各种掌上终端设备集成，如PDA（Personal Digital Assistants）、手机、GNSS接收设备等。⑥具有虚拟现实表达及自适应可视化能力，针对不同的用户出现不同的用户界面及地图和虚拟现实效果。

2. 在智慧城市中的应用

GIS技术是支撑智慧城市概念实现的重要技术之一，是智慧城市的操作系统。GIS具有强大的海量空间数据存储、管理、处理和分析能力，并可以进行地理数据可视化。使用GIS技术，基于城市二维或三维景观电子地图，可以实现信息数据在电子地图上的位置、属性、景观的展示、查询、分析等，甚至通过虚拟显示技术将传统的信息数据符号及视觉变量表现为动态、时空变化、多维和多时相的交互虚拟环境，可将数据收集、空间分析和决策过程综合为一个共同的信息流，以提高对地理空间信息数据复杂变化过程的分析和洞察能力，辅助智慧城市规划和建设决策。在智慧城市规划和建设中，城市GIS基础软件平台、地理空间信息共享互操作以及城市三维景观重建与信息查询分析等方面均有GIS技术的应用。

（1）城市GIS基础软件平台是以GIS为基础的城市规划空间辅助决策软件平台，

是实现智慧城市信息共享的核心。其原理是基于GIS技术，将城市各种比例尺（如：1∶500、1∶1000、1∶2000等）地图数据，以城市数字正射影像数据、数据高程模型数据等整合为城市各种信息应用系统的基础框架和图层，在此基础上实现可视化的信息展现、查询和统计分析。城市GIS基础软件平台可以在多个智慧城市信息平台中发挥作用：城市级"一级平台"信息互联互通与数据共享、电子政务内外网业务、城市综合监控与管理（包括数字城管、环保节能、市政市容等）、城市应急指挥、城市公共安全监控与管理、城市智能交通监控与管理、城市公共及基础设施监控与管理、城市社会民生服务（包括电子商务和现代物流）、数字企业以及智慧建筑与智慧社区等。

（2）地理空间信息共享和互操作是指基于网络GIS，使得分布在不同领域、不同部门之间的空间数据进行共享和互操作，是数字地球关键技术的前沿。GIS技术与网络技术的结合实现了GIS的网络化，为空间数据的共享与互操作提供了契机。地理空间信息共享和互操作使得GIS的应用扩展到智慧城市的各个应用领域和广泛的地理区域，并出现了大量不同类型、分布、异构数据库或地理信息系统，极大促进了地理信息的集成和共享。

（3）城市三维景观重建是指基于GIS技术，通过三维城市模型将城市地形地貌、建筑、道路及桥梁等呈现出来，是数字城市三维可视化系统必不可少的功能之一。其原理是借助低空多角度高分辨率遥感拍摄，构建城市三维模型。之后，通过三维城市模型数据表现地形地物千变万化的几何结构和表面属性，运用三维几何模型数据生成技术、表面纹理数据生成技术、属性生成技术，使得在城市三维景观中更生动、更逼真、更客观地展现城市地形地貌、建筑、道桥等。城市三维景观重建为智慧城市建设提供三维可视化管理和规划辅助决策，为之后多部门参与和协同工作提供了有效的三维数据模型。

特别地，GIS技术还重点被运用于智慧城市中的智慧交通领域。例如，在城市交通规划中，将GIS技术与虚拟现实技术相结合，利用虚拟GIS技术可以完成城市道路地形图及相关信息的录入，实现空间数据和属性数据的采集，建立三维地形模型；并构建出一个与客观世界相一致的虚拟环境，用以辅助智慧交通规划决策。

此外，GIS技术还可以与BIM技术、VR技术等其他技术相结合，更广泛地应用于智慧城市建设中，我们将在2.1.2节和2.1.3节分别介绍。

2.1.2 BIM和CIM技术

1. 基本原理

BIM（Building Information Modeling，建筑信息模型）是指基于最先进的三维数字设计和工程软件所构建的"可视化"的数字建筑模型，为设计师、建筑师、水电暖设备工程师、开发商乃至最终用户等各个环节人员提供"模拟和分析"的科学协作平台，帮助他们利用三维数字模型对项目进行设计、建造及运行管理。其最终目的是使整个工程项目在设计、施工和使用等各个阶段都能够有效地实现建立资源计划、控制资金风险、节省能源、节约成本、降低污染和提高效率，从真正意义上实现工程项目的全寿命周期管理。

BIM是建筑行业革命性的新型平台（图2-1）。首先，BIM可以实现建筑信息的数字化。BIM模型利用建模软件，通过数字信息技术把整个建筑进行虚拟化、数字化、智能

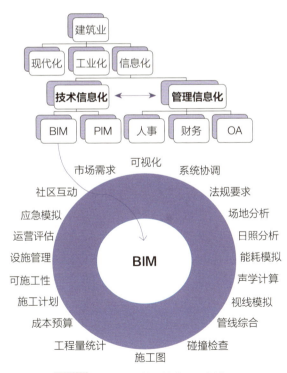

图2-1　BIM在建筑业的位置及其作用

图片来源：https://www.sohu.com/a/225569729_479496

化。信息的内涵不仅仅是几何形状描述的视觉信息，还包括大量的非几何信息，如材料的耐火等级、材料的传热系数、构件的造价、采购信息等。它是一个完整的、丰富的、逻辑的建筑信息库。

其次，BIM可以实现建筑信息的集成化。BIM技术可以帮助实现从建筑的设计、施工、运行直至建筑全寿命周期终结的建筑信息集成。BIM的核心是通过建立虚拟的建筑工程三维模型，利用数字化技术，为这个模型提供完整的、与实际情况一致的建筑工程信息库。该信息库不仅包含描述建筑物构件的几何信息、专业属性及状态信息，还包含了非构件对象（如空间、运动行为）的状态信息。BIM模型大大提高了建筑工程的信息集成化程度，设计团队、施工单位、设施运营部门和业主等各方人员可以基于BIM进行协同工作，有效提高工作效率、节省资源、降低成本，以实现可持续发展。

最后，BIM可以实现建筑信息的可视化。BIM是个5维关联数据模型（几何模型3D+时间进度模型4D+成本造价模型5D），可以实现协同设计、碰撞检查、虚拟施工和智能化管理等从设计到施工到运维工程生命的全过程的可视化。

但BIM技术主要应用于建筑单体，即城市的"细胞"，包含着城市建筑物的整体信息。而城市和建筑的空间数据的存储、管理、可视化及建筑外部环境信息的整合、管理，则是GIS技术所擅长的。因此，将BIM技术与三维地理信息系统（Three Dimensional Information System，3D GIS）相融合，就创建了附着大量城市信息的虚拟城市模型，得到了CIM（City Information Model）平台。CIM是BIM建筑信息模型概念在城市范围内的扩展。CIM以三维的城市空间地理信息为基础，叠加城市建筑、地上地下设施的BIM信息以及城市物联网信息，构建起三维数字空间的城市信息模型。

CIM可以抽象理解为BIM技术与GIS技术，再加上实时的物联网（Internet of Things，IoT）信息进行的有机整合。CIM系统以GIS作为所有数据的承载，作为所有数据融合的功能性平台；通过BIM技术提供更精细的内容、部件和构件信息；利用IoT对CIM平台进行实时呈现，为我们提供整个城市的鲜活状态。由于协同了BIM和GIS技术，CIM能够将数据颗粒度细化到城市单体建筑物内部的单个功能部件，将传统静态的数字城市升级为可感知、动态在线、虚实交互的智慧化城市，为城市敏捷管理和精细化治理提供了重要的数据支撑（图2-2）。

从范围上讲，CIM包含建筑物、构筑物、道路、地下管线、地址、水体和地表7类

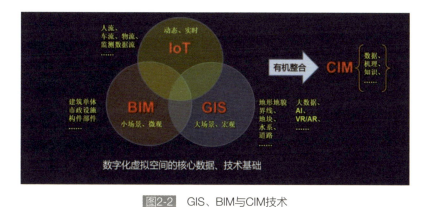

图2-2 GIS、BIM与CIM技术

图片来源：https://www.sohu.com/a/330615250_609577

基础数据资源，涉及规划、国土、交通、水利、安防、人防、环境保护、文物保护、能源燃气等各大行业和一切智慧城市相关的领域。从功能上讲，CIM平台既可以承载城市规模的海量信息，不只是我们熟知的三维地理信息的内容，也融合了BIM，又可以作为云平台提供协作工作与数据调阅功能；同时，如果和物联网、大数据挖掘、云计算等技术结合起来，还能提供满足城市发展需求的集成性管理系统，是智慧城市的物质底板。

2. 在智慧城市中的应用

（1）BIM技术在城市设计和建造中的应用

BIM作为多维度的全生命综合管理平台，对实现大尺寸下的智慧城市规划至关重要。智慧城市设计既有空间维度的城市空间规划，包括地上与地下等地理空间信息；又涵盖了时间维度的规划，包括城市发展脉络，新老城区的交汇融合与未来的发展规划等。与此同时，智慧城市设计既要着眼于城市功能分区的排布，又要关注各个城市相关部门的规划安排，如市政道路与管线、地下管网、城市安全监控，甚至街道广告等。而不同部门又常常使用不同的数据类型，如图片、影像、地形数据、CAD图纸、3D模型，以及新兴的倾斜摄像模型等。在BIM平台的协同管理下，不同数据源及数据类型的城市信息得以在单个平台上整合，并与三维化的空间信息建立直接相关，多元数据的输入、编译、融合，使城市信息一体化数据库得以建立，为城市设计者在大城市尺度的范围内利用统计学模型及大数据技术指导具体的城市设计实践提供指导。

BIM技术在智慧城市建设阶段也有广泛应用。例如，通过BIM技术与虚拟现实技术集成应用，完成虚拟场景构建、虚拟施工过程模拟以及交互式场景漫游，以确保工程在各个阶段具有良好的可控性，同时保持与各专业之间紧密的联系及反馈机制；利用BIM+激光扫描进行验收，通过与原始设计模型进行比对，得出偏差分析报告，从而达到高效、精确地对现场施工情况校对的效果。在BIM建模的基础之上，采用虚拟现实软件进行逼真的模拟体验，设计人员可在三维场景中对模型进行任意的漫游供业主查看，人机交互，这样很多不易察觉的设计缺陷能够轻易地被发现，减少由于事先规划不周全而造成无可挽回的损失和遗憾，大大提高项目的评估质量。具体地，在三维城市建构、室内导航、公共设备管理、长线工程和大规模区域性工程管理等领域，都有GIS技术和BIM技术的集成应用。

近年来，BIM5D技术的逐渐成熟和广泛应用为基于BIM技术而构建的综合城市建设管理平台提供了坚实的基础。BIM5D模型在传统BIM三维模型中加入了成本与时间两个维度，构建了全新的五维模型，涵盖了建筑工程中的实体数据信息、经济成本、工程建设进度等信息，扩展了BIM信息模型的构建水平和应用领域。具体而言，BIM5D模型可以涵盖数据、应用、使用终端三个层次的应用。在数据层上，统一标准的技术特征、平台协议、数据交换标准、BIM模型及建设预算文件等规范性数据标准得以建立。不同软件产生的信息被吸收进统一化的数据库，并利用有关BIM数据交互的技术规范，实现BIM5D平台资源的有效整合。

（2）CIM技术在城市设计和建造中的应用

采用GIS与BIM集成的CIM技术，可以进一步为数字城市、智慧城市设计和建设奠定坚实的信息基础设施。CIM技术提供的三维城市底版，为城市设计提供了方便描绘未来城市的工具，利用CIM技术进行城市设计是一种新的高效率设计方法。

城市规划及设计离不开城市测绘。在城市测绘工作中，使用CIM技术建立城市自然资源的底版模型已得到重视并出现相关的应用。其中涉及的新型测绘手段包括近几年发展出来的无人机倾斜摄影，可以大幅度提升城市测绘工作效率。运用无人机倾斜摄影进行测绘，首先对要测绘的城市区域，在GIS上建立起合适的网格，在网格上选用一定的分布点位，布置辅助北斗或者GPS定位装置，作为辅助定位点。然后，使用携带多镜头高分辨率相机的无人机，做倾斜摄影飞行，对测绘区域进行飞行摄影。无人机倾斜摄影

图2-3 深圳地铁14号线清水河站倾斜摄影模型

图片来源：斯维尔

是个连续过程，会通过多次飞行，将产生的一系列包含有高度、位置信息的照片。通过专用的倾斜摄影计算分析软件，分析计算这些倾斜摄影照片，可以自动生成地表三维模型，这个三维的地表模型经过多个预先在地面网格上布置的定位点进行校正后，可以得到精确度高于5厘米的高精度三维地表模型。这个三维地表模型能真实地反映地表地物及其周边情况，包含有真实感非常强的地表纹理。如图2-3的深圳地铁14号线清水河站倾斜摄影模型所示。

将无人机倾斜摄影获得的三维地表模型载入专门的CIM平台，可以对三维地表模型任意位置进行测量和标记。通过智能算法或者人工处理方式对三维地表模型还可以进一步进行加工，可切分出单独的建筑单体、河流、高山，以及地表植被独立对象。对这些独立对象可以附加内容更为丰富的属性信息，可以简单便捷地从这些地物上获取详细的坐标数据，这些数据是城市交通、供电、供水等基础设施规划设计工作需要的重要信息。

除了利用无人机倾斜摄影实现城市地表测绘，形成三维地表模型，还可以利用地质雷达技术进行城市地下地质的测绘，并形成三维地质模型。三维地表模型与三维地质模型通过CIM平台进行整合后，可以为城市测绘工作提供一个区域内完整的地上、地表、地下的城市数字资产。在此基础上，随时可以为城市规划与设计，以及城市管理及运营提供翔实的测绘数据。

（3）案例：深圳市国际生物谷坝光核心启动区

深圳国际生物谷坝光核心启动区占地面积近10平方公里，是在一个只有几十户的小渔村的基础上，规划建设的未来城市。国际生物谷坝光核心启动区项目中，大量运用了BIM+GIS+VR等技术展示未来城市的宏伟蓝图，并利用CIM进行设计和建造。

国际生物谷坝光核心启动区在2015年开始进行了全域开发应用BIM的课题研究工作，2016年完成的《深圳国际生物谷坝光核心启动区BIM应用课题研究报告》为坝光核心启动区全面应用BIM技术提出了远中近期目标，建议在土地出让环节，将BIM技术全面应用工作写入土地出让条款中，对通过BIM技术进行设计与建设提出了明确要求。2017年《深圳国际生物谷坝光核心启动区BIM模型交付标准2017版》（以下简称交付标准）发布[①]，这个标准是向深圳国际生物坝光核心启动区各参建单位提供可操作、兼容性强的统一基准，指导参建单位在项目规划阶段、设计阶段和施工阶段分别按照此交付标准完成BIM模型数据的建立、传递和交付；用以指导深圳市大鹏新区深圳国际生物谷坝光核心启动区指挥部办公室（后更名为深圳市大鹏新区坝光开发署）按交付标准对参建单位交付的BIM模型数据进行审查验收；同时，为深圳国际生物谷坝光核心启动区数字城市建设提供统一的模型信息数据基础，通过统一的接口导入基于BIM的城市建设和运维管理平台，为深圳国际生物谷坝光核心启动区实现城市的智慧运行和管理打下坚实的基础。

除了BIM技术，坝光CIM平台建设伴随了坝光城市设计与建设的过程，为坝光的城市设计起到了良好的促进作用。建设坝光CIM平台首先需要搜集坝光的规划资料、地形图、2015年的航拍图（图2-4），这些资料是制作数字化的坝光城市底版的重要依据资料。

由于坝光核心启动区是在拆迁完原来1000多户小渔村后，完成土地平整，进行全新的城市规划和设计，因此，坝光基础的三维地形模型需要能够进行反复编辑，精准的三维地形模型也是进行城市规划设计工作的一部分。因此在基础资料的基础上，需要进一步建立坝光三维地形模型，准确反映坝光的山体形态、边坡形状、海岸线形状、地表植被、水库以及河流等自然环境与滨海风貌（图2-5）。

---

① 2019年发布了2019版交付标准，2019版是在2017版的基础上，在房屋建筑类建筑的基础上增加了市政道路等建设类型。

图2-4 坝光高清航拍图
图片来源：斯维尔

图2-5 坝光三维地形模型
图片来源：斯维尔

在坝光三维地形模型上，利用CIM技术将地块的用地性质、限制性建筑高度等控规信息三维可视化，形成坝光规划控规模型。坝光规划控规模型是在地形地貌模型的基础上划分出地块，将市政道路、建筑按地块形状和控规高度制作出白色的体量模型（白模），将控规信息三维可视化（图2-6）。

图2-6 坝光三维规划模型
图片来源：斯维尔

坝光的城市设计遵循坝光规划的要求，使用城市设计的多元化设计方法对坝光未来的城市空间进行详细描述，设计结果集成在坝光CIM平台中（图2-7）。

由于有了CIM这个新的表达城市设计的技术手段，能够以更加直观和可视化的方法来表达城市设计，将抽象的城市设计理念与术语，用更加形象、直观的方式呈现出来，将这

图2-7 CIM平台未来坝光
图片来源：斯维尔

个未来的生物科技小镇最终建成的形态，经由CIM模拟出来。这个未来城市可以通过显示器、大屏投影、VR设备、全息投影等显示手段，以高、中、低空飞行、地面乘车与行走等多种方式，使人们可以身临其境地进行体验。通过未来坝光VR，使用者通过触摸的方式，上下或者左右滑动屏幕，可看到设计中的未来城市全貌与城市细节（图2-8）。

此外，坝光的城市天际线设计、海岸线设计、城市风景廊道设计、标志性建筑设计中也都运用到了CIM平台。

以国际生物谷坝光核心区为例，我们可以看到BIM和GIS技术在智慧城市中的应用领域非常广阔：城市和景观规划、建筑设计和管理、旅游和休闲活动、环境模拟、热能传导模拟、灾害管理等。BIM和GIS技术融合的最终目标就是打造"智慧城市"。基于BIM和GIS结合的智能城市将是一个能够全面感知的容器与载体，植入物联网、云计算的创新建设模式，创建线上以数据浓缩呈现的"虚拟世界"，真正从源头打造"智慧城市"。

图2-8　未来坝光VR

图片来源：斯维尔

2.1.3 VR、AR和MR技术

1. 基本原理

虚拟现实（Virtual Reality，VR）是指利用计算机图形学、仿真技术、多媒体技术、人工智能技术、计算机网络技术、并行处理技术和多传感器技术，模拟产生一个为用户提供视觉、听觉、触觉等感官模拟的三度空间虚拟世界，用户借助特殊的输入/输出设备，与虚拟世界进行自然的交互。用户进行位置移动时，电脑可以通过运算，将精确的三维世界视频传回产生临场感，令用户能够突破空间、时间以及其他客观限制，及时、无限制地观察该空间内的事物，如身临其境一般。

增强现实（Augmented Reality，AR）是指一种实时计算摄影机影像位置及角度，并辅以相应图像的技术。这种技术可以通过全息投影，在镜片的显示屏幕中将虚拟世界与现实世界叠加，操作者可以通过设备互动。与VR不同，增强现实只是实现对现实环境的增强而不是完全替代现实环境。增强现实增强了用户对现实世界的感知能力和与现实世界的交互能力。

混合现实（Mix Reality，MR）是指结合真实和虚拟世界创造了新的环境和可视化三维世界，物理实体和数字对象共存，并实时相互作用，以用来模拟真实物体，是虚拟现实技术的进一步发展。它包括增强现实和虚拟现实，指的是合并现实和虚拟世界而产生的新的可视化环境。在新的可视化环境里物理和数字对象共存，并实时互动。简单来讲，MR=VR+AR，即混合现实=真实世界+虚拟世界+数字化信息。

VR、AR、MR技术是仿真技术的一个重要方向，是仿真技术与计算机图形学、人机接口技术、多媒体技术、传感技术、网络技术等多种技术的集合，是一门富有挑战性的交叉技术、前沿学科和研究领域。现阶段的研究和应用已经超过了传统城市地图符号及视觉变量表示方法的水平，进入在动态、时空变化、多维和多时相的交互虚拟环境下探索城市，在提高对空间数据的复杂过程中和分析的洞察能力、多维和多时相数据的显示等方面将有效地改善城市地理空间信息的利用水平。

2. 在智慧城市中的应用

以VR、AR、MR为代表的虚拟现实技术的发展和应用，为智慧城市物理元素提供了三维描述方法和人机交互的虚拟城市环境，具有多维动态可视化和实时交互式操作的效果。通过VR、AR、MR技术打造类似城市的实景环境，将可能包含的城市要素加入其中，并按照各种要素自身的属性进行推演，从而验证智慧城市建设的预期目标是否可行，将其中可行的方案落地实施，就可以以极低的成本和极高的效率推进智慧城市的建设。

虚拟现实技术还可以应用于智慧城市建设的具体领域，例如智慧旅游、智慧交通、智慧产业等。

（1）在智慧旅游领域，首先，虚拟现实技术可以应用于虚拟旅游。应用计算机技术实现场景的三维模拟，借助一定的技术手段使操作者感受目的地场景。坐在电脑椅上就能身临其境地游览全世界的风景名胜，还能拍照留念——这就是时下在众多白领中开始风行的"虚拟旅游"，通过阅读和互动体验的虚拟游戏方式实现线上旅行，并且为线下旅行提供指导。其次，可以应用于景区保护。将虚拟现实技术引入景区保护领域中来，首先是着眼于一些经典热门的景区的保护。虚拟现实可以缓解这些景区经济效益与遗产保护的矛盾。由于有人数限制，很多景区可以制作数字化的参观方式，可以避开游客对景区的伤害。第三，可以应用于旅游场景再现。利用虚拟现实技术，可以真实再现已经不存在的景观。如通过重现古代社会的建筑文明，人们可以徜徉于古建筑之间，欣赏到千年前古建筑的原貌，感受古代文明的辉煌，具有景观珍藏的意义；而对于喜欢探幽寻古的游人来说，这也是难得的视觉享受。第四，可以应用于旅游规划。借助虚拟现实技术对于要创建的景点进行系统建模，生成相应的虚拟现实系统，然后通过人机交互界面进入该虚拟场景。通过规划人员的观察和亲身体验，以判断各种规划方案的优劣，检验规划方案的实施效果，并可以反复修改和辅助最终方案的制订施行。可以减少设计缺陷，提高规划质量和进度，加快开发周期。

（2）在智慧交通领域，首先，虚拟现实技术可以应用于交通仿真。当前，微观仿真技术应用比较多的领域是城市地理信息系统，基于细节层次显示技术和视景分块调度技术，结合虚拟现实技术，通过对图形数据和属性数据库的共同管理、分析及操作，实现数据可视化。也可使用基于图形和基于图像的建模技术对建筑物和其他一些复杂的模型如树木等进行重建，再利用有理函数模型表示遥感影像与地面之间的构象关系，使用纹理映射技术，构建具有高度真实感的平面或者三维景观图。或者，将城市表面几何对象经过模型化后，都以数字的形式存储在计算机中，采用纹理和贴图技术、LOD模型、动态多分辨率的纹理与影像优化技术，进行微观仿真。其次，可以应用于交通事故模拟与再现。基于虚拟现实技术，开发三维动画演示软件，以三维动画的形式演示车辆在整个事故过程中的运动。在构造虚拟现实环境中，用户可以改变场景元素、改变视角、添加背景、灯光等演示要素，软件具有操作性、灵活性、真实感强等特点。第三，可以应用于虚拟驾驶系统。利用计算机构建用于汽车驾驶的虚拟环境和用于驾驶的车辆，产生"人—车—环境"闭环系统，在这一闭环系统中驾驶汽车，可根据车辆的行驶不断变换相应的虚拟视景、场景音效和车辆的运动仿真，使驾驶员沉浸到这一环境中，并根据虚拟环境中产生的触觉、听觉和视觉，变换相应的驾驶动作，达到训练驾驶员动作或研究"人—车—环境"特性的目的。

（3）在智慧教育领域，首先，虚拟现实技术可以应用于科技研究。当前，许多高校都在积极研究虚拟现实技术及其应用，并相继建起了虚拟现实与系统仿真的研究室，将科研成果迅速转化为实用技术。虚拟学习环境、虚拟现实技术能够为学生提供生动、逼真的学习环境，如建造人体模型、电脑太空旅行、化合物分子结构显示等，在广泛的科目领域提供无限的虚拟体验，从而加速和巩固学生学习知识的过程。其次，可以应用于虚拟实训基地。虚拟现实的沉浸性和交互性，使学生能够在虚拟的学习环境中扮演一个角色，全身心地投入学习环境中去，这非常有利于学生的技能训练。包括军事作战技能、外科手术技能、教学技能、体育技能、汽车驾驶技能、果树栽培技能、电器维修技能等各种职业技能的训练，由于虚拟的训练系统无任何危险，学生可以不厌其烦地反复练习，直至掌握操作技能为止。第三，可以应用于虚拟仿真校园。虚拟校园是虚拟现实技术在教育培训中最早的具体应用，它由浅至深有三个应用层面，分别适应学校不同程度的需求：①简单地虚拟校园环境供游客浏览。②基于教学、教务、校园生活，功能相对完整的三维可视化虚拟校园。③以学员为中心，加入一系列人性化的功能，以虚拟现实技术作为远程教育基础平台。

（4）在智慧应急管理领域，虚拟现实的产生为应急演练提供了一种全新的开展模式，将事故现场模拟到虚拟场景中，在这里人为地制造各种事故情况，组织参演人员作出正确响应。这样的推演大大降低了投入成本，提高了推演实训时间，从而保证了人们面对事故灾难时的应对技能，并且可以打破空间的限制，方便地组织各地人员进行推演，这样的案例已有应用，必将是今后应急推演的一个趋势。

（5）在智慧市政领域，智慧市政地下管网虚拟现实系统为施工部门和管理部门提供地下管网准确的走向和埋深等有关信息，通过进行各种分析，为领导部门进行管网规划、管网改造等提供辅助决策功能。地下管线虚拟现实系统，一是可以实现传统手工处理方式向现代化信息管理转型，以保证数据的实时更新、有效管理，避免重复收集数据信息；二是可为市政建设提供规划、设计、决策服务；三是可为应对突发事件提供支撑。

（6）在智慧医疗领域，外科医生在真正动手术之前，通过虚拟现实技术的帮助，能在显示器上重复地模拟手术，移动人体内的器官，寻找最佳手术方案并提高熟练度。在远距离遥控外科手术，复杂手术的计划安排，手术过程的信息指导，手术后果预测及改善残疾人生活状况，乃至新药研制等方面，虚拟现实技术都能发挥十分重要的作用。此外，一些用于医学培训、实习和研究的虚拟现实系统，仿真程度非常高，其优越性和效果是不可估量和不可比拟的。例如，导管插入动脉的模拟器，可以使学生反复实践导管插入动脉时的操作；眼睛手术模拟器，根据人眼的前眼结构创造出三维立体图像，并带有实时的触觉反馈，学生利用它可以观察模拟移去晶状体的全过程，并观察到眼睛前部结构的血管、虹膜和巩膜组织及角膜的透明度等。还有麻醉虚拟现实系统、口腔手术模拟器等。

（7）在智慧工厂领域，虚拟现实已经被世界上一些大型企业广泛地应用到工业的各个环节，对企业提高开发效率，加强数据采集、分析、处理能力，减少决策失误，降低企业风险起到了重要的作用。虚拟现实技术的引入，将使工业设计的手段和思想发生质的飞跃，更加符合社会发展的需要，可以说在工业设计中应用虚拟现实技术是可行且必要的。此外，工业仿真系统不是简单的场景漫游，是真正意义上用于指导生产的仿真系统，它结合用户业务层功能和数据库数据组建一套完全的仿真系统，可组建B/S、C/S两种架构的应用，可与企业ERP、MIS系统无缝对接，支持SQLServer、Oracle、MySQL等主流数据库。工业仿真所涵盖的范围很广，从简单的单台工作站上的机械装配到多人在线协同演练系统。

（8）在智慧能源领域，能源的开采和开发涉及很多模块，很多行业常常需要对大量数据进行分析管理，并且由于职业的特殊性，对员工的业务素质也有很高要求。运用三维虚拟技术不但能够实现庞大数据的有效管理，还能够创建一个具有高度沉浸感的三维虚拟环境，满足企业对石油矿井、电力、天然气等高要求、高难度职位的培训要求，有效提高员工的培训效率，提升员工的业务素质。

此外，在智慧农业等其他多个领域，虚拟现实技术也都得到了充分应用，并具有广阔的应用前景；同时，虚拟现实技术还可以与GIS技术、BIM和CIM技术等其他技术相结合，在智慧城市建设中发挥更大的作用。

2.2 云计算与大数据技术

数据是智慧城市"城市大脑"的核心资源，因此云计算与大数据技术是为智慧城市规划、建设、运营提供基础支撑的关键技术。接下来，我们将分别介绍云计算与大数据技术的基本原理及其在智慧城市中的应用。

2.2.1 云计算技术

1. 基本原理

云计算（Cloud Computing）是由分布式计算、网络储存、并行计算、效用计算、负载均衡、虚拟化、热备冗余等传统计算机网络技术结合而成的产物，其包含了软件及服务、数据及服务、平台及服务和基础设施及服务四种核心服务模型。

通俗来讲，云计算就是将大量电脑和服务器连接成网络，基于该互联网的一种计算方法。云计算以互联网为核心，其计算能力可达十万亿次，其资源是动态、可伸缩、被虚拟化的，从而为使用者提供了安全、可靠的云计算服务与数据储存，让每个使用者都可以不受时间与空间束缚地使用互联网上巨大的计算资源与数据中心。

一般来讲，云计算技术并不是独立使用的。在基于云计算技术进行数据存储、管理、分析之前，需要依赖于大数据、物联网等相关技术获取数据。例如，李德仁院士认为智慧城市可简单理解为"智慧城市=数字城市+物联网+云计算"。其中，数字城市将现实物理城市映射到数字网络中，支持可视分析等操作；物联网通过成千上万分布在城市各处的传感器将城市各个部分连接起来，建立城市深入广泛的监控并能提供决策支持的网络；云计算技术将物联网产生的海量时空大数据进行存储、管理、运算、分析等，最终构建智慧城市的信息服务平台,让城市能智能感知与调控,从而输出各种智能化的服务。

此外,云计算技术还可以与其他技术结合使用。最显著的例子就是与GIS技术结合形成的云GIS技术。该技术便是以云计算理论为指导,以通信网络为中心的地理信息系统,从而有效对某特定区域的交通情况进行数据采集、储存,广泛应用于智慧交通监管。

2. 在智慧城市中的应用

在智慧城市的建设中,由于分布在城市各处的海量传感器时时刻刻都在产生检测数据,使得城市数字化信息数量不断上升、数据量大幅提高。对海量的实时数据进行储存、管理、分析以及形成最终的数据服务传送至客户群体的各个过程,都离不开云计算技术。同时,智慧城市中的多个应用系统间存在信息共享、交互,想要支撑如此庞大的系统安全运行,基于云计算的网络框架就必不可少。

首先,智慧城市运营中心与"城市大脑"建设离不开云计算技术。基于云计算技术的"城市大脑",是智慧城市的核心,可以加强不同公共服务平台、业务部门间的相互联系,提高智慧城市行政服务工作效率、信息化建设水平,减少程序服务的运营维护成本,缩短响应速度。例如:基于云管理系统的虚拟化管理平台、云操作中心、云服务中心等网络架构,可以为智慧城市系统的访问用户,提供多种自助式的业务服务;其中,虚拟化管理平台负责实现云数据资源的监控、服务管理,云操作中心负责智慧城市的运营管理,云服务中心负责实现对虚拟化服务器、终端用户请求、访问服务等的管理。

其次,云计算技术也可以应用于智慧城市建设的各个领域。下面以智慧交通、智慧物流、智慧医疗、智慧政务、智慧工业领域的应用为例,介绍云计算技术在新型智慧城市中的应用情况。

(1) 在智慧交通领域,云计算技术可以应用于及时处理交通问题,提高交通流畅度,保障城市高效运行。例如,交通部门可以通过云计算技术及时获得数据,实时地分析交通情况并预测交通拥堵状态,从而提前做好疏散拥堵的准备。此外,通过云计算与GIS技术结合的云GIS技术,还可以对城市中的道路、车辆和人员进行监控,搜集海量的数据信息并通过网络进行地图数据、统计报表的传递,从而提升交通监管能力,有效预警道路危险状况,在很大限度上避免拥堵、事故、纠纷等问题的发生。目前,武汉大学就已经联合GeoStar信息技术公司，开发出了云计算GIS监控平台，可以很好地提供智慧交通管理服务。

（2）在智慧物流领域，云计算技术可以推动物流行业的自动化和智能化，从而在完善物流服务体系的同时，极大提升城市的智能化水平。例如，被大家熟知的美团、饿了么等外卖商家，均借助云计算技术将骑手位置实时显示在App上，从而为客户提供更加便捷的服务。

（3）在智慧医疗领域，云计算技术能够为智慧医疗系统的网络层建设提供巨大帮助，从而提高医疗卫生服务的智能化水平。医疗卫生领域建设是一个城市建设的重点，这关系到城市公民的基本生命安全和城市的稳定。在医疗卫生服务体系构建过程中，云计算技术可以帮助收集、储存患者信息及治疗信息，从而帮助医护人员可以以极低的时间和劳动力成本全面地了解、保护患者的医疗信息，也为医护人员进行医疗数据分析、开展医疗科研工作提供了有力保障。同时，云计算数据与互联网技术的联合运用，也拓宽了医患间的沟通渠道，使得患者可以通过网络平台进行就诊。例如，现在各大医院都开通了微信公众号和App，可以为患者提供远程挂号和预约服务，节约了患者的时间，有效缓解了医院的拥挤情况，让就医变得更加便捷。

（4）在智慧政务领域，云计算技术可以应用于智慧城市电子政务平台的建设。云计算技术可以实现对网络中的海量数据进行抽取、清洗、转换，实现对虚拟客户端及应用程序的整合和功能拓展，从而达到提高政务平台的服务效率、质量的目的。因此，要想搭建出更开放化、可视化、智能化的行政事务平台系统，提升公共数据处理及业务服务功能，大数据和云计算技术必不可少。例如，2019年8月，为充分利用大数据创新城市管理，推进"互联网+"便民服务，加快建设智慧城市，景德镇市政府印发《景德镇市智慧城市建设管理意见》，明确指出景德镇市将建立智慧城市云计算中心，为全市政府部门提供共享的IT基础设施，承载整合各部门政务应用，实现市级层面各部门IT系统的集中建设、集中运维、集约化发展[①]。同时，还将依据市政务信息系统整合共享实施方案，通过制定政务数据交换共享的接入规范、管理规范和使用规则，实现各部门信息系统数据的统一接入、安全使用，为城市发展、政策制定、流程优化奠定良好的数据分析

---

① 资料来源于景德镇市人民政府网站。

基础，真正实现"数据多跑路、群众（企业）少跑腿"。再比如，沈阳市已建成东网科技云计算中心，具有1170万亿次/秒的计算能力和30PB云存储能力；政务云建设成效初显，已承载38个部门的68项政务应用；已完成5G网络基站的覆盖设计；政务外网和智慧沈阳统一平台上线运行，汇聚了425个单位共6.8亿条数据。[①]

（5）在智慧工业领域，云计算技术也可以通过提升工业技术发展水平，助力实现智能化生产的目标。通过借助云计算技术，发展新时代技术性新工业，可以破除旧工业生产和管理的不利局面，获得更广阔的发展空间。同时，云计算技术也可以加强工业生产中信息安全防护水平，保护信息安全，维护生产的平稳发展。

2.2.2 大数据技术

1. 基本原理

大数据（Big Data）是指无法在一定时间内用常规软件工具对内容进行抓取、管理和处理的数据集合。大数据有四个层面的特点，可用四个"V"来表示：

（1）Volume：数据体量巨大，从TB级别跃升到PB级别；

（2）Variety：数据种类繁多，包括网络日志、视频、图片、地理位置信息等多类型的数据，对数据的处理能力提出了更高的要求；

（3）Value：价值密度低，商业价值高，因其价值密度低，如何通过算法迅速地完成数据价值"提纯"成为迫在眉睫的难题；

（4）Velocity：处理速度快，时效性要求高，是大数据挖掘区别于传统数据挖掘的最显著特征。

大数据技术，顾名思义，就是对海量数据进行存储、计算、统计、分析处理的一系列处理手段。随着城市信息化建设的深入，政府部门和许多企业积累了大量的数据资源需要利用大数据技术进行处理、分析和挖掘，以便给政府部门的行政管理和公共服务提供帮助，使企业生产经营管理水平得到提升，从而形成巨大的社会财富。

具体来讲，大数据技术包括大数据基础架构、大数据计算框架、大数据搜索、大数

---

① 资料来源于数字中国。

据多维分析和大数据处理等。大数据基础架构包括一个成熟的大数据开发平台必不可少的各类核心组件：工作流调度系统、集成开发环境、元数据管理系统、数据交换服务、数据可视化服务、数据质量管理服务以及测试环境的建设等。大数据计算框架是指批处理框架和流处理框架。大数据搜索是指在众多的数据中，分析、寻找自己想要的数据集合；不同于其他的数据搜索，大数据搜索是具有针对性的。大数据多维分析是指从可视化分析、数据挖掘算法、预测性分析、语义引擎、数据质量管理等方面，对杂乱无章的数据进行萃取、提炼和分析。大数据处理是指对已接收数据的辨析、抽取、清洗，包括数据清洗、数据集成、数据归约、数据变换、数据离散化等技术。

2015年，我国"十三五"规划建议提出实施国家大数据战略[①]，旨在全面推进我国大数据发展和应用，加快建设数据强国，推动数据资源开放共享，释放技术红利、制度红利和创新红利，促进经济转型升级。至此，大数据战略上升为国家战略。

2. 在智慧城市中的应用

智慧城市的本质是依靠大数据驱动的城市管理与发展。智慧城市本身会产生海量的数据；同时，智慧城市的建设、管理与发展更是离不开海量数据的支撑。大数据的本源在于数据的联通、共享、加工与算法，所以大数据是智慧城市各个领域都能实现"智慧化"的关键性支撑技术。在智慧城市建设中，大数据技术遍布方方面面，从政府决策与服务，到人们衣食住行，到城市产业布局和规划，再到城市整体运营和管理，都需要在大数据的支撑下走向"智慧化"。

在智慧城市中，大数据的应用主要体现在以下三个方面：

（1）大数据融合。资源整合是智慧城市建设的核心，将整个城市作为一个宏大的"系统之系统"就需要将涉及人、商业、运输、通信、水和能源等城市运行的各个核心系统整合起来，实现多个相关系统间的信息交互、共享；然而，这恰恰是当前智慧城市建设面临的最大障碍之一。在建设智慧城市这个复杂的系统工程中，由于资源整合难度十分大，"信息孤岛"这一问题普遍存在，致使各系统相互间功能不能相互关联、信息不能共享互

---

① 2014年3月，大数据首次写入政府工作报告；2015年10月，党的十八届五中全会正式提出"实施国家大数据战略，推进数据资源开放共享"。

换、信息与业务流程和应用脱节。大数据融合技术可以用于解决智慧城市建设中面临的"信息孤岛"问题，加强数据间的联系性，实现数据的开放，提升数据的服务水平，使数据在智慧城市规划中发挥重要作用，从而解决智慧城市发展中的信息碎片化问题。

（2）大数据处理。出于对智慧城市系统中流动的大规模数据的传输效率、数据质量与安全等因素考量，需进行大规模的数据预处理。例如，感知端数据在网络传送前需要基于大数据质量保证技术、大数据压缩技术等手段，以便对采集到的数据进行校验、压缩，从而保证数据质量和网络传输效率。在分析存储数据库中的大规模数据前，需要利用大数据ETL技术、大数据隐私保护技术等手段，对数据进行提取、转换、加载处理，从而满足数据分析与发掘的需求。

（3）大数据分析挖掘。大数据分析与挖掘技术为智慧城市的治理提供了强大的决策支持能力，便于在智慧城市科学治理前准确把握城市运行特点及规律，并洞察城市治理问题的成因。相比于前两项技术，大数据分析挖掘技术更为复杂。需要通过综合利用机器学习、统计分析、可视数据分析、时空轨迹分析、社交网络分析、智能图像/视频分析、情感分析等技术手段，对多源异构融合的海量城市数据进行过滤、提取、汇聚、挖掘和展现，通过参考历史数据与专业领域知识，再考虑事件间的相关性展开成因和发展规律的分析推理，并最终给出决策支持信息。

目前，我国各个城市已经在大力推动大数据技术的应用和发展。例如，辽宁省沈阳市以国家大数据综合试验区建设为契机，探索出一条以"智慧城市新体系、大数据产业链"为主线的创新之路。通过大力推进信息网络基础设施建设、打造智慧城市建设新体系、完善大数据产业链条等举措，探索智慧城市建设新模式。在大数据产业链条建设方面，截至2018年12月，沈阳市拥有大数据及相关产业企业超过180家。组建了沈阳东大智慧城市研究院和沈阳（中兴）大数据研究院，组织发起了汇聚国内外180多家优秀企业和专家资源的东北大数据产业联盟；医疗大数据、能源大数据、交通大数据等重点应用项目纷纷落地。①

总之，大数据的出现引发了全球范围内深刻的技术与商业变革。通过城市大数据开放、信息共享和集成运用，是改变传统城市管理中的"差不多"现象和"拍脑袋"决策，

---

① 资料来源于新华网。

推动形成"用数据说话、用数据决策、用数据管理、用数据创新"的城市管理新方式的关键。

2.3 物联网与人工智能技术

2.3.1 物联网技术

"物联网"的概念是在 1999 年提出的，它的定义很简单：把所有物品通过射频识别等信息传感设备与互联网连接起来，实现智能化识别和管理。物联网技术是在互联网技术特别是移动互联网技术快速发展的时代背景下，进行技术升级和革新而出现的全新技术产物。

2020年3月4日，中央明确指示要加快推进国家规划已明确的重大工程和基础设施建设。本次新基建中物联网虽然概念上弱化了，但是可以理解为细分到各大领域。换种说法，可能更容易明白物联网与新基建关系。举例来看，如果将"铁公基"包含的公路、铁路、轨道交通看作是站点之间网络的话，那么5G、蓝牙、LPWAN等就是连接物联网设备之间，将数据互相传输的通道。由于新基建的数据采集和传输是必不可少的，那么物联网感知层、网络层、应用层使用场景必不可少。

1. 基本特征

从通信对象和过程来看，物与物、人与物之间的信息交互是物联网的核心。物联网的基本特征可概括为整体感知、可靠传输和智能处理。

整体感知——可以利用射频识别、二维码、智能传感器等感知设备感知获取物体的各类信息。

可靠传输——通过对互联网、无线网络的融合，将物体的信息实时、准确地传送，以便信息交流、分享。

智能处理——使用各种智能技术，对感知和传送到的数据、信息进行分析处理，实现监测与控制的智能化。根据物联网的以上特征，结合信息科学的观点，围绕信息的流

动过程,可以归纳出物联网处理信息的功能:

(1)获取信息的功能。主要是信息的感知、识别,信息的感知是指对事物属性状态及其变化方式的知觉和敏感;信息的识别是指能把所感受到的事物状态用一定方式表示出来。

(2)传送信息的功能。主要是信息发送、传输、接收等环节,最后把获取的事物状态信息及其变化的方式从时间(或空间)上的一点传送到另一点的任务,这就是常说的通信过程。

(3)处理信息的功能。指信息的加工过程,利用已有的信息或感知的信息产生新的信息,实际是制定决策的过程。

(4)施效信息的功能。指信息最终发挥效用的过程,有很多的表现形式,比较重要的是通过调节对象事物的状态及其变换方式,始终使对象处于预先设计的状态。

2. 基础原理

物联网技术的原理是在计算机互联网的基础上,利用RFID、无线数据通信技术,构建覆盖全球数万座建筑的物联网。在这个网络中,建筑物(物品)之间可以在不需要人工干预的情况下进行通信。其实质是利用射频自动识别技术,通过计算机互联网实现物品之间的自动识别和信息的互联与共享。

物联网的技术架构包括三个层面:感知层、网络层与应用层(图2-9)。

感知层主要是采集物品在物理世界中发生的各种数据信息,主要由温度感应器、声音感应器、振动感应器、压力感应器、传感器、终端、RFID标签和读写器、二维码标签和读写器、传感器网络等各种类型的采集和控制模块组成。

网络层分为接入层和承载网络两部分,该层能够实现大范围信息沟通,通过现在已经存在的移动网络、互联网等通信系统,将感知层得到的数据信息传到地球各个地方,实现地球范围内的远距离通信。

应用层由各种应用服务器组成,该层的主要任务是在感知层和网络层的工作完成之后汇总获得的所有关于物品的信息,然后对信息进行再加工,进一步提高信息的综合利用度。该层是物联网与各种行业的桥梁,可以实现物联网技术应用到各个行业中,满足行业需求,实现行业的智能化。

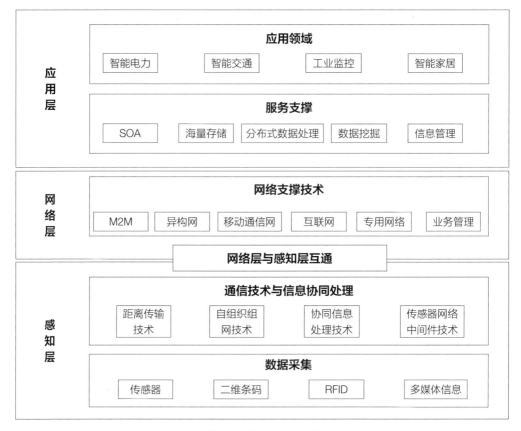

图2-9 物联网技术架构

图片来源：笔者自绘

3. 在智慧城市中的应用

智慧城市的基本特征体现在更透彻的感知、更全面的互联互通、更深入的智能化，如图2-10所示。通常认为建设智慧城市需要三个步骤：①各种创新的感知科技开始被嵌入各种物体和设施中，从而令物质世界被极大程度地数字化；②随着网络的高度发达，人、数据和各种事物都将以不同的方式连入网络；③先进的技术和超级计算机可以对这些海量数据进行整理、加工和分析，将数据转化成可用的信息，并帮助人们作出正确的行动决策。具体实现方法就是将感知传感器嵌入和装备到各种智慧化的监测和控制系统中去，形成物联网，实现物联网与互联网的互联互通。

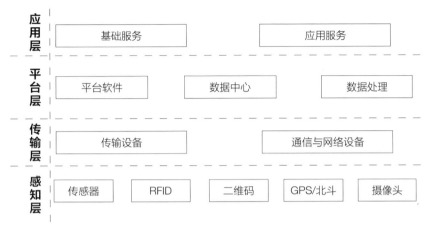

图2-10 物联网在智慧城市中的应用

图片来源：笔者自绘

（1）智能电网

将物联网技术引入供电领域，实质上实现的是国家电网系统的智能化。通过相应的技术手段，可以将传感侦测设备部署在电力系统的每一个环节中的每一台设备上，使电力供应形成一条完整的信息链。通过该方法，可以使得电力匹配、供应更加智能化，电力调度更加科学化。除此之外，将该技术引入电力供应系统，还能够逐渐使供电形式多样化，满足不同的、差异化的发电主体更加便捷地接入国家电网发电系统，实现资源的合理配置和科学使用。

（2）智能医疗

智能医疗保障是利用物联网技术来建立个人信息档案，同时对个人健康信息进行详细记录，能够更大范围地实现医疗健康信息的共享。在进行就医的时候可以使信息能够快速、有效地进行传输，智慧城市体系下的一些公共卫生系统，其中包括医疗设备以及人员管理等方面。想要实现医疗信息共享和资源的整合，就需要政府在处理一些医疗试验的时候，基于物联网技术来使用，物联网可以在一定程度上提升医疗信息共享的效率。

在一些沿海发达城市，该技术已经在医疗领域内实现了一定程度的运用和融合。目前我国医疗体系中，各个医院的设备信息、病例信息都仅完成了在本院范围内的互通。在医疗设备、就诊者、医生之间尚未实现便捷的信息传递。通过应用物联网技术，可以将各种医疗设备，其中包含患者身体上装置的各种医疗设备与医生端系统有效连接，使医生可以实时智能化地观测患者身体信息。

（3）智慧交通

交通被认为是物联网所有应用场景中最有前景的应用之一。随着城市化的发展，交通问题越来越严重，而传统的解决方案已无法满足新的交通问题，因此，智能交通应运而生。智能交通指的是利用先进的信息技术、数据传输技术以及计算机处理技术等有效的集成到交通运输管理体系中，使人、车和路能够紧密地配合，改善交通运输环境来提高资源利用率等。

我们根据实际的行业应用情况，总结了物联网在智能交通领域的八大重要应用场景：

1）智能公交车。智能公交通过RFID、传感等技术，实时了解公交车的位置，实现弯道及路线提醒等功能。同时，能结合公交的运行特点，通过智能调度系统对线路、车辆进行规划调度，实现智能排班。

2）共享自行车。共享自行车是通过配有GNSS或NB-IoT模块的智能锁，将数据上传到共享服务平台，实现车辆精准定位、实时掌控车辆运行状态等。

3）车联网。利用先进的传感器、RFID以及摄像头等设备，采集车辆周围的环境以及车自身的信息，将数据传输至车载系统，实时监控车辆运行状态，包括油耗、车速等。

4）充电桩。运用传感器采集充电桩电量、状态监测以及充电桩位置等信息，将采集到的数据实时传输到云平台，通过App与云平台进行连接，实现统一管理等功能。

5）智能红绿灯。通过安装在路口的一个雷达装置，实时监测路口的行车数量、车距以及车速，同时监测行人的数量以及外界天气状况，动态地调控交通灯的信号，提高路口车辆通行率，减少交通信号灯的空放时间，最终提高道路的承载力。

6）汽车电子标识。汽车电子标识，又叫电子车牌，通过RFID技术，自动地、非接触地完成车辆的识别与监控，将采集到的信息与交管系统连接，实现车辆的监管以及解决交通肇事、逃逸等问题。

7）智慧停车。在城市交通出行领域，由于停车资源有限，停车效率低下等问题，智慧停车应运而生。智慧停车以停车位资源为基础，通过安装地磁感应、摄像头等装置，实现车牌识别、车位的查找与预约以及使用App自动支付等功能。

8）高速无感收费。通过摄像头识别车牌信息，将车牌绑定至微信或者支付宝，根据行驶的里程，自动通过微信或者支付宝收取费用，实现无感收费，提高通行效率、缩短车辆等候时间等。

（4）智慧教育

在物联网产业化加速的今天，物联网方案也开始向教育领域渗透，教学模式从一支粉笔走天下到信息化改革，但这注定是一个循序渐进的过程，数据驱动将在这一过程中发挥着关键作用。

1）提高教学质量。将物联网与现有教学平台集成，开发阅读器接口中间件，对于需要督导的自律性较差的学生，定时佩戴传感器手表、眼镜等记录学生的多重数据，如脑电图、血压、体温等生理信息及眼动、手部轻微移动等运动信息，引入心理学相关测试技术，得出学生的紧张程度、注意力状况、动脑情况等。将传感器获取的实时数据导入现有教学平台，教师根据这些反馈信息对学生进行有效的督促辅导。

2）学生的健康状况。通过门式晨检机感知学生的健康信息，自动采集体温指标，当学生体温异常时，可通过短信等通知家长与老师，当学校出现一定数量体温异常案例时，即可通过应急联动机制，将信息传至医疗机构跟踪处理，防止出现集体疫情；而通过为学生配置运动传感器，可以系统感知其运动指标，避免学校只培养"书呆子"。

3）信息化教学。利用物联网建立泛在学习环境。可以利用智能标签识别需要学习的对象，并且根据学生的学习行为记录，调整学习内容。这是对传统课堂和虚拟实验的拓展，在空间上和交互环节上，通过实地考察和实践，增强学生的体验。

4）教育管理。物联网在教育管理中可以用于人员考勤、图书管理、设备管理等方面。例如，带有RFID标签的学生证可以监控学生进出各个教学设施的情况以及行动路线，又如将RFID用于图书管理，通过RFID标签可方便地找到图书，并且可以在借阅图书的时候方便地获取图书信息、而不用把书一本一本拿出来扫描。将物联网技术用于实验设备管理可以方便地跟踪设备的位置和使用状态，方便管理。

5）智慧校园。智能化教学环境，控制物联网在校园内还可用于校内交通管理、车辆管理、校园安全、智能建筑、学生生活服务等领域。例如，在教室里安装光线传感器和控制器，根据光线强度和学生的位置，调整教室内的光照度，控制器也可以与投影仪和窗帘导轨等设备整合，根据投影工作状态决定是否关上窗帘，降低灯光亮度。

（5）智慧建造

1）装配式建筑。装配式建筑是以构件工厂预制化生产，现场装配式安装为模式，以标准化设计、工厂化生产、装配化施工、一体化装修和信息化管理为特征，整合从研发设计、生产制造、构件运输、现场装配等各个业务领域，实现建筑产品节能、环保、全周期价值最大化的可持续发展的新型建筑生产方式。

常见的装配式建筑有预制装配式混凝土结构形式、预制装配式钢结构、预制集装箱式房屋、骨架板材建筑等。无论哪种形式的装配式建筑，都存在从整体设计到设计拆分、工厂预制加工、由工厂运输到现场、在现场组装的过程。

在工厂生产装配式混凝土预制构件时，可以借助物联网技术实现对混凝土温度、湿度的监测，自动实现升温降温和加湿等对混凝土预制构件的养护处理。

对设计好的建筑按装配要求，拆分成建筑部品部件，对每个部品部件进行编码。工厂加工制造这些部品部件时，将RFID埋在预制品里，或者将二维码喷涂或以吊牌形式附着在预制品上，进行实物的编码标识。以此为基础，结合相关的管理系统，可以实现生产安排管理、物流运输管理、装配安装管理，也可以凭借RFID或二维码实现装配式建筑的质量追踪（图2-11）。

2）安全监管。工程建设施工阶段是安全事故高发的阶段，根据住房城乡建设部统计数据，2018年全国共发生房屋市政工程生产安全事故734起、死亡840人。安全事故不仅造成严重的生命财产损失，而且可能给社会带来无法挽回的负面影响。建设行政主管部门常用的安全监管措施包括：强化重大风险源管控；督导企业责任和政府监管责任落实；实施安全文明施工标准化；对管理人员和施工工人进行安全文明教育；定期对施工工地现场展开现场安全检查。利用现代信息化管理手段实时采集施工现场作业信息，运用这些信息进行安全风险分析，针对高风险工地现场，采取合适的安全监管措施（图2-12）。

图2-11 附着在预制构件上的二维码

图片来源：斯维尔

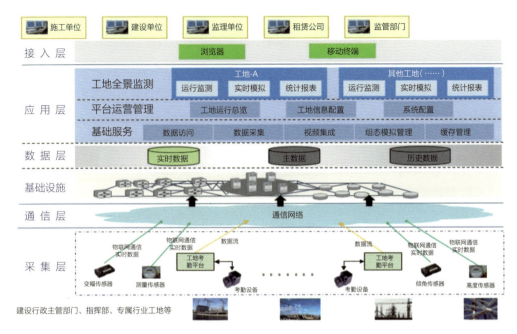

图2-12　建设行业安全生产监管系统架构图

图片来源：斯维尔

2.3.2　人工智能技术

2017年7月8日国务院发布《新一代人工智能发展规划》，提出了面向2030年中国新一代人工智能发展的指导思想、战略目标、重点任务和保障措施，部署构筑了中国人工智能发展的先发优势，为加快建设创新型国家和世界科技强国服务。这不但意味着人工智能产业的发展即将进入新阶段，也意味着其他产业也一并迎来社会建设的新机遇。

1. 基础原理

概括来说，人工智能的原理是"将大量数据、超强的运算处理能力和智能算法三者相结合起来，建立一个解决特定问题的模型，使程序能够自动地从数据中学习潜在的模式或特征，从而实现接近人类的思考方式。"

但是，人工智能技术涵盖范围广泛，学科交叉性强，运行模式复杂多样，包括自然语言处理、机器视觉、机器学习、智能机器人等众多研究领域。每一个技术领域又有其特定的原理。下面将对智慧城市中应用到的人工智能技术的具体领域作简要介绍。

（1）自然语言处理

自然语言处理（Natural Language Processing，NLP）是指计算机对人类的自然语言进行有意义的分析与操作，从而进行人机交流的各种理论和方法。自然语言处理是计算机应用的一个分支，也是人工智能领域的一个重要方向。其技术原理包括编码词法分析、句法分析、语义分析、文本生成和语音识别。如图2-13所示。

（2）机器视觉

机器视觉是一门涉及人工智能、神经生物学、心理物理学、计算机科学、图像处理、模式识别等诸多领域的交叉学科，具有物体定位、特征检测、缺陷判断、目标识别、计数和运动跟踪等功能，主要利用计算机来模拟人或再现与人类视觉有关的某些智能行为，从客观事物的图像中提取信息进行处理，并加以理解，最终用于实际检测和控制。

机器视觉建立在知觉理论、传感器和感知计算方法上。它的工作原理是对需检测的产品或区域进行成像，然后通过A/D将被测目标的图像信号转换变成数字信号，传送给专用的图像处理系统，接着根据像素分布、亮度和颜色等信息，进行各种运算来抽取目标的特征，最后再根据预设的判别准则输出判断结果，如图2-14所示。

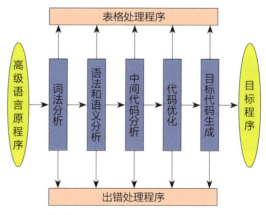

图2-13　自然语言处理基础原理图示

图片来源：笔者自绘

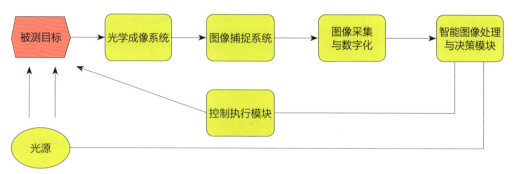

图2-14 机器视觉工作原理图示

图片来源：唐向阳等. 机器视觉关键技术的现状及应用展望［J］. 昆明理工大学学报（理工版），2004：36-39.

（3）机器学习

机器学习是一项利用数据或经验来总结规律、改进算法、预测新事物的研究。它的目的是通过算法让机器从大量历史数据中学习规律，并且能够从环境中不断采集新的信息，自动发现模式并用于预测，提高对新事物的认知能力。

机器学习的系统模型如图2-15所示。环境模块为系统提供外部信息，供系统选择；采集模块则从环境中提取信息并进行筛选；知识库模块用来存放正确、有价值的知识信息，包括历史经验信息和通过学习生成的一些新的方法和规则等；学习模块根据采集到的有效信息进行归纳、演绎，生成一定的方法和规则；执行模块用知识库中存储的规律和知识解决实际中的问题；评价模块一方面验证和评判学习生成的方法、规则的实际应用效果，即验证机器归纳、演绎的正确性；另一方面，将从环境中采集到的新鲜、有效的信息转送给学习模块。

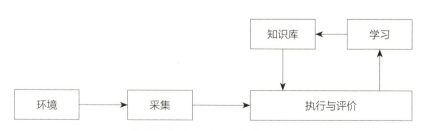

图2-15 机器学习系统模型图示

图片来源：马衍庆. 基于机器学习的网络流量识别方法与实现［D］. 济南：山东大学，2014.

(4)智能机器人

智能机器人是指把机器视觉、自动规划等认知技术、各种传感器整合到机器人身上,使得机器人拥有判断、决策的能力,能在各种不同的环境中处理不同的任务。传统机器人往往需要预先输入控制机器人的程序或指令组,当机器人接收到传感器的信息后,能够遵循人们编写的程序指令,自动执行并完成一系列的动作。智能机器人则可以自动生成运行过程,并通过执行动作记录或随机试验等,不断改进程序指令。

2. 在智慧城市中的应用

(1)智慧交通

人工智能在智能交通领域的应用,主要集中在交通管控和智慧出行两个方面。如利用深度学习算法进行图像检测和识别,提取车辆信息;对违法行为进行智能识别和有效取证;通过机器自我学习,搭建出能够支撑类脑推理的核心算法模型,实现更准确的预测能力和更智能的调配能力,实现智能管控。智慧出行包括无人驾驶、危险预警、智慧停车和车路协同等。

(2)智能销售

人工智能技术在销售领域具有巨大的市场前景,而个性化、自动化、高效化的人工智能服务,也正在为销售行业营造新的商业销售环境。两者的有机结合,能够有效促进场景营销中商家与消费者的互动,改善购物体验,提升顾客购物满意度和忠诚度,增强消费欲望并扩大消费。

智能机器人可以在商店中充当导购的角色,同时还能监控库存以便补货;图像识别技术可以进行客流统计,利用收集到的客户的性别、年龄、入店次数、滞留时间和消费行为等数据分析消费者偏好,并根据顾客的不良行为设置黑名单;机器视觉技术可以通过传感器识别出特定的消费者并提供他们可能会感兴趣的商品,同时提供定价和潜在过敏源等信息。

(3)智能医疗

人工智能已全面进军医疗行业,在生物学、病理学、药理学、医疗器械工程等领域都已经取得了诸多成果。智能医疗的发展也面临着多个趋势,包括辅助诊疗、疾病预测、医疗影像辅助诊断、药物开发等。综合来说主要有三个方面:

1）对病患的数据信息分析处理，进行疾病的预测和相关模型的建立。比如在心血管影像技术领域，可以借助机器学习（包括监督学习、无监督学习和深度学习）实现图像的自动分割，缩短重建和后处理时间，通过整合临床及影像数据，建立诊断和预测模型，进一步优化临床工作流程，成为优化患者管理的新工具。

2）通过具备高级人工智能系统的智能机器人进行医疗操作。医用机器人种类很多，按照其用途不同，有临床医疗用机器人、护理机器人、医用教学机器人和为残疾人服务机器人等。医用机器人尤其是手术机器人，已经成为机器人领域的"高需求产品"。手术机器人视野更加开阔，手术操作更加精准，有利于患者伤口愈合，减小创伤面和失血量，减轻疼痛等。

3）助力药物研发过程。从经济效益方面考虑，人工智能可以大大缩短药物研发时间、提高研发效率并控制研发成本。从药物效果方面考虑，人工智能可以模拟药物的临床效果，减少人体试药的风险。除此之外，人工智能还可以通过分析海量数据，提出新的可以被验证的假说，加快新药的研制和推广。

（4）智慧建造

建筑业信息化正在高速发展，人工智能技术已逐渐渗透至工程建设的全寿命周期中，成为智能建筑模型的重要组成部分。

1）智能设计

计算机算法作为模拟、迭代、优化以及建造的核心技术正在极大地介入并改变着建筑设计、研究与实践的全过程。机器有着与人类不同的能力与思考方式，可以通过预设条件，增强人的设计能力。"通过人机协作，以往以物体为中心、以作品为导向的工作模式发生根本性的转变，参数化的设计与建造流程本身可以成为创作的源泉。对数字工具的应用也不仅仅局限于信息的整合，甚至直接延伸到建筑机器人的创造性工作，"最终实现人工智能自主完成工程建设的全部设计工作。目前，智能设计主要包含智能强排、智能翻模、智能建模、智能审图、智能审模等。

①智能强排

强排方案是根据地块规划指标，排布建筑的基本方案，按照建筑强制性规范，尽可能布置建筑轮廓。强排就是最高盈利强度排布建筑总图，这是房地产开发企业控制设计的一个方式，强排的目标很简单，即寻找到税后利润最大化的建筑业态组合。

利用计算机的智能算法进行强排设计,可以迅速得到数十上百个建筑规划方案。智能强排,可以将城市数据与智能算法结合,通过模型将建设单位的业务需求逻辑与城市的数据逻辑协同,产生的建筑符合场地未来的交通和景观需求,也符合城市多层平台空间逻辑需求。对这些由计算机智能强排算法产生的设计,进一步进行货值、覆盖率、利润最大化分析,对分析结果实现可视化,再由专业人员参考分析结果,对强排方案进行优选,获得最合适的设计方案(图2-16、图2-17)。

图2-16　由智能强排系统自动产生的三维模型

图片来源:https://www.163.com/dy/article/DOKIVNKU053818BR.html

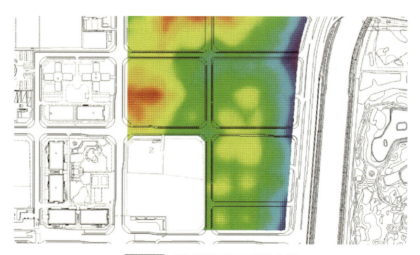

图2-17　智能强排后的可视化分析

图片来源:https://www.sohu.com/a/146280057_663589

②智能翻模

智能翻模是在人工干预辅助或者计算机全自动处理下将二维图纸转换为BIM模型的技术与应用。

我们常常用来表达建筑设计的方法是使用CAD软件，用离散的线条、文字，按照制图规范进行设计表达。通常情况下，一栋房屋建筑的设计图纸，会由多张dwg格式的图纸组成，包括图纸目录、建筑总说明、结构总说明、装饰总说明，按楼层与专业（建筑构件）划分的图纸，以及建筑构造的节点大样图、详图和表达管线与设备连接关系的系统图等图纸。我们通过图纸理解设计时，需要结合设计规范、制图规范，阅读多张图纸，在脑海里还原出设计意图。因此，利用图纸来进行翻模，如果是人工方法的翻模，则是在人工对图纸进行理解后，再通过BIM建模软件将建筑构件绘制出来。这个过程枯燥、容易出错、工作效率低，工作量也比较大。

利用人工智能技术，通过机器学习或深度学习算法，模拟人工理解设计图纸的方法，首先梳理图纸文件目录，对文件内容进行识别，完成图纸分割，实现图纸整理，接着理解总说明中表达的设计内容，再建立起标高和轴网定位信息，逐张处理图纸，提取图纸中的线条和文字，将线条与文字相结合，根据制图规则，识别出具体的柱、梁、墙、板、管道、管件以及设备等，再通过参数驱动的方法，创建出对应的BIM模型，将设计信息赋予BIM模型的构件上。

由于每个设计院、每个设计师对图纸的表达方法存在图层划分、设计表达习惯上的不同，会影响到识别效果，如果识别错误，则建立的模型也是错的，如果识别建立的模型存在的错误比较多，检查错误所花费的时间也比较多，因此采用计算机自动识别建模时，识别率是判断这个方法是否具有实用价值的很重要的指标。一般情况下，识别率低于80%，用于检查识别错误的时间就往往多于人工建模的时间。采用人工智能技术，通过深度学习技术来提升不同设计院和设计师所设计出来的图纸的正确识别率。为了达到较好的识别正确率，也可以采用人工干预下的图纸识别处理，这样也能大幅度提高翻模的效率（图2-18）。

③智能建模

智能建模是利用三维激光扫描或者摄影技术，获得的激光点云或照片，经过计算机智能分析计算，建立起三维模型，再进一步对三维模型的构成进行细分，形成具有更多信息的模型。利用智能建模技术，可以快速实现一个城市的室外区域的模型化，也可以

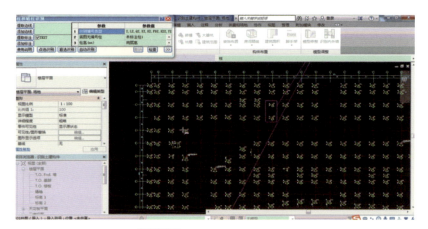

图2-18 识别图纸、智能翻模
图片来源：斯维尔

对既有建筑的室内进行模型化处理。智能建模常用技术有三维激光点云技术、无人机倾斜摄影技术、双目摄像技术以及连续照片三维建模技术等。

A. 三维激光点云技术，是一种直接对目标表面进行三维测量的技术，三维激光扫描仪以阵列式点云的形式描绘地物表面的空间形态和记录点位坐标信息，并且可以根据激光束回波反射强度值以及融合CCD影像的色彩信息，使得点云数据不仅具有空间几何特征，同时还包含有所扫描物体表面的光谱辐射信息。使用智能算法，通过建立点云数据的邻域关系和目标点云表面的拓扑几何特征，能够实现以网格或参数曲面的形式构建扫描对象的表面几何模型，光谱辐射信息用于恢复几何模型表面的色彩或纹理特征。三维激光点云数据经分析计算，可以获得建筑物的三维的内表皮或者外表皮，形成以内表皮或外表皮描述的三维建筑模型。如果要对这个整体模型实现构件化分解，则还需要通过智能算法对表皮数据进行切割、分析、合并、推测、识别，再生成建筑构件。三维激光点云常常用来建立古旧建筑的三维档案资料，也可以利用三维激光点云来检测与评价建筑的施工质量（图2-19）。

B. 无人机倾斜摄影技术，可以采用无人机携带五个镜头，摄像机沿着规划的线路连续拍照生成照片，或者携带单镜头的无人机沿着规划线路，从五个方向对地面目标物进行连续拍照生成照片，基于这些同一地物的不同视角的照片，经过计算分析后重建物体三维几何信息。

图2-19 深圳技术大学项目室内三维激光扫描点云模型
图片来源：斯维尔

C. 双目视觉系统建模，是通过照片建立三维模型，基于视差原理，从多幅图像获取物体三维几何信息的方法。双目立体视觉系统一般由双摄像机从不同角度同时获得被测物的两幅数字图像，或由单摄像机在不同时刻从不同角度获得被测物的两幅数字图像，并基于视差原理恢复出物体的三维几何信息，重建物体三维轮廓及位置。

通过照片智能建模后，目标地物与地面以及其他建筑环境是一个整体，往往还需要通过智能算法进行物体分类识别，进行模型切分，分成建筑、道路、树木等单独的地物。

④智能审图

施工图审图工作是在设计院设计人员完成阶段设计工作，由审图人员对图纸进行审查的工作。审图人员进行图纸审查时，会根据国家法律、法规、技术标准与规范，对施工图设计文件的结构安全、公众利益、国家强制性标准、规范的执行情况以及设计深度进行全面审查。通过施工图审查，对设计质量起到一个把关的作用，能够消除大量结构安全隐患，促使设计单位提高设计质量。施工图审查以往一般由具有审图资质的单位承担。

智能审图就是利用人工智能技术，对二维施工图纸进行审查，智能识别建筑设计施工图图纸含义，协助建筑行业图审人员、设计师自动审查建筑、结构、设备专业的各类规范强条，以及统计建筑面积，计算容积率等控制指标。

智能审图技术将法律法规、建筑规范的强制性条款语句进行整理和转换，形成便于计算机分析计算判定的规则库,该规则库用来作为待审图纸是否满足要求的判定条件。智能审图软件系统接收到一批图纸后,首先对图纸文件进行整理处理,识别出每一张图纸的含义和所表达的内容,然后再对每一张图纸内容进行解析,理解其设计表达的含义,对设计表达进行分析,与规则库中的规则进行比较,判定是否同规则一致。最后,将分析判定结果以图文报告的形式输出。

2020年6月24日,住房城乡建设部批准深圳市住房和建设局开展建筑工程人工智能审图试点工作,这是人工智能审图大规模应用到工程实践的一个标志性事件。目前,现有技术条件下,将智能审图作为人工审图的前一道工序,计算机智能审图后,产生的图纸问题可由人工进一步权衡判定和确定是否需要整改,另外也需要通过人工审核计算机无法智能审核覆盖的强制性条文和审核内容。智能审图技术可以大幅度提升审图工作效率,随着数据积累越来越多,算法不断优化,最终智能审图技术可最大程度地代替人工审图工作。

⑤智能审模

智能审图的工作基础是二维施工图纸,是对电子二维施工图纸的规范性审核。智能审模的工作基础是BIM模型,是运用人工智能技术对BIM模型的审核,是通过电脑来代替人工,对BIM模型的审核。审核模型与审核图纸既有相似之处,也有较大不同。

一般情况,对BIM模型审核要做如下内容的审核:数据格式符合性、模型完整性、模型规范性、模型信息深度、模型正确性、图模一致性、专业冲突等。

A. 数据格式符合性。一个项目为了方便数据交换和团队协作,BIM模型的数据格式一定要满足交付要求的规定,包括文件格式、文本版本。数据格式符合性用软件自动检查比较容易判定。

B. 模型完整性。指模型要能完整反映设计信息,模型包括总说明、总平面、各楼层、各专业模型以及合并整合模型,不能有缺失的楼层和缺失的专业,也不能有缺失的构件。

C. 模型规范性。指模型文件命名、构件命名、属性命名、色彩,以及轴网、标高、原点等符合模型规范要求。

D. 模型信息深度。也常常叫模型精度,是指模型所包含的项目整体信息、各专业构件的种类,以及构件几何信息与非几何信息。

E. 模型正确性。指模型的构件的几何信息正确、非几何信息正确，几何信息与非几何信息表达的内容相一致，模型正确反映了设计内容或者实际施工的内容。

F. 图模一致性。指BIM模型与图纸是一致的。图模一致性判定需要用到智能算法，先对图纸内容进行识别处理，再与模型进行比较，对比是否存在不一致的内容，并对不一致的内容进行标记。

G. 专业冲突。指建筑与结构、结构与机电、结构与幕墙、机电与精装修等专业间冲突碰撞。

智能审模软件将模型中存在的上述问题，一般需要分门别类生成问题报告，供人工检阅（图2-20）。

2）智能造价

智能造价包括智能算量和智能组价两部分。

①智能算量

智能算量是指利用BIM模型，直接计算出用于概算、预算、招标采购、结算以及成本分析工作使用的工程量清单和工程量。

工程量清单是表现拟建工程的分部分项工程项目、措施项目、其他项目名称和相应数量的明细清单，包括分部分项工程量清单、措施项目清单、其他项目清单。进行工程量计算时，需要根据设计、施工信息，按专业与计价要求和工程量计算规则进行计算。根据《建设工程工程量清单计价规范》GB 50500—2013，工程量清单由项目编码、项目名称、项目特征、计量单位和工程量五部分组成。

工程量清单是工程量清单计价的基

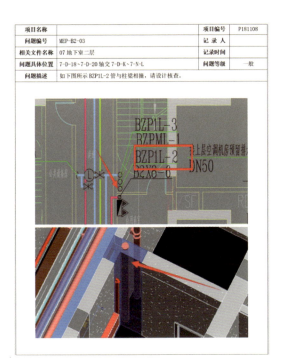

图2-20 智能审模示例

图片来源：斯维尔

础，是作为编制招标控制价、投标报价、计算工程量、支付工程款、调整合同价款、办理竣工结算以及工程索赔等的依据之一。在一个项目里，每一条工程量清单的工程量是由若干明细工程量清单按项目编码、项目名称、项目特征和计量单位，归并汇总明细工程量所形成的汇总量。而每一个明细工程量清单工程量是依据工程量计算规则，对建筑实体进行了扣减分析计算后，得到的长度、面积、体积、个数以及扣减长度、扣减面积、扣减体积的数值。工程量计算和汇总过程一般都比较复杂和烦琐，手工计算效率低，容易出错，现在一般都使用专门的工程量计算软件计算。使用工程量计算软件计算工程量时，首先要依据图纸建立算量模型，建模过程同BIM建模过程类似，比较烦琐耗时。工程量计算利用建立好的算量模型，根据内置的工程量计算规则进行分析计算，先计算生成明细工程量清单，再汇总形成汇总的工程量清单。

智能算量软件将用于设计BIM模型和施工BIM模型，按一定规则自动转换成算量模型，在此基础上，再按工程量计算规则计算明细工程量清单、汇总工程量清单。由于不同的设计单位、施工单位以及BIM咨询单位的建模人员习惯以及项目的特点，设计或施工BIM模型的命名、构件属性信息及表达、构件绘制的族类型借用等情况，差异很大，可通过人工智能机器学习算法，通过对大量模型进行学习，积累设计与施工模型到算量模型的自动转换规则。智能算量去除了专门建立算量模型过程，能够实现"一键算量"，因此可以大幅度提高算量效率（图2-21）。

②智能组价

智能组价是利用人工智能技术，按照价格控制策略和要求，智能计算一份工程量清单的单价，最终完成整个项目的造价计算。

按照建设工程工程量清单计价规范的要求，工程量清单包括分部分项工程量清单、措施项目清单、其他项目清单、规费项目清单、税金项目清单。计价时，分部分项工程量清单、措施项目清单的单价，需要结合清单的工作内容和项目特征，确定组价内容。工程量清单计价采用综合单价法，每条清单的综合单价，由人工费、机械费、材料费、管理费、利润、税金等部分组成，对清单综合单价做综合单价分析，将人工费、材料费、机械费需进一步分解成具体的工种、材料名称与规格型号、机械设备使用动力、耗材及折旧等以及相应的消耗量。确定了各工种的工日单价、各材料的材料单价、机械租赁使用费用单价等价格信息，即可按一定的计算公式和规则，计算汇总成清单的综合单价。

图2-21 智能算量示例

图片来源：斯维尔

一个建设项目有成百上千条工程量清单，完成这些清单确定的工作内容，需要数千种人工、材料、设备（简称"人材机"），人材机的市场单价确定工作需要借助各地造价站发布的信息价、设备材料网站提供的价格信息、设备材料厂商报价，以及企业的自身积累价格信息。人材机价格确定工作比较烦琐，工作量也比较大。

智能组价技术是综合垂直搜索技术、大数据技术、人工智能技术，根据清单组成的人材机资料，自动在网络上通过垂直搜索技术获取材料价格信息，再通过大数据技术对数据去伪存真，分析加工，通过人工智能的文字语意分析技术，将清单中的人材机与搜索获取的人材机及价格信息进行数据匹配处理，确定清单组成的人材机单价（图2-22）。

3）智能施工

近百年来，虽然自然科学与工程技术领域的革新不断，建筑本身的形态和功能也大不相同，但建筑施工的业态形式却始终没有出现显著的变化。建筑业现场作业的工作环境和施工条件往往比较恶劣，也经常伴随着很多风险，是公认的高危行业。由于人工成本不断上升，欧美国家愿意从事施工工作的人越来越少，随着中国人口红利的快速消失，愿意从事施工现场脏活儿、累活儿的工人越来越少，施工现场工人短缺已经迫在眉睫。

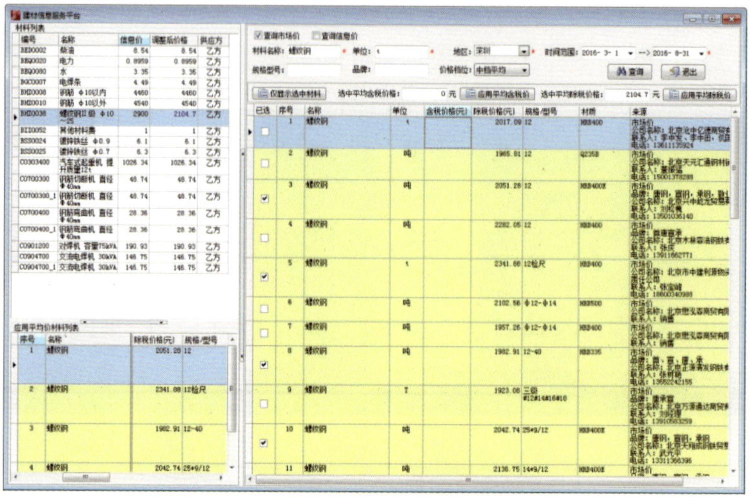

图2-22 清单组价时从网上获取的材料信息
图片来源：斯维尔

随着人工智能技术的发展，机器人技术也不断在进步。由于施工现场环境复杂，虽然用机器人完全替代人工在现场的工作尚未实现，但是将施工现场的工作分解后，用一些功能相对单一的建筑机器人代替人工在施工现场的部分工作，用于减轻工人的劳动强度，提升工作效率和质量具有很大的价值。人工智能技术用于复杂工程施工，实现机械设备远程作业，可以有效地减少操作人员暴露在危险环境下的时间。通过仿真模拟等技术，可以预测分析和模拟施工过程，实现施工现场透明化。另外，利用人工智能的学习能力，还能够预测安全事故的发生概率，提前做好保障措施。

将人工智能技术应用到一系列建筑机器上，可以应对施工现场的柔性作业需求。例如，砌砖机器人、抹灰机器人、钢筋加工机器人、钢筋绑扎机器人、管道安装机器人等。将视觉传感器、触觉传感器、重力传感器等传感器安装在建筑机器人上，结合人工智能算法，让机器人具备一定的识别物体的能力和触感，以此来控制关节活动，实现机器人的姿态控制与动作控制，就能让建筑机器人在人工照料下，完成一些需要实时判断的较为复杂的作业工作。

例如，施工现场存在大量的人工搬运工作，可将波士顿狗机器人技术开发为搬运机器人，可以代替一定的人工搬运工作（图2-23）。

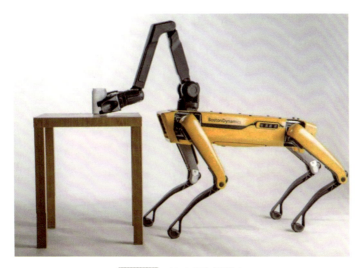

图2-23 波士顿狗机器人

图片来源：https://www.163.com/dy/article/DU9AOIOR0511ACMG.html

4）智能管理

人工智能技术在建设管理中的主要内容包括构建智能网站管理平台，用于教育培训施工作业人员，提高安全意识和事故应对能力；构建智能型监测系统，监测建筑工地的人力、机械设备、材料和环境，实现远程监督和指挥；构建人员管理系统，整合面部识别、无线通信、设备识别、数据收集、人事活动探测及其他模块，并通过网络将数据传送至智能型站点管理平台。在安全施工方面，人工智能用于施工现场，可以对危险禁入区域进行防控，对违规进入者可以警示；可以通过对人员着装的智能识别，对进入现场的人员未按规定佩戴安全帽、反光衣实现自动侦测，发出违规警示；可以通过对人员动作的识别，对现场违规行为进行违规警示等。

5）智能检索

工程建设领域的知识包括法律法规、标准规范、工法工艺、材料学、力学、管理学、经济学等诸多内容。建设工程投资决策、设计、施工、竣工验收、运营维护阶段，专业技术人员与管理人员常常会为某一项目查阅大量相关联的知识资料，这些知识资料检索和查阅效率不高。

知识图谱的概念于2012年由谷歌提出，并成功运用于搜索引擎。知识图谱是知识的一种复杂的网络化表示，是以结构化的形式描述客观世界中的概念、实体及其之间的关系，将互联网的信息表达成更接近人类认知世界的形式，提供了一种更好组织、管理和理解互联网海量信息的能力。知识图谱被认为是从感知智能通往认知智能的重要基石。知识图谱技术分为知识表示与建模、知识获取、知识融合、知识图谱查询和推理计算及知识应用技术。

利用人工智能自然语言处理技术，可以对一个专业领域的出版社（例如中国建筑工业出版社）所积累的标准、规范等各类出版资源进行整理，形成建设工程领域的高质量知识图谱，服务于建设工程的立项决策、设计、施工等各项具体工作（图2-24）。

图2-24 利用建设工程知识资源提供安全质量知识服务的小程序
图片来源：斯维尔

2.4 5G与信息安全技术

2.4.1 5G技术

5G是国际电信联盟（ITU）制定的第五代移动通信标准，它的正式名称是IMT-2020。5G作为新一代信息通信技术的主要发展方向，具备更高速率、更低时延和更大的用户连接能力等显著特征，不仅能满足人与人的通信，还能满足人与物、物与物的通信，将开启万物互联、人机交互的新时代，对构筑数字化时代国家竞争优势意义重大。我国非常重视5G通信技术的发展，并在5G技术部分领域取得了世界领先的成就。2019年6月6日，工信部正式向中国电信、中国移动、中国联通、中国广电发放5G商用牌照，标志着我国正式进入5G商用元年。根据中国信息通信研究院发布的《中国数字经济发展与就业白皮书（2019年）》，预计2020—2025年期间，我国5G商用将直接带动经济总产出10.6万亿元，直接创造经济增加值3.3万亿元；间接带动经济总产出约24.8万亿元，间接带动的经济增加值达8.4万亿元；就业贡献方面，预计到2025年，5G将直接创造超过300万个就业岗位。5G是"新基建"中最根本的通信基础设施，不但可以为大数据中心、人工智能和工业互联网等其他基础设施提供重要的网络支撑，而且将助力大数据、云计算等数字技术快速赋能各行各业，是数字经济的重要载体。

1. 基本原理

根据国际电信联盟的定义，5G具有更高速率、更低时延、更大连接特点，将带来更加丰富的应用场景，分别是eMBB（增强移动宽带）、URLLC（高可靠低时延）和mMTC（海量物联）。为达到5G的三大应用场景，5G在标准性能设计时，不再单一考虑对速率的增强，而是综合衡量6个方面的指标，包括峰值速率、用户体验速率、频谱效率、移动性、时延和连接密度。下面介绍实现上述3类应用场景的关键技术。

（1）网络切片

传统的通信网络像一个管道，电信运营商很难深度参与具体的行业应用之中。但随着网络应用的场景越来越丰富，不同的应用场景下，用户对网络资源的需求呈现出个性化态势。5G技术将面向不同的应用场景提供差异化服务，比如超高清视频、VR/AR、大规模物联网、车联网等，不同的场景对网络的移动性、安全性、低时延、可靠性，甚至是计费方式的要求都是不同的。5G技术根据应用场景不同将物理网络分成多个虚拟网络，用多样化的功能满足差异化的网络服务需求。比如，一辆自动驾驶的汽车上，需要给用户提供多个网络切片，自动驾驶切片利用5G的低时延特性来保证车辆行驶安全；高清地图切片将会实时更新路况信息。

（2）移动边缘计算

移动边缘计算，指在靠近移动用户的位置上提供信息技术服务环境和云计算的一种技术。如果把云计算比喻成人的大脑，移动边缘计算就相当于人的小脑。移动边缘计算是一种分布式计算，它将内容分发到靠近用户侧的服务器，使应用、服务和内容分散部署，从而更好地支持5G网络中对低时延和大带宽要求高的业务。移动边缘计算不仅是5G技术区别于3G、4G的重要标志之一，也是支撑物联技术低时延、高密度等条件的具体网络技术体系形式，具有场景定制化能力强的特点。

（3）新型大规模天线阵列

MIMO（Multiple Input Multiple Output，多入多出技术）技术已经在4G系统中得到广泛应用。面对传输速率和系统容量等方面的性能挑战，5G技术应用的新型大规模天线阵列的优势主要体现为支持更多维度的MIMO，相比4G，频谱效率增加了10倍。同时，其波束集中，可以大幅提升下行的增益，减少了高频链路损耗大的问题。新型大规模天线阵列技术在5G系统中是至关重要的，它保障了数据信息的传输速度，也降低了能源的消耗，从而降低了成本，保护了环境。

（4）D2D

D2D（Device to Device）主要是指终端直通技术，它是5G网络的重要技术之一。D2D是将两个综合性质相同的用户之间建立通信的一种方式。各个D2D用户组成了分散的网络，每个用户都拥有发送消息和接收消息的功能，并可以实现自动转发。D2D速率较高，具有更高的接入能力及数据处理能力，展现了移动通信的优势。由于无线多媒体业务逐渐增多，曾经以基站为传输中心的方式已经不能满足大量用户对业务的要求。而D2D的出现满足了市场需求，这种技术可以利用基站完成用户端之间直接的联络，拓展了网络的连接方式。

（5）毫米波

毫米波是5G的核心技术，为信号带来高效率传输。5G主要分为FR1和FR2两个频段。FR1的频段范围为450MHz—6GHz；FR2的频率范围则为24.25—52.6GHz，也就是毫米波。随着移动技术的快速发展，较低频段资源几乎分配完毕，而较高频段的毫米波就很好地解决了频段分配委托。毫米波的速率较高，4G的频段带宽为100MHz，数据传输速度超过1Gb/s，而毫米波的带宽则达到400MHz，数据传输速率可达到10Gb/s。

2. 在智慧城市中的应用

智慧城市是运用信息和通信技术手段感测、分析、整合城市运行核心系统的各项关键信息，从而对包括民生、环保、公共安全、城市服务、工商业活动在内的各种需求作出智能响应。5G与云计算、大数据、人工智能、虚拟增强现实等技术的深度融合，将成为新型智慧城市建设的关键基础设施。5G技术在智慧城市的交通、安防、环保、医疗等领域已有较多试点项目。

（1）智慧交通

智慧交通是一种智能化的服务体系，是智慧城市的重要组成部分。5G+车联网技术是5G技术在智慧交通领域的典型应用，通过整合人、车、路、周围环境等相关信息，为人们提供一体化服务。依靠5G的低时延、高可靠、高速率、安全等优势，将有效提升对车联网信息及时准确采集、处理、传播、利用、安全能力，有助于车与车、车与人、车与路的信息互通与高效协同，有助于消除车联网安全风险，推动城市智慧交通产业快速发展。根据中国信息通信研究院发布的《5G智慧城市安全需求与架构白皮书》，预计到2030年，中国车联网行业中5G相关投入（通信设备和通信服务）大约120亿元。

（2）智慧医疗

通过将5G技术引入医疗行业，将有效满足如远程医疗中低时延、高清画质和高可靠、高稳定等要求，推动远程医疗应用快速普及，实现对患者（特别是边远地区患者）进行远距离诊断、治疗和咨询。2019年1月，中国人民解放军总医院进行了首例5G远程手术测试，为距离50公里的实验动物进行肝脏切除手术。5G技术在远距离低时延和无抖动高清通信方面的优势，将打破地理屏障，使远程医疗成为可能。2019年3月，中国人民解放军总医院又成功完成了全国首例基于5G的远程人体手术——帕金森病"脑起搏器"植入手术。5G网络高速率、大宽带、低时延的特性，有效地保障了远程手术的稳定性、可靠性和安全性。

（3）智慧环保

城市环境的治理是国家实现可持续发展的重要基础。传统的环保监测手段在地域覆盖、时间频次上均有不足。5G技术能够使城市环保监管模式进入新时代。环保部分能够利用5G技术海量连接的特性实时掌握全市的环境数据资料，进行统一全面的环保管理；利用5G大带宽支持高清影像信息的传输，提高信息的辨识能力，使采集到的环境图像信息处理更加有效；低时延保证了即时的输送信息，确保对突发事件的快速响应。5G的低时延的特性将实现无人机和无人船等智能设备能够有效应用在实际的监测工作中，两种设备的高机动和全自动化的特性，将大幅度提高城市环境治理的效率。

（4）智慧安防

近年来随着人工智能、VR/AR、高清识别等技术的发展，大规模布设于城市之间的安防监控设备逐渐变得更加高清化与智能化，而伴随而来的海量设备的联网接入而生成的庞大数据。5G技术的大宽带特点可以满足增强现实（AR）移动警务的超高清视频和大规模数据的实时传输需求。5G技术的低时延的特点有利于对无人机或机器人等移动巡检设备的远程操控以及应急事故的布控、指挥和处理。5G技术的海量连接技术优势将支撑诸如危险物品监控、重要物资监控等覆盖整个城市的立体智能安防监控系统。

2.4.2 信息安全技术

新型智慧城市是一项庞大、复杂、综合的信息重塑城市工程。随着物联网、云计算、大数据、移动互联网等新一代信息通信技术在智慧城市中的广泛应用，使智慧城市信息系统从孤岛向全面互联互通、数据共享以及万物互联的方向发展，势必导致海量数据收集、存储和分析，将给新型智慧城市建设的信息安全带来巨大挑战。根据中国互联网协会发布的《中国网民权益保护调查报告（2016）》显示，2016年因信息泄露而遭受的经济损失高达915亿元。掌握大量个人信息的机构利用权限获取公民个人信息进行贩卖，不法分子通过技术手段实施攻击、撞库或利用钓鱼网站、木马、免费Wi-Fi、恶意App等技术手段窃取，这两种行为成为信息泄露的主要原因。因此，信息安全技术将是新型智慧城市建设的重要基础。

1. 基本原理

信息安全包括保密性、完整性、可用性、可控性和不可抵赖性五个基本属性。信息安全技术涉及信息论、计算机科学和密码学等多方面知识，主要任务是确保数据采集、处理、传输、存储和应用等各个环节的安全。信息安全技术主要包括：信息加密技术、数字签名技术、访问控制技术、网络安全技术和物理环境技术。

（1）信息加密技术

信息加密技术是保障信息安全的最基本、最核心的技术措施和理论基础，通过加/解密来实现身份鉴别、数据完整性、不可否认等，从而保证信息的安全。采用信息加密技术，可有效防止信息未授权观察和修改、抵赖、伪造、通信业务流程分析等问题。信息加密方法包括链路加密、端点加密和节点加密3种。链路加密的目的是保护网络节点之间的链路信息安全；端点加密的目的是对源端用户到目的端用户的数据提供保护；节点加密的目的是对源节点到目的节点之间的传输链路提供保护。

（2）数字签名技术

数字签名是保障信息来源的可靠性，防止发送方抵赖的一种有效技术手段。根据数字签名的应用场景和实验方式，目前数字签名包括：不可否认数字签名和群签名等。实验数字签名的基本流程包括：签名过程和验证过程。签名过程使用签名者的私有信息作为密钥，对数据单元进行加密或产生该数据单元的密码校验值；签名验证利用公开的规程和信息来确定签名是否利用该签名者的私有信息产生的。验证过程不能推出签名者的私有信息，但可以为仲裁者提供发信者对信息签名的证据，而且能使消息接受者确认信息是否来自合法方。

（3）访问控制技术

访问控制技术包括：入网访问控制、网络权限控制、目录级安全控制和属性安全控制等多种手段。入网访问控制为网络访问提供第一层访问控制，它控制哪些用户能够登录到服务器并获取网络资源。网络权限控制是针对网络非法操作所提供的一种安全保护措施。用户和用户组被赋予一定的权限，网络控制用户和用户组可以访问哪些目录、子目录、文件和其他资源，可以指定用户对这些文件、目录、设备能够执行哪些操作。目录级安全控制指网络控制用户对目录、文件、设备的访问，用户在目录一级指定的权限对所有文件和子目录有效，用户还可进一步指定对目录下的子目录和文件的访问权限。属性安全控制是指当使用文件、目录和网络设备时，网络系统管理员应给文件、目录等指定访问属性。

（4）网络安全技术

网络安全技术包括安全协议、防火墙、入侵检测、VPN技术、网络隔离技术等。这些技术都是用来保护网络的安全，阻止网络入侵攻击行为。防火墙是最常见的网络安全技术。安全协议实现身份鉴别、密钥分配、数据加密、防止信息重传和不可否认等安全机制，决定整个网络系统的安全强度。防火墙是一种位于可信网络和不可信网络之间的边界防护系统，分为包过滤防火墙、状态/动态检测防火墙、应用程序代理防火墙、网络地址转换（NAT）、个人防火墙等不同类型。入侵监视网络传输行为的安全技术，它能够即时终端、调整或隔离异常或具有伤害性的网络传输行为。虚拟专用网（VPN）在公共通信网上为需要进行保密通信的通信双方建立虚拟的专用通信通道，并且所有传输数据均经过加密后再在网络中进行传输，确保机密数据传输的安全性。网络隔离技术是确保把有害供给隔离在可信网络之外，在保证可信网络内部信息不外泄的前提下，完成网间安全数据交换。

（5）物理环境技术

物理安全技术主要保护信息系统设备、设施及其他媒体免遭地震、洪水、火灾等环境事故，以及人为操作失误或错误及各种犯罪行为导致的破坏，涉及环境安全、设备安全、电源系统安全和通信线路安全。环境安全指信息系统设备的运行环境按照国家有关标准设计实施，保护系统免受水、火、地震和静电等危害。设备安全要保证硬件设备随时处于良好的工作状态，应该建立健全使用管理规章制度。电源系统安全要保障电力能源供应、输电线路安全和电源稳定性等。通信线路安全要保障通信设备和通信线路的安装稳固牢靠，能够防止自然和人为因素破坏。

2. 在智慧城市中的应用

智慧城市是综合运用移动互联网、物联网、云计算、大数据等新一代信息技术，促进城市规划、建设、管理和服务智慧化的新理念和新模式，是新一代信息技术创新应用与城市转型发展深度融合的产物。然而新一代信息技术在智慧城市中广泛应用也随之带来了新的特点，如模糊的网络边界、全面互联的特性、威胁发生时的蝴蝶效应、个体信息与隐私保护的安全威胁等，因此，智慧城市建设需要提出新的信息安全解决方案。

（1）云计算信息安全技术

智慧城市所依赖的云计算技术作为一种新兴的计算机资源利用模式，除了传统信息系统的安全问题，还面临着新的信息安全问题和风险。在云计算的环境下，用户将自己的数据和业务转移到云计算平台，失去了对数据和业务直接控制能力，用户数据以及后续运行过程中产生、获取的数据都处于云服务商直接控制。2018年1月，CSA（云安全联盟）发布了最新版本的12种云计算威胁，包括：信息泄露、身份、凭证和访问管理不善、不安全的接口和应用程序编程接口（API）、系统漏洞、账户劫持、怀有恶意的内部人士、高级持续性威胁（APT）、数据丢失、尽职调查不足、滥用和恶意使用云服务、拒绝服务、共享的技术漏洞。

（2）大数据信息安全技术

大数据是智慧城市运营决策的基础，是决定智慧城市建设成败的关键性因素。然而，在智慧城市的大数据获取、传输、分析和存储过程中，个人、家庭的生活信息通过物联网全方位暴露，使个人信息泄露的风险加剧。智慧城市环境中，大数据安全威胁主要来自：信息泄露，在智慧城市中，几乎所有行为都被记录和存储，其中涉及大量的个人隐私信息，增加隐私数据泄露的风险；数据伪造，智慧城市的数据资源来自物联网环境的传感器，数据报送可能被人篡改；越权访问，智慧城市中大部分数据资源都是开放共享，如果访问权限设置不当，将造成合法用户访问到非授权的数据内容；数据损毁，攻击者在有合法访问权限的情况下，对数据进行删除；数据跨境，智慧城市建设不可避免使用国外产品和服务，造成个人数据跨境存储，对数据安全带来潜在的威胁。

（3）物联网信息安全技术

物联网实现城市范围内人、物及服务之间的网络互联，提高城市治理效率及服务的普惠化，是智慧城市发展的基础。然而，目前物联网正面临着严峻的信息安全形势，比如，2016年，Mirai病毒开始传播，一天时间内已经入侵65000多个物联网设备，在高峰时期，Mirai感染和控制60多万以上的物联网设备。物联网安全的建立不能走以往互联网环境下的网络安全老路。美国DHS（国土安全部）对物联网主要关注侦测、认证和更新三大领域，并在发布的"保障物联网安全的战略原则"中表示，物联网供应商必须在产品设计阶段进行安全风险评估和安全策略接入。根据功能的不同，物联网安全技术可分为：感知层安全、网络层安全和应用层安全。感知层是由无线传感器网络构成的封闭系统，通过网关节点完成和外部网络之间的通信，只需考虑无线传感器网络本身的安全；网络层面主要负责将感知层获取的信息安全可靠传送到应用层，跨网架构的安全认证会遇到更多挑战；物联网应用层直接面向用户，安全问题主要体现在业务控制和管理、中间件以及隐私保护等方面。

（4）区块链信息安全技术

区块链技术是随着比特币等密码货币的发展而日益兴起的一项新技术，是一个由全网维护的分布式账本，能够保障用户隐私安全和数据完整性，同时具有可追溯性，其中的每一步操作都被完整地记录，网络中所有节点都可以对其进行验证。区块链具有信息高度透明、信任数学背书、信用链上传递的特点，在透明度、安全性等方面具有天然优势。尤其以数据存证不可篡改、数据流通全程可溯、赋能智慧城市数据安全，创建更大范围协同互信。全国各地探索区块链技术与云计算、大数据等新兴信息技术的融合创新，为城市治理、民生服务、生态宜居、产业经济等方面提供智能应用。目前在司法存证、数据共享、智慧扶贫、智慧医疗、智慧租房、智慧能源等各类"区块链+"应用场景已取得了应用成效。另外，区块链信息安全技术可以作为应用于工程建设领域的材料防伪、农民工的劳动报酬支付，以及数字化服务交付等工作的新技术，解决行业长期存在的难题。

拓展阅读　"新基建"与新型智慧城市技术发展

1. "新基建"概念的提出

2018年12月9日，中央经济工作会议重新定义了基础设施建设，首次把5G、人工智能、工业互联网、物联网定义为"新型基础设施建设"（新基建）。2020年4月，国家发展改革委初步研究认为，新型基础设施是以新发展理念为引领、以技术创新为驱动、以信息网络为基础，面向高质量发展需要，提供数字转型、智能升级、融合创新等服务的基础设施体系。至此，如图2-25所示，经过3年的酝酿，"新基建"的概念和范围得到正式明确。

新基建的7大领域分别是：5G、特高压、城际高速铁路和城际轨道交通、新能源汽车充电桩、大数据中心、人工智能、工业互联网，涉及通信、电力、交通、教育医疗等多个行业，未来将是逐步释放数万亿元的市场空间。新基建是发力于科技端的基础设施建设，是以数字化为核心的全新基础设施。在具体实施环节，新基建将以5G为抓手，将5G与云计算、大数据、物联网、人工智能等领域深度融合，形成新一代信息基础设施的核心能力，为智能经济的发展和产业数字化转型提供底层支撑。

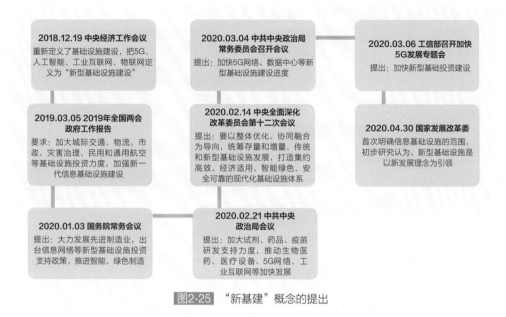

图2-25 "新基建"概念的提出

2. "新基建"与"智慧城市3.0"

（1）"新基建"与智慧城市的关系

在实现智慧城市建设目标的过程中，"新基建"将起到至关重要的作用。一方面，推动社会治理、提供民生服务和促进企业发展等智慧城市目标的实现，都需要信息化系统和智能设备的支持，而5G、人工智能等"新基建"将为上述系统和设备的稳定、高效运行提供重要支持。从这个意义上来讲，智慧城市建设离不开"新基建"。

而另一方面，智慧城市建设也是对新基建所代表的新兴技术需求最大的领域之一。根据IDC发布的《全球智慧城市支出指南》，2020年全球智慧城市相关技术支出预计将达到约1240亿美元，比2019年增长18.9%。其中，中国市场支出规模将达到266亿美元，位列全球第二。从这个角度来讲，新型智慧城市的设计和建设目标，也是"新基建"发展需要重点考虑的对象。

因此,"新基建"与智慧城市建设二者相辅相成。2020年3月31日,习近平总书记到杭州城市大脑运营指挥中心考察时指出,要运用大数据、云计算、区块链、人工智能等前沿技术推动城市管理手段、管理模式、管理理念创新,从数字化到智能化再到智慧化,让城市更聪明一些、更智慧一些。这充分表明了"新基建"对智慧城市建设的重要意义,以及在智慧城市建设中的广阔应用前景。

(2)"智慧城市3.0"

在"新基建"的支撑下,智慧城市建设将进入以万物互联、数据驱动、融合创新为特征的"智慧城市3.0"阶段[1]。具体地,"新基建"将从以下两个层面影响智慧城市的发展逻辑:

首先,"新基建"将导致对网络连接、应用生态和数据价值的技术重构。因此智慧城市3.0不是网络、应用、数据的简单叠加,而是重构产生的巨大乘数效应。

其次,"新基建"将导致对发展理念、规划方法和运营模式的战略重构。因此智慧城市3.0在理念上更注重城市发展"韧性",提升面对重大事件冲击的自适应能力;在规划上更强调"一张蓝图绘到底",向科学规划要效益;在运营模式上更强调市场主导、政府引导,激发社会力量的参与热情。

此外,"新基建"所涵盖的各项技术,在智慧城市3.0建设中都将发挥重要作用。

5G和云计算。5G是智慧城市3.0的关键基础设施。智慧城市2.0阶段的基础设施主要是4G技术和数据中心,在2.0的基础上,智慧城市3.0阶段的建设重点则是5G和云计算。尽管二者都强调基建和信息传输效率,但5G具有超大规模连接能力,每平方公里可链接数超过100万,能够将人、物、组织等每一个城市部件链接起来,形成庞大、智能的感知网络,提升智慧城市的感知能力;同时,5G速率峰值可达20Gbps,网络延时仅0.1毫秒,可以满足人与人、人与物、物与物之间端到端的高速传输需求,提升智慧城市的传输能力。此外,将边缘计算和云计算

---

[1] 智慧城市1.0阶段(2011—2015年):以信息基础设施建设为主要特征。智慧城市2.0阶段(2016—2020年):以智慧应用建设为主要特征。智慧城市3.0阶段(2021—2025年):以"AI赋能城市"为主要特征。

相互融合，实现高频次、实时性、安全性高的数据在边缘侧直接运用，可以使终端成为智能体。在5G和云计算技术的支撑下，智慧城市3.0的技术特征变成了万物互联与基于软件定义的城市服务，城市的感知、传输和智能化处理能力大幅提升，逐步实现"万物互联"向"万物智联"的升级迭代。

人工智能。人工智能是智慧城市3.0的新内核和应用主流。机器学习、模式识别等人工智能技术，可以快速、充分释放城市中的海量数据的价值，从而形成城市面对复杂形势的快速决策、智能分析和个性化服务的"智慧"能力。同时，在促进传统城市智慧应用升级改造的基础上，基于人工智能打造的创新智慧应用服务场景层出不穷，人工智能技术将使得智慧城市的智慧应用更加智能、更加协同、更加多元。

物联网和区块链。物联网与智慧城市的共同点在于，二者都需要进行大量频繁的可信数据交互与共享。物联网可以保障各类信息频繁交互和调用过程中的可靠性和性能。区块链在解决可信数据之外，结合主流的异构分片技术，不仅可以保证通信的信度和效度，同时能够兼容多种类型数据和无强中心系统间数据调用和互操作，打破信息孤岛，打造灵活包容的企业与城市。

第二篇
新型智慧城市设计

- 新型智慧城市顶层设计
- 智慧建筑设计
- 城市智慧交通设计

第3章 新型智慧城市顶层设计

城市是一个复杂巨系统,在智慧城市的发展浪潮中,由于缺乏顶层设计和统一规划,部分城市信息化基础较弱,互联互通、信息共享、业务协同的模式并未完全形成,影响了智慧城市的应用成效。在智慧城市建设的新阶段,新型智慧城市建设更是一项复杂的系统工程,如果没有一个整体性的设计指导、统一的技术标准,在实施过程中会遭遇"各自为政""信息孤岛"等城市信息化建设的老问题,增加智慧城市建设失败的风险。因此,随着新型智慧城市发展内涵和外延不断扩张,强化新型智慧城市顶层设计,对高效有序科学推进新型智慧城市建设具有重要意义。

3.1 新型智慧城市顶层设计特点和意义

3.1.1 顶层设计内涵和特点

"顶层设计"是源于系统工程领域的一种综合设计方法。它是指运用系统论的方法,从全局视角出发,自上而下逐层分解,对大型复杂系统建设的各方面、各层次、各要素统筹规划,以实现资源上的整合,结构上的优化,功能上的协调等目标。顶层设计方法强调复杂工程的整体性,注重规划设计与实际需求的紧密结合以及设计对象的准确定位,后逐渐发展到社会科学、宏观政策等领域。"城市顶层设计"就是将顶层设计方法应用到城市发展领域,从全局的视角出发,对城市的各个组成要素、各个层面、各类影响因素进行统筹规划与设计，以实现城市发展的目标。根据顶层设计和城市顶层设计的一般概念，以及《智慧城市 顶层设计指南》GB/T 36333—2018，本节认为新型智慧城市顶层设计是针对新型智慧城市建设，从城市发展需求和人民利益出发，运用体系工程方法统筹协调城市各要素，开展新型智慧城市需求分析，对新型智慧城市建设目标、总体框架、建设内容、实施路径等方面进行整体性规划和设计的过程。新型智慧城市顶层设计主要有以下特点：

（1）整体战略性。新型智慧城市顶层设计是一种自上而下的设计方法，需从全局出发。它需要与新型智慧城市发展需求和公众利益紧密契合，明确新型智慧城市建设的核心目标，随后，系统各部分需紧紧围绕新型智慧城市的理念与建设目标，以实现预期的整体效应。

（2）内部关联性。新型智慧城市顶层设计需运用系统工程方法统筹协调城市各要素，它强调城市内部要素之间围绕核心理念和建设目标形成有机衔接，实现系统各部分互联互通、功能协调、资源共享。

（3）可实践性。虽然新型智慧城市顶层设计是由顶层决定低层，但并不是凭空建构，而是铺展在意图与实践的"蓝图"。它源于实践并高于实践，在理想与现实之间进行精细化、技术化建构，指导规划实施，最终通过实践实现目标。

3.1.2　顶层设计意义

城市是一个复杂巨系统，涉及自然、社会、经济、人文、能源等各方面。智慧城市则是城市的数字化、网络化、智能化，是人的自然智能与计算机人工智能的深度融合，是一个更加复杂的巨系统。这意味着在构建新型智慧城市时，必须运用系统科学理论和系统工程方法、必须拥有战略思维。我国经过从数字城市到智慧城市，再到新型智慧城市的十多年发展，城市建设已取得了一定成就，但仍存在着诸多挑战。其中较为突出的问题是智慧城市建设比较"碎片化"，显示不出整体优势和效果，究其原因，是忽视了顶层设计的重要作用。因此，新型智慧城市顶层设计的重要意义主要体现在：

（1）明晰新型智慧城市发展蓝图和推进计划，引领新型智慧城市建设。新型智慧城市是个复杂的巨系统，其具体的建设和实施因城市而异，但又没有现成的标准可借鉴。

通过新型智慧城市顶层设计，对智慧城市进行层层规划、详细设计，构建新型智慧城市发展宏伟蓝图，并制定行之有效的推进计划，能够帮助各部门明确发展目标，引领各方力量参与新型智慧城市建设。

（2）统筹规划城市各资源要素，搭建新型智慧城市总体框架，避免"智慧孤岛"。新型智慧城市顶层设计立足城市的基础和优势，从城市的问题和需求出发，对城市发展战略和发展路线进行系统化整体设计，对各方面资源要素和参与力量进行统筹协调和约束。通过新型智慧城市顶层设计，能够有效梳理和提炼城市功能系统的共性需求，以资源整合和信息共享为原则，发挥资源的最大效用，确保新型智慧城市建设目标的实现。

（3）新型智慧城市顶层设计是介于新型智慧城市总体规划和具体建设规划之间的关键环节，具有重要的承上启下作用，对于实现引导新型智慧城市的建设、促进城市问题的解决和人本城市的发展至关重要。在我国条块分割的行政体系下，新型智慧城市推进如果没有整体性的顶层设计来指导，往往会产生各自为政、重复建设、智慧化程度不高和"信息孤岛"等问题，最终影响新型智慧城市建设的成效。

3.2 新型智慧城市顶层设计基本原则和过程

3.2.1 顶层设计考虑因素和基本原则

自2012年国家进行新型智慧城市试点工作以来，在建筑、交通、物流等众多领域取得了一些成绩，但仍可以看到智慧城市的建设存在一定的片面性，领域之间各自为战，始终不能实现智慧效益最大化。顶层设计应当回归智慧城市建设的本质需求、应当考虑得更加全面周到。

1. 考虑因素

我国国家标准《智慧城市 顶层设计指南》GB/T 36333—2018中指出，新型智慧城市顶层设计需考虑的因素包括以下几点：

（1）应与国家城镇化、信息化发展规划进行有机的结合，与城市其他相关规划、政策文件相衔接。

新型智慧城市的顶层设计是国家城镇化、信息化发展规划的延伸，利用现有的城镇化、信息化发展成果，高度响应国家战略部署，结合各城市的实际情况进行设计规划，最终形成适合当地的顶层设计文件。

（2）应推进公共服务便捷化、城市管理精细化、生活环境宜居化、基础设施智能化、网络安全长效化等目标的实现。

国务院在2014年印发了《国家新型城镇化规划（2014—2020年）》，提到要推进智慧城市建设，其中智慧城市建设方向为信息网络宽带化、规划管理信息化、基础设施智能化、公共服务便携化、产业发展现代化、社会治理精细化。国家发展改革委联合其他七部委又在2015年联合发布《关于促进智慧城市健康发展的指导意见》，明确了以上"五化"目标，在《智慧城市 顶层设计指南》GB/T 36333—2018中也沿用了这"五化"，并将其列为顶层设计阶段应当考虑的主要问题。

"五化"的具体含义如下：

公共服务便携化：在教育文化、医疗卫生、计划生育、劳动就业、社会保障、住房保障、环境保护、交通出行、防灾减灾、检验检测等公共服务领域，基本建成覆盖城乡居民、农民工及其随迁家属的信息服务体系，公众获取基本公共服务更加方便、及时、高效。

城市管理精细化：市政管理、人口管理、交通管理、公共安全、应急管理、社会诚信、市场监管、检验检疫、食品药品安全、饮用水安全等社会管理领域的信息化体系基本形成，统筹数字化城市管理信息系统、城市地理空间信息及建（构）筑物数据库等资源，实现城市规划和城市基础设施管理的数字化、精准化水平大幅提升，推动政府行政效能和城市管理水平大幅提升。

生活环境宜居化：居民生活数字化水平显著提高，水、大气、噪声、土壤和自然植被环境智能监测体系和污染物排放、能源消耗在线防控体系基本建成，促进城市人居环境得到改善。

基础设施智能化：宽带、融合、安全、泛在的下一代信息基础设施基本建成。电力、燃气、交通、水务、物流等公用基础设施的智能化水平大幅提升，运行管理实现精准化、协同化、一体化。工业化与信息化深度融合，信息服务业加快发展。

网络安全长效化：城市网络安全保障体系和管理制度基本建立，基础网络和要害信息系统安全可控，重要信息资源安全得到切实保障，居民、企业和政府的信息得到有效保护。

（3）应从城市整体发展战略层面对智慧城市建设目标、总体架构及业务架构、数据架构、应用架构、基础设施架构、安全体系、标准体系、产业体系等进行规划和设计，从操作层面对主要任务、重点工程、运营模式、实施阶段、保障措施等进行设计。

新型智慧城市顶层设计的重点和难点就是设计出战略层面的纲领性文件和操作层面的落地性规程，战略上要做到统筹全局，操作上要做到切实可行。

（4）应考虑政府、企业、居民等多元主体的实际需求。

（5）应以目标导向、问题导向和需求导向展开，确定发展方向、建设目标、总体架构与实施路径等内容，并宜区分需求和目标的轻重缓急。

在传统智慧城市建设期，政府一般以技术、功能为导向开展活动，各个智慧领域之间信息不互通，造成了基础设施建设重复，不仅耗费了巨额资金，而且达不到预期的目标和效果。新型智慧城市建设应当以目标、问题和多方需求为导向，使有限的资源发挥最大效益，做到目标方向一致，切实解决问题，满足实际需求。

（6）应重点围绕跨部门、跨领域、跨层级的资源统筹、数据共享、业务协同，从体制机制和技术应用两方面进行创新。

考虑这一因素，主要是想要采用新的体制机制和技术打破信息壁垒，建立起高级别的智慧城市数据中心，获得通畅的跨部门、跨领域、跨层级的业务沟通渠道，提升智慧城市一体化程度。

2. 基本原则

新型智慧城市顶层设计作为一项系统工程，只有明确以下基本原则，才能让建设者始终把握前进方向，做到不忘初心，高效有序科学地推进这项工作。

（1）以人为本：以"为民、便民、惠民"为导向。我国目前的智慧城市建设仍以城市信息系统的智慧化建设为主，注重"以人为本"的智慧社会将成为我国智慧城市建设和发展的未来愿景。为用户提供良好的产品和服务体验，用户会增强对政府和新型城市发展模式的信任感，有利于接下来新型智慧城市的建设和发展。新型智慧城市建设的根本目的是满足人民对美好生活的向往，因此要聚焦民生领域的智慧化建设，为城市居民提供舒适的居住环境，如果脱离了这一原则，新型智慧城市将不会为人民所接受，失去其存在的意义。

（2）因城施策：依据城市战略定位、历史文化、资源禀赋、信息化基础以及经济社会发展水平等方面进行科学定位，合理配置资源，有针对性地进行规划和设计。顶层设计难以落地的原因很大程度上是因为其"高大上"，没有结合当地实际。以长三角区域中心城市之一——杭州为例，这座古典的文化旅游名城依托发达的经济条件以及较高的信息化基础，已经在移动支付、智慧交通、智慧社区等领域有着先进经验。在此背景下，杭州市政府制定了一系列以城市精细化管理、民众便携化服务为导向，面向2022年杭州亚运会的智慧城市发展规划。

（3）融合共享：以"实现数据融合、业务融合、技术融合，以及跨部门、跨系统、跨业务、跨层级、跨地域的协同管理和服务"为目标。从现实情况看，同一城市不同部门和行政区的信息资源开放、共享、利用仍是难以打破的坚冰。在顶层设计阶段就明确信息的传递方式和开放程度，整合已有的信息系统，打造高级别的智慧城市数据中心，实现信息资源的集约化采集、网络化汇聚和统一化管理，加快完成"三融五跨"的目标。当然，信息的融合共享不能死板，不加选择地打通所有信息沟通渠道需要消耗大量的资源，得不偿失，有效信息的共享才是新型智慧城市所要追求的。

（4）协同发展：体现数据流在城市群、中心城市以及周边县镇的汇聚和辐射应用，建立城市管理、产业发展、社会保障、公共服务等多方面的协同发展体系。据不完全统计，国内提出新型智慧城市建设的城市超过500个，初步形成环渤海、长三角、珠三角、中西部四大智慧城市群。中心城市的虹吸效应使得大量优质资源分布集中，形成周边城市缺乏活力、大城市越发臃肿的现象。新型智慧城市的建设，应充分发挥中心城市资源优势，将大城市单体发展思路转变为城市群协同发展思路，给予周边城市、县镇充分的技术支持和应用分享，建立起区域合作共赢的长效机制，实现区域的整体智慧和繁荣。

（5）多元参与：开展智慧城市顶层设计过程中应考虑政府、企业、居民等不同角色的意见及建议。政府、企业、居民是智慧城市建设的三大主体，顶层设计需求分析阶段要广泛地听取和筛选他们的意见和建议。政府要起主导作用，企业要发挥其创新能力，居民要提出他们的合理需求。

（6）绿色发展：考虑城市资源环境承载力，以实现"可持续发展、节能环保发展、低碳循环发展"为导向。一方面，通过各类智慧系统部署，使城市管理部门以更加精细和动态的方式管理城市生产和生活，提高资源利用率，改善人与自然的关系；另一方面，通过新型智慧城市建设，把部分实际物流、人流虚拟化，大量城市活动可以通过信息互联网实现，推动轻量化、清洁化生产生活方式的形成，使城市从"灰色发展"向"绿色发展"转变。

（7）创新驱动：体现新技术在智慧城市中的应用，体现智慧城市与创新创业之间的有机结合，将智慧城市作为创新驱动的重要载体，推动统筹机制、管理机制、运营机制及信息技术创新。创新是新型智慧城市建设的催化剂。政府要主动进行统筹机制、管理机制、运营机制及信息技术创新。政府不能做的或者做不好的，要合理结合企业资源优势，同各领域企业加强合作联系，以建设新型智慧城市为契机发展新科技，并兴起一批具有过硬专业能力的创业公司。

3.2.2 顶层设计基本过程

智慧城市顶层设计的基本过程可以分为需求分析、总体设计、架构设计、实施路径设计四项活动。如图3-1所示。

需求分析主要通过城市发展战略与目标分析、城市现状调研分析、智慧城市现状评估、其他相关规划分析等方面的工作，梳理出政府、企业、居民等主体对智慧城市的建设需求。

总体设计需要在需求分析基础上，确定智慧城市建设的指导思想、基本原则、建设目标等内容，识别智慧城市重点建设任务，最终提出智慧城市建设总体架构。

架构设计依据智慧城市建设需求和目标，从业务、数据、应用、基础设施、安全、标准、产业七个维度和各维度之间关系出发，对业务架构、数据架构、应用架构、基础设施架构、安全体系、标准体系及产业体系进行设计。

实施路径设计需要从智慧城市建设目标出发，依据系统论和结构分析等方法论基础，结合总体设计和架构设计的内容，提出智慧城市建设的主要任务和重点工程，明确智慧城市的运营模式，明确各个阶段的实施计划、目标、任务，构建涉及政策、标准、

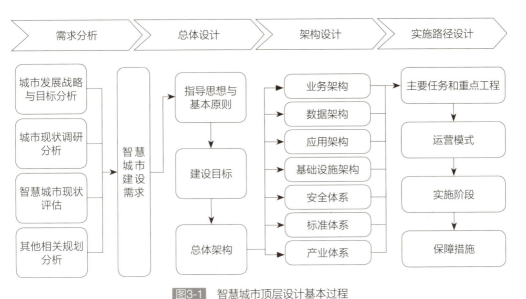

图3-1 智慧城市顶层设计基本过程

图片来源：《智慧城市 顶层设计指南》GB/T 36333—2018

组织、资金、技术、人才等方面的保障体系，并落实具体的保障措施。

智慧城市顶层设计基本过程环环相扣，在开展总体设计、架构设计、实施路径设计三项活动的过程中，应针对上一项活动的输出内容进行检验并反馈。顶层设计基本过程中每项活动的输入与输出详见表3-1。

智慧城市顶层设计相关活动的输入/输出情况　　　　表3-1

活动		输入	输出
需求分析	城市发展战略与目标分析	城市总体规划 国家发展战略 区域发展环境分析 技术发展趋势分析 宏观环境分析 ……	城市战略定位 城市发展目标 发展形势 面临挑战 ……

续表

	活动	输入	输出
需求分析	城市现状调研分析	资源环境情况 经济发展情况 社会治理情况 信息化建设情况 ……	城市发展概况 城市发展特点与特色 城市发展存在问题 城市发展需求 城市信息化建设情况 ……
	智慧城市现状评估	《新型智慧城市评价指标》GB/T 33356 城市指标相关数据 ……	智慧城市建设现状评估结果 智慧城市建设基础 智慧城市建设优劣势 智慧城市建设重点提升方向 ……
	其他相关规划分析	城市空间规划 城市生态环境规划 城市市政基础设施建设规划 城市公共服务规划 ……	顶层设计与城市空间规划的关系 顶层设计与城市生态环境规划的关系 顶层设计与城市市政基础设施建设规划的关系 顶层设计与城市公共服务规划的关系 ……
	智慧城市建设需求	"城市发展战略与目标分析"活动的输出 "城市现状调研"活动的输出 "智慧城市现状评估"活动的输出 "其他相关规划分析"活动的输出	智慧城市建设目标 智慧城市用户现状与需求 智慧城市业务现状与需求 智慧城市应用系统功能现状与需求 智慧城市信息/数据资源现状与需求 智慧城市信息/数据共享现状与需求 智慧城市业务协同现状与需求 智慧城市基础设施建设现状与需求（含性能、接口、安全等） 智慧城市网络信息安全现状与需求 智慧城市法规制度及标准化现状与需求 ……
总体设计	一般要求	智能城市总体设计一般要求	智能城市总体设计概述
	指导思想与基本原则	城市总体规划 国家发展战略 城市现状调研（城市发展需求） 智慧城市建设需求 ……	智慧城市建设指导思想 智慧城市建设基本原则

续表

	活动	输入	输出
总体设计	建设目标	城市战略定位 城市发展目标 智慧城市建设需求 ……	智慧城市建设总体目标 智慧城市建设细分目标 智慧城市建设阶段性目标 智慧城市建设阶段重点 ……
架构设计	总体架构	智慧城市建设需求	总体架构
架构设计	业务架构	智慧城市建设需求（业务现状与需求） ……	城市业务架构 城市业务架构内的映射关系 ……
架构设计	数据架构	智慧城市建设需求（数据资源现状与需求） 智慧城市建设需求（数据共享现状与需求） ……	数据资源框架 数据服务 数据标准 数据治理 ……
架构设计	应用架构	智慧城市建设需求（系统功能现状与需求） 业务架构 数据架构 ……	系统总体架构 公共支撑系统 重点建设系统 系统建设要求 系统接口关系 ……
架构设计	基础设施架构	智慧城市建设需求（基础设施性能、接口等方面的需求） 智慧城市现状评估（基础设施现状评估） 应用架构 ……	物联感知基础设施设计 网络通信基础设施设计 计算存储基础设施设计 数据与服务平台基础设施设计 ……
架构设计	安全体系	智慧城市现状评估（网络信息安全评估） 智慧城市建设需求（网络信息安全建设现状与需求） 基础设施架构 ……	安全体系框架 安全部署架构 ……

续表

活动		输入	输出
架构设计	标准体系	智慧城市建设需求（法规制度及标准化需求） 业务架构 数据架构 应用架构 基础设施架构 ……	标准体系框架 建议制修订标准清单 标准化研制路线 ……
实施路径规划	主要任务	城市现状调研分析（信息化建设重点） 智慧城市建设需求 ……	智慧城市建设项目重点工程（含目标、内容、时间、主要牵头单位等） ……
	运营模式	城市现状调研分析（城市资金投入情况） 成熟商业模式及投融资模式分析 ……	总体投资估算及建设运营模式建议 重点工程投资估算及建设运营模式建议 ……
	实施阶段	智慧城市建设现状与目标差距分析 智慧城市建设工程项目优先级分析 ……	智慧城市建设过渡路径 智慧城市建设实施阶段划分及各阶段目标、任务等 ……
	保障措施	智慧城市建设需求分析 ……	组织保障措施 考核保障措施 政策保障措施 技术保障措施 运维保障措施 人才保障措施 宣传推广措施 ……

3.3 新型智慧城市顶层设计内容和方法

3.3.1 需求分析内容和方法

需求分析的具体内容和方法如下：

（1）城市发展战略与目标分析

城市发展战略与目标分析是通过资料分析法、现场调研、召开部门座谈会、领导访谈以及专家访谈等方法，对战略定位、新型智慧城市愿景、发展形势和面临挑战等内容进行分析。

其中，战略定位需分析城市发展规划，明确城市未来发展定位和目标；新型智慧城市愿景需分析城市自身对本地区建设新型智慧城市有哪些设想，重点解决哪些问题，明确新型智慧城市建设的整体目标；发展形势需从国家战略、区域发展环境、居民美好生活的需要、技术和产业发展趋势等方面分析城市发展过程中面临的机遇和要求；面临挑战需从宏观环境、城市治理模式、产业发展创新、公共安全、生态宜居等方面分析城市发展过程中面临的外部环境要求。

（2）城市现状调研分析

城市现状调研可从资源环境、经济发展、社会治理、信息化建设和体制机制五方面展开分析。

其中，资源环境是从地理信息、气候、水环境、生物资源、矿产资源、自然灾害等角度分析城市信息化所处自然环境的特征与相关性；经济发展需对区域产业发展现状、特点和不足进行现状调研分析，并将城市的产业发展情况与周边区域或标杆区域进行比对，确定产业发展方向、存在问题及重点建设内容；社会治理是从人居角度、空间尺度和城市管理角度，对人口规模、年龄结构、人口密度空间分布情况和城市社会治安等进行现状调研分析，确定社会治理存在问题及信息化重点建设内容；信息化建设是围绕政府管理、基础设施、民生服务、产业发展、环境优化、投资运营等方面，调研分析城市信息化建设现状并确定信息化重点建设内容；体制机制是对城市政府管理架构、信息化建设组织管理架构现状等进行调研分析，梳理出可行的新型智慧城市建设管理体制以及相关的改进措施。

（3）新型智慧城市现状评估

首先明确适用于本城市的新型智慧城市评价指标体系，且指标体系应注重体现新型智慧城市的概念内涵和特征，重点关注新一代信息通信技术在城市中的广泛应用和效能提升，随后评价城市建设、服务、运行和管理等各方面的智慧化程度，以智慧化指数度量新型智慧城市建设的现状。

（4）其他相关规划分析

根据国民经济和社会发展总体规划、主体功能区规划、土地利用总体规划、城乡建设规划、生态环境保护规划、信息化规划、城市适应气候变化应对方案、节能减排工作方案等相关资料，分析、提炼其中与新型智慧城市建设相关的规划内容。

3.3.2 总体设计内容和方法

（1）指导思想

新型智慧城市建设指导思想应结合城市现状及新型智慧城市建设需求，从智慧城市的理论支撑基础、主要建设方向和目标等方面提出。例如，河北省的新型智慧城市建设指导思想为：坚持以习近平新时代中国特色社会主义思想为指导，全面贯彻党的十九大和十九届二中、三中全会精神，牢固树立和贯彻落实新发展理念，紧抓历史性窗口期和战略性机遇期，加强和完善政府引导，增强创新意识和社会协同意识，推动新一代信息技术与城市规划、建设、管理、服务和产业发展的全面深度融合，有效提升城市综合承载力、竞争力和居民幸福感，促进新型城镇化高质量发展。

（2）基本原则

新型智慧城市建设基本原则应以解决城市问题为出发点，根据城市基础设施建设、城市发展模式转变、社会民生发展、城市管理创新等方面的基础条件及实际需求确定。如河北省的新型智慧城市建设基本原则为：坚持以人为本、惠民便民；坚持因地制宜、科学有序；坚持政府引领、市场推动；坚持改革创新、开放合作；坚持安全运行、可管可控。

（3）建设目标

创建新型智慧城市的社会、经济和民生等建设目标应从城市的区域定位、优势、发展机遇和城市特色等出发，可分为总体目标、细分目标和阶段目标，各个阶段的目标需明确主要任务、建设内容以及建设成果。此外，在设计建设目标时，应使得目标明确、可衡量、可达成，与城市自身的智慧化发展设想相一致，与其他城市规划目标具有一致性，且具有明确的时限。

3.3.3 架构设计内容和方法

1. 业务架构

业务架构按照业务需求，分级分类构建智慧城市一级业务平台、行业二级业务平台、应用三级业务平台。它是实现三级业务平台的分层、分类、综合、一体化的业务、功能、信息、可视化的系统集成。

业务架构需要根据智慧城市建设的业务需求，考虑本地区的战略定位和目标、经济与产业发展、自然和人文等条件，分析业务提供方、业务服务对象、业务服务渠道等多方面因素，梳理、构建形成智慧城市的业务架构。

业务架构一般为多级结构，从政府部门、企业、组织、市民等业务提供方和服务对象等维度进行设计，宜分为三级：

（1）一级业务架构通常从城市功能角度划分一级业务结构，如"民生服务""城市治理""产业经济""生态宜居"等；

（2）二级业务架构按对象、职能等对每项一级业务进行细化和分解，如"民生服务"划分为"市民服务""企业服务"等；

（3）三级业务架构依据行业领域等对二级业务进一步分解，每项二级业务包括具体服务支撑，如"市民服务"由婚育服务、教育服务、医疗服务等支撑。

每个城市因战略定位和目标、自然和人文条件等各不相同，城市的业务架构存在差异，主要反映在二级和三级业务架构上。

三级城市业务架构设计方法的示例见表3-2。

城市三级业务架构分类方法示例　　　　　表3-2

一级	民生服务		城市治理			产业经济			生态宜居	
二级	市民服务	企业服务	安全监管	城市管理	市场监管	智慧园区	数字经济	高端物流	城市水环境	生态多样性保护
三级	婚育服务	融资服务	危化品管理	环境卫生治理	食品安全管理	基础设施服务	"互联网+"经济	供应商管理	城市给水	海洋生态多样性
	教育服务	资金自助服务	用电生产管理	公园绿地管理	药品安全管理	物业服务	共享经济	货运管理	城市供水	陆地多样性
	医疗服务	创业辅导	危险边坡管理	森林防火管理	医疗器械管理	……	数据交易	……	城市排水	……
	……	……	……	……	……	……	……	……	……	……

2. 数据架构

数据架构按照业务架构进行分级分类，构建智慧城市一级大数据库、行业二级主体数据库、业务三级应用数据库。它是实现三级数据库架构的分层、分类、综合、一体化数据治理过程。数据架构设计的内容包括但不限于：

（1）数据资源框架：对来自不同应用领域、不同形态的数据进行整理、分类和分层；

（2）数据服务：包括数据采集、预处理、存储、管理、共享交换、建模、分析挖掘、可视化等服务；

（3）数据治理：包括数据治理的战略、相关组织架构、数据治理域和数据治理过程等。

数据架构依据智慧城市数据共享交换现状和需求分析，结合业务架构，识别出业务流程中所依赖的数据、数据提供方、数据需求方、对数据的操作、安全和隐私保护要求等。需要在分析城市数据资源、相关角色、IT支撑平台和工具、政策法规和监督机制等数据共享环境和城市数据共享目标基础上，开展智慧城市数据架构的设计（图3-2）。

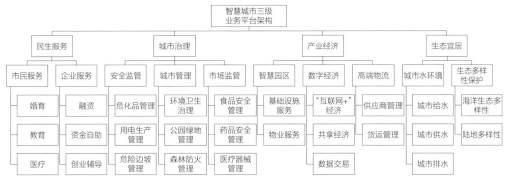

图3-2 智慧城市三级业务平台架构

图片来源：笔者自绘

3. 应用架构

应用架构是按照业务和数据架构进行分级分类，构建智慧城市业务平台与数据库之间的系统、节点、接口、互联互通、共享交换、业务协同应用架构的规划和设计。它是智慧城市建设成效的体现，围绕政府、居民和企业三大主体的需求，通过智慧应用的建设，服务智慧城市的建设发展，实现行业应用的资源整合、融合应用。

应用架构依据现有应用系统建设现状和需求分析，结合城市业务架构及数据架构要求等，对应用系统功能模块、系统接口进行规划和设计。其中，应用系统功能模块的设计应明确各应用系统的建设目标、建设内容、系统主要功能等，同时应明确需要新建或改建的系统，识别可重用或者共用的系统及系统模块，提出统筹建设要求；应用系统接口的设计应明确系统、节点、数据交互关系。

4. 基础设施架构

基础设施架构是智慧城市运行与发展的基础，通过赋予城市资源要素以数字化、智能化、智慧化，形成城市运行各条线与功能要素的高效便捷与创新协调。

基础设施架构是按照业务、数据、应用架构，进行网络融合与安全、大数据资源、运营管理、可视化集成，实现智慧城市网络、数据、运营、平台软硬件集约化和一体化，实现信息互通互联、数据共享交换、网络融合安全、业务协同联动基础设施架构的规划和设计。

基础设施架构依据智慧城市基础设施建设现状，结合应用架构的设计，识别可重用或者共用的基础设施，提出新建或改建的基础设施，以"集约建设、资源共享、适度超前"为原则，进行开放、面向服务的设计。另外，根据《智慧城市 技术参考模型》GB/T 34678—2017，针对以下四种基础设施进行设计：

（1）物联感知层基础设施：包括地下、地面、空中等全空间的泛在感知设备；

（2）网络通信层基础设施：包括城市公共基础网络、政务网络及其他专用网络等；

（3）计算与存储层基础设施：包括城市公共计算与存储服务中心等；

（4）数据与服务融合层基础设施：包括城市数据资源、应用支撑服务、系统接口等方面的基础设施。

5. 安全体系

安全体系主要依据智慧城市信息安全相关标准规范，结合国家政策文件中有关网络和信息安全治理要求，从规则、技术、管理等维度进行综合设计。

在进行安全体系的设计时，应结合城市信息通信基础设施的规划，设计网络和信息安全的部署结构。安全体系设计内容包括但不限于：

（1）规则方面：提出应遵循的及建议完善的安全技术、安全管理相关规章制度与标准规范；

（2）技术方面：可依据《智慧城市 技术参考模型》GB/T 34678—2017第7章规定的ICT技术参考模型，明确应采取安全防护保障的对象，以及针对各对象需要采取的技术措施；

（3）管理方面：可对从事智慧城市安全管理的组织机构、管理制度及管理措施等方面提出相应的管理要求。

6. 标准体系

智慧城市标准体系应从智慧城市总体基础性标准、支撑技术与平台标准、基础设施标准、建设与宜居标准、管理与服务标准、产业与经济标准、安全与保障标准等维度开展本地区标准体系的规划与设计工作。

标准体系是以国家智慧城市指导性基础标准为参考，根据本地区智慧城市建设特点，编制地方性行业级二级业务架构的规范类标准、应用级三级业务架构的技术类标准的一套统一的标准体系，如图3-3所示。在进行标准体系设计时，结合本地区特点，注重实践经验的固化，在遵循、实施现有国家、行业及地方标准基础上，规划、设计可支撑当地智慧城市建设与发展的标准。

图3-3 智慧城市标准体系

图片来源：笔者自绘

7. 产业体系

产业体系以"互联网+"的产业发展为基础，结合新技术、新产业、新业态、新模式的发展趋势，基于城市产业基础，提出城市智慧产业发展方向，构建智慧民生产业、智慧服务产业、智慧城市产业链等现代化智慧产业体系。智慧城市产业体系示例如图3-4所示。

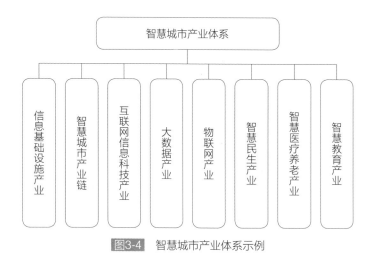

图3-4 智慧城市产业体系示例

图片来源：https://www.sohu.com/a/244277129_649223

产业体系宜通过定位城市的细分产业领域，从基础设施服务商、信息技术服务商、系统集成商、公共服务平台企业、专业领域创新应用商、行业智慧化解决方案商等角度梳理、提出重点发展培育的领域方向。宜从创业服务、数据开放平台、创新资源链接、新技术研发应用等角度设计支撑产业生态的智慧产业创新体系。

3.3.4 实施路径设计内容和方法

1. 主要任务和重点工程

主要任务和重点工程应从智慧城市建设目标出发，依据系统论和结构分析等方法论基础，结合总体设计和架构设计的内容来提出。其重点内容主要包括：明确其各专项设计的任务需求、任务目标，重点工程项目的系统结构、实现功能、软硬件配置要求，以及重点工程项目估算等。

智慧城市建设的主要任务宜依据业务架构划分方法，从政府部门的工作角度展开描述。应根据城市发展需求和资源禀赋，区分各项任务的轻重缓急。智慧城市建设的重点工程依据主要任务进行设置。重点工程一般涉及对城市经济和社会发展具有重大影响的平台建设、行业发展、城市治理等方面的任务。重大工程的设计宜明确以下内容：

（1）建设目标：宜提出明确的、可量化的工程目标；

（2）建设内容及规模：明确工程的建设内容、建设模式、建设周期、资金估算、负责单位等。

2. 运营模式

常见的智慧城市运营模式包括：政府投资建设政府运营、政府投资建设企业运营、企业投资建设企业运营、合伙投资建设企业运营。

针对运营模式，宜通过对城市的投融资渠道与主体、市场能力、产业链、项目资金来源、财政承受能力、使用需求、市场化程度、回报机制、风险管理等多个维度进行定性定量分析，提出智慧城市运营模式建议，明确不同角色的职责分工、投融资方式及运营方式。

3. 实施阶段

实施阶段应明确系统工程项目组织方案和重点工程实施要点，主要包括：项目管理、实施工程项目责任与分工，主要任务和重点工程阶段实施内容、工程估算和投资控制、建设成果评估等。

基于智慧城市建设阶段目标，宜按照项目与业务的依赖程度、紧迫程度以及难易程度等，明确各阶段实施计划、目标、任务等。必要时可通过分析现状与智慧城市目标的差距，提出有效的、可操作的过渡路径。

4. 保障措施

保障措施的重点是构建涉及政策、标准、组织、资金、技术、人才等方面的保障体系和落实具体的保障措施。针对保障措施，智慧城市顶层设计涉及的内容包括但不限于：

（1）组织保障：应针对智慧城市建设的组织架构、决策主体、责任主体、监管主体和考核主体等方面提供意见和建议；以"加强统筹、集约建设、资源共享、流程优化"为目标，明确建设管控思路；针对网络设备、安全等方面，提供运行维护措施。

（2）政策保障：应针对相关法律法规、政策文件和标准规范的建立和完善提供指导和建议。

（3）人才保障：应针对智慧城市发展目标和建设内容，提供人才保障方面的建议。

（4）资金保障：应针对智慧城市相关建设内容，提出资金保障方面的建议。

3.4 新型智慧城市顶层设计案例

2019年4月，重庆市政府常务会议审议通过《重庆市新型智慧城市建设方案（2019—2022年）》（渝府办发［2019］66号），该方案提出到2022年，重庆将建成全国大数据智能化应用示范城市，城乡融合发展的智慧社会样板，并以新型智慧城市创新建设带动重庆实现新一轮跨越式发展。随后，重庆市北碚区、江津区等依据本地实际情况，分别推出各自的智慧城市建设方案。本节选取重庆市江津区新型智慧城市建设方案（2019—2022年）作为顶层设计优秀案例进行介绍。

3.4.1 总体设计

1. 指导思想

以习近平新时代中国特色社会主义思想为指导，全面贯彻落实习近平总书记对重庆提出的"两点"定位、"两地"和"两高"目标、发挥"三个作用"和营造良好政治生态的重要指示要求，深化落实国家大数据战略，深入实施以大数据智能化为引领的创新驱动发展战略行动计划，以增强人民群众获得感、幸福感、安全感为根本目的，以加大创新力度作为强大动能，以推动大数据智能化应用为核心，以基础设施、网络安全、标准规范为重要支撑，分级分类推进新型智慧城市建设，促进数字经济和实体经济融合发展，推进数字产业化、产业数字化，绘就"数创江津，智惠江津"发展蓝图，提升民生服务便捷化、城市治理精准化、政府决策科学化、产业发展现代化、生态环境宜居化水平，为江津区推动高质量发展、创造高品质生活提供智能引擎。

2. 建设原则

坚持统筹协调，坚持创新引领，坚持惠民为本，坚持融合共享，坚持安全可控。

3. 建设目标

城市治理全网覆盖，政务协同全区通办，产业提质全面融合，基础设施全城连接，智慧生活全民共享，并且围绕城市治理、产业服务、民生服务三个方面设立了23项核心指标，提出了近期（2020年）和中期（2022年）的量化目标。

3.4.2 架构设计

1. 总体架构设计

根据江津区经济社会发展需求，江津区将其总体框架归纳为"133"。"1"是建立一个智能中枢，为全区新型智慧城市建设注入云计算、大数据和人工智能等新一代信息技术发展动力。"3"是三大支撑体系，包括新一代信息基础设施体系、标准评估体系和网络安全体系，支撑智慧城市高效有序的建设运行。"3"是三类智能化创新应用，面向城市治理、产业服务、民生服务三大板块，全面提升大数据智能化应用水平。

2. 数据架构设计

数据资源架构：以江津区政务信息资源共享交换平台为核心，向上与重庆市政务数据资源共享系统对接，横向归集全区各部门可共享的政务数据资源，整合形成全区统一的基础数据库、系列主题数据库和部门数据资源池。

数据治理架构：各部门编制本部门的政务数据资源目录清单，并提出需其他部门提供的政务数据资源需求清单，审核后汇总形成本区政务数据资源目录并依据职能职责分解形成各部门的政务数据资源责任清单。各部门根据政务数据资源责任清单对原始数据进行筛选、清洗、整理，形成可共享交换的部门数据资源池。

数据归集流程架构：形成全区统一的若干基础数据库和若干主题数据库。对于国家部委或市级部门统建垂管的现有业务系统产生的数据，由各部门通过电子政务外网或业务专网向上进行汇聚，在市级部门归集。对于区级层面自管自建系统产生的业务数据，数据自动融入部门数据资源池，并通过江津区政务信息资源共享交换平台实现向上归集和定期同步更新。

3. 实施架构设计

坚持全区"一盘棋"，明确各部门、各镇街职责分工，根据智能中枢、支撑体系和业务应用各部分定位和特点，采取不同模式分类推进建设实施。

数字江津云平台"一云承载，全区共用"。统筹建设数字江津云平台，面向各部门、各镇街（园区）提供"一云承载"的服务体系。新建非涉密信息系统须依托数字江津云平台建设，已建非涉密信息系统逐步迁移至数字江津云平台。

江津大数据资源中心"数据共享，互联互通"。建设江津区政务信息资源共享平台，并与重庆市政务数据资源系统互联互通，除有法律、行政法规和党中央、国务院政策文件明确规定不可共享的，其他政务信息系统一律接入共享平台。建设社会公共信息共享交换平台，实现工业企业、商业商贸、文化旅游、智慧小区等社会信息归集和应用。

智慧城市综合服务平台"统一门户，统一支撑"。依托最江津App和江津网，完善"善政、兴业、惠民"模块，并与市级对接，形成上下联动。各类业务应用接入最江津

App和江津网。建设城市运营管理指挥中心，实时监测全区运行状态，对接各部门业务应用，实现城市运行全景展示、仿真预测、指挥调度和决策优化。

业务应用"一数一源，减少孤岛"。各部门应依托全市自然人、法人、自然资源和空间地理等基础数据库建设信息系统，业务办理产生的数据须归集至部门数据资源池。各部门负责内部政务信息系统整合，统一在数字江津云平台上推动政务信息系统的开发和部署。

新一代信息基础设施体系"绿色集约，设施共连"。网络传输方面，全区统筹推进电子政务外网的建设，原则上各部门不得新建业务专网，已建专网逐步向电子政务外网整合。感知识别设施方面，依托雪亮工程和城市物联网平台，推进视频监控和传感器等设施的共建共享，各部门不得在同一区域重复部署感知识别设施。

网络安全体系"底线思维、共防共护"。坚持信息化与网络安全同步推进，全区统筹完善网络安全相关管理规章制度，落实好主体责任。与市级层面协同推进网络安全技术防护、网络安全态势感知和数据资源安全防护等系统平台建设，各部门根据业务应用需求可进行针对性的扩展建设。

严格按照全市统一的新型智慧城市标准规范体系和评价指标体系推进江津区新型智慧城市建设。

4. 应用架构设计

江津区从城市运行管理、产业优化升级、民生公共服务三个方面，共设计了28个智慧应用，形成了江津区新型智慧城市应用架构设计，具体见图3-5。

3.4.3 实施路径设计

1. 主要任务和重点工程设计

江津区在新型智慧城市设计中对每一项设计的主要任务和重点工程都做了明确规定，以建设智慧政务为例，实现"一门一窗一网"是其政务服务的总体建设目标。并将总体建设目标细化为任务明确、区分轻重缓急的子建设目标，江津区预计在2020年，初步建设政务服务平台，完成智慧政务24小时自助服务区建设工作、完成全区电子政务外网全覆盖和改造升级。在2021年，完成政务共享应用平台升级改造。2022

城市运行管理	产业优化升级	民生公共服务
智慧政务、智慧综治、智慧城管、智慧交通、智慧党建、智慧环保、智慧河长、智慧监管、智慧规划、智慧应急、智慧机关、智慧司法、智慧法院	智能制造、智慧农业、智慧旅游、智慧商务、智慧园区、智慧招商、智能建造	智慧医疗、智慧停车、精准扶贫、智慧教育、智慧社区、智慧医保、智慧就业社保、智慧气象

图 3-5 江津区新型智慧城市应用架构设计

图片来源：笔者自绘

年，建设完成行政服务实体大厅。

2. 保障措施设计

江津区进行六大保障措施设计，确保新型智慧城市顺利高效地建成。

（1）加强组织领导。完善智慧城市建设工作领导小组及成员单位，原则上每半年召开一次联席会议。

（2）建立责任体系。全面实施"云长制"，各镇街和各区级部门主要负责人为各单位"云长"，统筹负责本单位"管云、管数、管用"工作，对本单位的智慧城市和云工程建设负总责。

（3）推进重点突破。做到"五突出"，即突出重大战略落地项目，突出问题导向，突出特色品牌，突出智能中枢，突出支撑体系。

（4）创新建设运营。发挥现有政府投资基金的引领带动作用，引导社会资本支持新型智慧城市建设。采取PPP模式、政府购买服务、平台自主投资建设等方式推进智慧城市建设，鼓励社会资本和专业机构探索市场化经营。

（5）强化人才支撑。建立专家咨询顾问机制，引进复合型建设人才，创新人才培养模式，加大信息化培训力度。

（6）促进交流合作。加强江津区新型智慧城市建设宣传，利用好国家、重庆市相关交流政策，加大招商引资，促进本地企业与引进企业合作交流。

第4章 智慧建筑设计

4.1 智慧建筑概述

根据《中国智能建筑行业发展报告（2013—2018）》显示，我国智能建筑市场规模已达4000亿元/年。在智能建筑的基础上，随着技术发展和"智慧城市"概念的提出，"智慧建筑"应运而生。智慧建筑整合了环境资源的可持续发展和信息资源共享理念，提供了一个绿色、节能、高效、便利的建筑环境，通过"智慧+绿色+健康"引领的建筑发展新趋势实现城市的可持续发展。

4.1.1 智慧建筑的概念与特征

本节将分别介绍智慧建筑的概念以及智慧建筑与智能建筑的区别与联系、智慧建筑的主要特征和智慧建筑的分类三个方面的内容。

1. 智慧建筑的概念

智慧建筑（Smart Building）是以建筑物为平台，基于以人工智能为核心的各类智能化信息的综合应用，集结构、系统、服务、管理及优化组合为一体的建筑。智慧建筑具有感知、传输、存储、学习、推理、预测和决策的综合智慧能力。通过实现人、建筑和环境的相互协调，智慧建筑可以为人们提供绿色、健康、高效、舒适、便利及可持续发展的人性化建筑环境。

从智能建筑演进的视角看，智慧建筑是在智能建筑基础上扩展形成的新概念。基于《智能建筑设计标准》GB 50314—2015，智能建筑（Intelligent Building）是"以建筑物为平台，基于对各类智能化信息的综合应用，集架构、系统、应用、管理及优化组合为一体，具有感知、传输、记忆、推理、判断和决策的综合智慧能力，形成以人、建筑、环境互为协调的整合体，为人们提供安全、高效、便利及可持续发展功能环境的建筑"。

因此相比智能建筑，智慧建筑更强调人工智能技术等的新应用，增加了存储、学习、预测等功能，融合了智能建筑、绿色建筑和健康建筑的优势。具体地，智慧建筑相比智能建筑在时间、空间、要素边界、计算方式和新经济模式五个维度实现了扩展（如图4-1所示）。首先，智慧建筑是智能建筑在时间维度的拓展，智慧建筑的"智能化"体现于工程的全生命周期。其次，智慧建筑是智能建筑在空间维度的拓展，智慧建筑所涉及的信息连接网络，不仅局限于物联网，而是扩展至空天地一体化网络、知识互联网、价值互联网和交易网，构成多维网络。第三，智慧建筑比智能建筑的要素边界更大，不仅限于建筑使用者，而是从使用者扩展到管理者及使用者。管理者的进入丰富了建筑相关人的范围，给建筑的发展增加可能。第四，智慧建筑比智能建筑的计算方式更新，不仅是基本计算机智能而是认知计算、情感计算，其实更多是"智慧"而不仅仅是"智能"，更多人工智能的计算在建筑的管理中。第五，智慧建筑融入了共享经济、平台经济及区块链等新经济模式。智慧建筑的发展集中体现了近年来以"互联网+"为代表的新一代信息技术为传统行业的赋能作用。

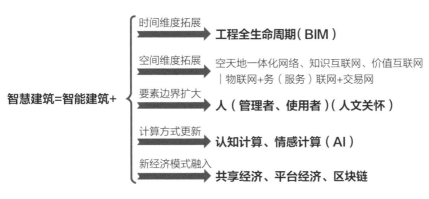

图4-1　智慧建筑与智能建筑的关系

图片来源：杜明芳. 智慧建筑内涵、架构及理论体系［J］. 智能建筑，2019（03）：15-18.

从信息物理系统（Cyber-Physical Systems，简称CPS）[①]视角看，智慧建筑比智能建筑更加强调人、建筑和信息三者的相互协调。如图4-2所示，智能建筑是"信息"与"建筑"构成的二元系统；而智慧建筑则是"人""信息"和"建筑"构成的三元系统。智慧建筑又分为智慧建筑1.0及智慧建筑2.0两个阶段：智慧建筑1.0主要通过物联网、云计算、大数据和智能控制等技术，实现人、建筑和信息的三元协调；智慧建筑2.0主要通过人工智能驱动，在1.0的基础上，将"AI+"引入人和信息的互动环节，实现人、建筑和信息的三元协调。

2. 智慧建筑的特征

智慧建筑主要具有八个基本特征：实时感知、高效传输、自主控制、自主学习、个性化定制、自寻优进化、自组织协同和智能决策。

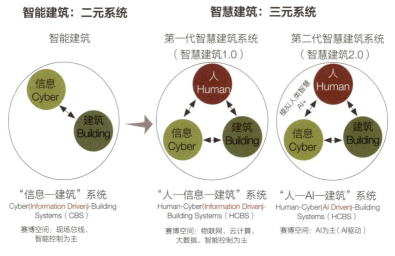

图4-2 智慧建筑的信息物理系统[②]

图片来源：杜明芳.智慧建筑内涵、架构及理论体系[J].智能建筑，2019（03）：15-18.

[①] 信息物理系统作为计算进程和物理进程的统一体，是集成计算、通信与控制于一体的下一代智能系统。

[②] 赛博空间（Cyberspace）是哲学和计算机领域中的一个抽象概念，指在计算机以及计算机网络里的虚拟现实。赛博空间一词是控制论（cybernetics）和空间（space）两个词的组合，是由居住在加拿大的科幻小说作家威廉·吉布森在1982年发表于《oMNI》杂志的短篇小说《全息玫瑰碎片（Burning Chrome）》中首次创造出来，并在后来的小说《神经漫游者》中被普及。

（1）实时感知：智慧建筑作为一个系统，其内部的数据传输及接受外界数据的变化时，可以做到实时的数据输入及数据输出。

（2）高效传输：智慧建筑在内部及对外界数据作出反应时，可以做到准确高效的数据传输。

（3）自主控制：智慧建筑在没有人的干预下，自身系统的感知能力、决策能力、协同能力和行动能力可以有机地结合起来，具有在非结构化环境下根据一定的控制策略自我决策并持续执行一系列控制功能完成预定目标的能力。

（4）自主学习：智慧建筑可以自己做主，不受别人支配，不受外界干扰。通过感知、实践等手段使自身可以得到持续变化的能力。

（5）个性化定制：用户介入智慧建筑的建设过程，将指定的造型、结构及功能等指定在在施的智慧建筑上，用户可以获得与其个人需求匹配的智慧建筑。

（6）自寻优进化：智慧建筑在系统运行过程中，可以自行寻找针对存在问题的最优解决措施，并进行一定的系统优化，避免问题再次发生。

（7）自组织协同：智慧建筑可以自行对智慧建筑内部所含各个系统实现组织协同管理。

（8）智能决策：智慧建筑可以通过应用人类的知识，如关于决策问题的描述性知识，决策过程中的过程性知识，求解问题的推理性知识，通过逻辑推理来解决出现的问题。

3. 智慧建筑的分类

智慧建筑因其自身功能不同，对自身系统的要求也会不同，因此本书按照建筑的使用功能对智慧建筑进行分类。如图4-3所示，按照使用功能，建筑可以分为民用建筑、工业建筑、农用建筑等。其中，民用建筑是指供人们居住和进行公共活动的建筑的总称，又可按照使用功能分为居住建筑和公共建筑两大类；其中公共建筑又包括办公建筑、旅馆建筑、文化建筑、博物馆建筑、观演建筑、会展建筑、教育建筑、金融建筑、交通建筑、医疗建筑、体育建筑、商店建筑等多种类型。

因此，智慧建筑可以分为智慧居住建筑、智慧公共建筑、智慧工业建筑、智慧农用建筑等。本书将在后续章节中对智慧居住建筑和智慧公共建筑进行详细介绍。

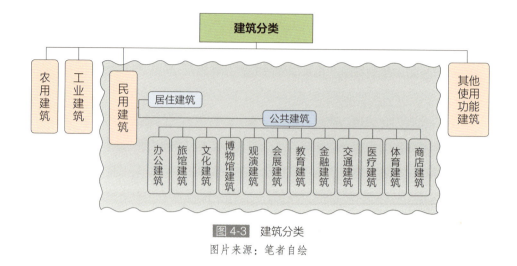

图 4-3　建筑分类
图片来源：笔者自绘

4.1.2　智慧建筑与智慧城市的关系

　　智慧城市是我国城市转型升级、提质增效的必由之路，是融合新型城镇化、工业化、信息化、农业现代化和绿色化的有效载体。2014年国家发展改革委联合七部委发布《关于促进智慧城市健康发展的指导意见》为中国智慧城市建设确定了基本原则；此后各部委又陆续发布了智慧城市相关国家政策文件，促进了中国智慧城市的发展，并带动了智慧建筑的迅速普及。

　　智慧建筑与智慧城市的核心与内涵是一脉相承的。智慧建筑是智慧城市在微观方面的体现，智慧城市正是由千千万万的智慧建筑通过各种技术化、模块化联系方式连接在一起形成的有机统一体。可以说，智慧城市想要真正发挥出自身的特点与优势必须通过一个个具体的智慧建筑来实现；没有智慧建筑，智慧城市也只能成为空中楼阁，可望而不可即。智慧建筑是构建智慧城市的基本单元与信息节点，具体体现在以下方面：

　　1. 智慧建筑是构成智慧城市的基本单元

　　从空间单元的角度来看，建筑是人们进行社会活动的场所，是各类活动的空间载体，因而是城市人工环境的重要组成部分；在城市建设与发展中，城市中的人及其赖以生活的人工环境都离不开建筑，建筑物作为城市构成的主要实体设施，决定了智慧建筑将是智慧城市发展的基础一环。从信息单元的角度来看,建筑空间信息是智慧城市人工环境数据、空间地理数据的基本组成部分,也是构建智慧城市数字化、虚拟化信息系统的基本要素。因此,智慧建筑必然是智慧城市的基本单元。

2. 智慧建筑是智慧城市的信息节点

智慧城市要实现实时感知与互联互通,要求建筑具备基本的"自我感知"与"对外连接"的属性。在智慧城市建设的诸多行业领域,如智慧交通、智慧市政管理、智慧环境、智慧医疗、智慧教育等,智慧建筑都是"物联感知"的基本单元或者信息节点。智慧建筑自身具备的智能化系统是智慧城市物联网的基础构成,智慧城市离不开智慧建筑本身具备的智能化系统:一方面,适宜的通信网络系统是连接智慧建筑与智慧城市控制平台的必要保障,应具备高效、及时、安全、支持多种数据格式传输的对外网络系统。另一方面,智慧建筑中,可以智能操作的属性是实现远程控制与管理的基础,智慧建筑的局部系统是构成智慧城市系统的子系统。智慧城市是通过物联网技术实现的智慧建筑的共享平台,因此,智慧建筑是智慧城市的基本信息节点。

3. 智慧建筑对智慧城市的发展有支撑作用

例如,智慧建筑为智慧城市提供基础数据。智慧建筑广泛采用了 BIM、数据库、计算机通信、计算机图形、人机交互、传感器、物联网、人工智能、虚拟现实(VR)等技术,对建筑进行全生命周期的管理,构成数据采集的重要来源。智慧建筑提供的数据是智慧城市建设决策的重要支撑。例如,智慧建筑中的传感器可以检测房间内是否有人,以便在不使用房间时自动调节温度和照明,从而节省资金并保护环境;通过这种方式收集的数据和分析结果可能会改变基础设施的管理方式,从而减少能耗,有助于改善公共健康和安全。

随着智能建筑的不断普及和智慧建筑的不断发展,它作为智慧城市的固定数据收集节点,发挥着稳定的、细致的作用,可以充分反映城市居民的工作和生活情况。

4. 智慧城市的顶层设计对智慧建筑具有指导作用

智慧建筑作为整个城市网络体系的有机组成部分,需要基于智慧城市的顶层设计规划,同时考虑智慧建筑与智慧交通、公共服务等其他环节的关系,对智慧建筑进行从顶层设计开始的一体化设计实施及全面应用,将智慧建筑设计与建造全面融入智慧城市整体设计实施之中。

总结而言,单体的智慧建筑是一个"微缩版"的智慧城市,是智慧城市各种功能在小范围空间的局部实现,同时也是局部的物联网的实现。智慧城市的顶层设计推动着智慧建筑的发展;智慧建筑的发展又对智慧城市、物联网的发展都有重要影响。

4.1.3 智慧建筑的系统架构与设计要素(含相关标准)

1. 智慧建筑的系统架构

智慧建筑的系统架构一般包括感知层、平台层和应用层(图4-4),其中平台层又包括网络、数据和安全三个方面的功能(图4-5)。系统以感知层为基础,基于感知层进行各种数据采集和接收,通过不同传输方式接入平台层,最后通过应用层实现业务功能并提供服务。

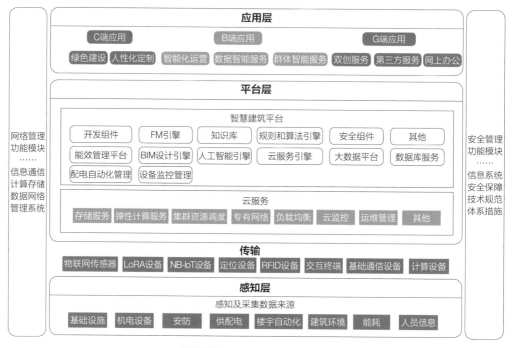

图4-4 智慧建筑的系统架构

图片来源:项颢,沈洁,贾琨.智慧建筑的概念及其系统框架[J].
智能建筑与智慧城市,2019,275(10):31-34,40.

具体来讲，感知层的作用是对建筑物、附属设备以及人的操作习惯等的数据进行全面感知和全面采集。平台层的作用是进行信息的分析处理，大数据、云计算、人工智能等核心技术及其引擎在平台层实现。其中，人工智能及其引擎是平台层的核心模块之一；大数据模块打通了不同具体应用数据的分割，具有融会贯通的数据分析能力。应用层的作用是实现业务功能，提供面向政府、企业和一般用户的不同服务，具有根据服务数据不断调整和持续学习优化的能力，并且能够为其他应用系统提供交互接口。

平台层是智慧建筑实现其功能的核心。基于阿里巴巴《智能建筑白皮书》，可以进一步从"网络""数据"和"安全"三个方面来理解平台层的功能（图4-5）。其中，网络是基础，即通过物联网、互联网等技术实现建筑全系统的互联互通，促进感知数据的充分流动和无缝集成；数据是核心，即通过建筑数据全维度的感知、采集、融合和学习，形成基于数据的系统性智能，实现建筑的绿色化建设、智能化运营、人性化定制和服务化创新，最终促进各种商业模式创新，推动建筑智慧化发展；安全是保障，即通过构建涵盖智慧建筑全系统的安全防护体系，保障建筑智慧化的实现。

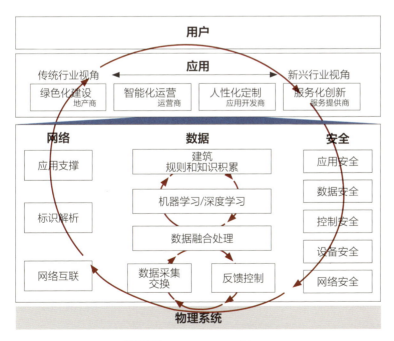

图4-5 智慧建筑的系统架构

图片来源：阿里巴巴《智能建筑白皮书》

2. 智慧建筑的设计要素

对应系统架构中的感知层、平台层和应用层,智慧建筑的智能化系统工程[①]可以大致分为基础设施、信息服务设施及信息化应用设施。其中,基础设施主要指公共环境设施和机房设施,信息服务设施主要指应用信息服务设施的信息应用支撑设施,信息化应用设施主要指应用信息服务设施的应用设施。

基于《智能建筑设计标准》GB 50314—2015,智能建筑智能化系统工程的设计要素主要包括信息化应用系统、智能化集成系统、信息设施系统、建筑设备管理系统、公共安全系统和机房工程,具体要求如下:

(1)信息化应用系统

信息化应用系统属于信息化应用设施,主要包括公共服务、智能卡应用、物业管理、信息设施运行管理、信息安全管理、通用业务和专业业务等信息化应用系统。

信息化应用系统功能应符合下列规定:应满足建筑物运行和管理的信息化需求;应提供建筑业务运营的支撑和保障。

(2)智能化集成系统

智能化集成系统属于信息化应用设施,其功能应符合下列规定:应以实现智慧建筑为目标,应满足建筑的业务功能、物业运营及管理模式的需求;应采用智能化信息资源共享和协同运行的建构形式;应具有实用、规范和高效的监管功能;应适应信息化综合应用功能的延伸及增强。

(3)信息设施系统

信息设施系统属于信息服务设施,主要包括信息接入系统、布线系统、移动通信室内信号覆盖系统、卫星通信系统、用户电话交换系统、无线对讲系统、信息网络系统、有线电视及卫星电视接收系统、公共广播系统、会议系统、信息导引及发布系统、时钟系统等信息设施系统。

信息设施系统功能应符合下列规定:应具有对建筑内外相关的语音、数据、图像和多媒体等形式予以接收、交换、运输、处理、存储、检索和显示等功能;宜融合信息化所需的各类信息设施,并为建筑的使用者及管理者提供信息化应用的基础条件。

[①] 基于《建筑智能化系统工程设计管理暂行规定》(建设[1997]290号),建筑智能化系统工程是指新建或已建成的建筑群中,增加通信网络、办公自动化、建筑设备自动化等功能,以及这些系统的集成化管理系统。

（4）建筑设备管理系统

建筑设备管理系统属于基础设施，主要包括建筑设备监控系统、建筑能耗监测系统，以及需纳入管理的其他业务设施系统等。

建筑设备管理系统功能应符合下列规定：应具有建筑设备运行监控信息互为关联和共享的功能；宜具有建筑设备能耗监测的功能；应实现对节约资源、优化环境质量管理的功能；宜具有与公共安全系统等其他关联构建建筑设备综合管理模式。

（5）公共安全系统

公共安全系统属于基础设施，主要包括火灾自动报警系统、安全技术防范系统和应急响应系统等。

公共安全系统应符合下列规定：应有效地应对建筑内火灾、非法侵入、自然灾害、重大安全事故等危害人们生命和财产安全的各种突发事件，并应建立应急及长效的技术防范保障体系；应以人为本、主动防范、应急响应、严实可靠。

（6）机房工程

智能化机房系统属于基础设施，主要包括信息接入机房、有线电视前端机房、信息设施系统总配线机房、智能化总控室、信息网络机房、用户电话交换机房、消防控制室、安防监控中心、应急响应中心和智能化设备间（弱电间、电信间）等，并可根据工程具体情况独立配置或组合配置。

智慧建筑的设计要素与智能建筑的设计要素基本一致，但基于二者概念的差别，智慧建筑要更强调人工智能等技术的应用，以及在"以人为本"的目标下实现人、信息、建筑的三者融合。此外，随着智慧建筑和新一代信息技术、工业技术的发展，特别是工业互联网和人工智能的发展，智慧建筑的架构和设计要素也会不断改变。

4.2 智慧居住建筑设计及案例

4.2.1 智慧居住建筑的概念

智慧居住建筑，顾名思义，是以居住建筑物为平台，基于以人工智能为核心的各类智能化信息的综合应用，集结构、系统、服务、管理及优化组合为一体的居住建筑智能化应用。智慧居住建筑旨在结合电脑、通信、消费性电子产品、控制系统及建材等不同领域，通过借助电脑控制系统自动判断居住情况，将空调、照明或能源调整至最佳状态；同时从户外进行室内操控或监视，进行安全监控、门禁管理，以为居住者提供安全安心、舒适便利、节能环保、健康照护的生活品质。

与智慧居住建筑密不可分的另一个概念是智慧社区[①]。智慧社区是指充分借助物联网和传感器技术，通过物联化和互联网将人、物、网络互联互通，形成现代化、网络化和信息化的全新社区形态。在智慧居住建筑的基础上，智慧社区还涉及智能家居、智能交通、智能医院、智慧民生、智慧政务、智慧商务和数字生活等诸多领域。

智慧社区的构建依赖网络技术、传感器技术、信息技术等科技手段，智慧社区的应用覆盖社区居民日常生活所涉及的商业服务、医疗保健、学习教育、安全保障、社会管理等各个方面。智慧社区是以提高服务水平、增强管理能力为目标，针对居民群众的实际需求及其发展趋势和社区管理的工作内容及其发展方向，充分利用信息技术实现信息获取、传输、处理和应用的智能化，从而建立现代化的社区服务和精细化的社区管理系统，形成资源整合、效益明显、环境适宜的新型社区形态。

4.2.2 智慧居住建筑的主要构成及设计要素

智慧居住建筑的智能化系统工程同样包括信息化应用系统、智能化集成系统、信息设施系统、建筑设备管理系统、公共安全系统和机房工程6个主要构成部分。

基于《智能建筑设计标准》GB 50314—2015，居住建筑智能化系统工程应符合下列规定：

（1）应适应生态、环保、健康的绿色居住需求。

（2）应营造以人为本，安全、便利的家居环境。

（3）应满足居住建筑物业的规范化运营管理要求。

具体地，居住建筑智能化系统的6个构成部分各自的设计要素要求如下：

---

① 部分资料来源于中央政府门户网站。

信息化应用系统。居住建筑的信息化应用系统主要包括公共服务系统和智能卡应用系统；特别地，在超高层居住建筑①中，还必须配备物业管理系统。居住建筑的信息化应用系统应满足居住建筑物业管理的信息化应用需求。

智能化集成系统。居住建筑的智能化集成系统主要包括智能化信息集成（平台）系统和集成信息应用系统。居住建筑的智能化集成系统宜为住宅物业提供完善的服务功能。

信息设施系统。居住建筑的信息设施系统应配置信息接入系统、布线系统、移动通信室内信号覆盖系统、信息网络系统和有线电视系统，宜配置无线对讲系统、公共广播系统和信息导引及发布系统。居住建筑信息接入系统应采用光纤到户的方式，每套住户应配置家具配线箱。当住宅小区或超高层居住建筑设有物业管理系统时，宜配置无线对讲系统。超高层居住建筑应设置消防应急广播，消防应急广播可与公共广播系统合用，但应满足消防应急广播的要求。

建筑设备管理系统。居住建筑的建筑设备管理系统宜配置建筑设备监控系统，可配置建筑能效监管系统。当居住建筑设有物业管理系统时，宜配置建筑设备管理系统。

公共安全系统。居住建筑的公共安全系统应按国家现行有关标准进行，包含火灾自动报警系统和安全技术防范系统，其中安全技术防范系统包括入侵报警系统、视频安防监控系统、出入口控制系统、电子巡查系统、访客对讲系统和停车库（场）管理系统。

机房工程。居住建筑的机房工程应配置信息接入机房、有线电视前端机房、信息设施系统总配线机房、智能化总控室、消防控制室、安防监控中心和智能化设备间（弱电间）。超高层居住建筑的消防控制室可与物业管理室合用，但应有独立的火灾自动报警系统工作区域。当居住建筑设有停车库（场）时，宜设置停车库（场）管理系统。

4.2.3　智慧居住建筑案例

1. 国内案例："0+小屋"

案例简介："0+小屋"位于绿意盎然的中新天津生态城，建筑面积135平方米，为国家电网公司与天津市战略合作协议的重要内容（图4-6）。这座以"0+小屋"命名的建筑，

---

① 超高层住宅建筑：建筑高度为100米或35层及以上的住宅建筑。

图4-6 "0+小屋"实景图
图片来源：https://www.xianjichina.com/news/details_196940.html

不仅实现了全部能源自给，而且实现建筑内的舒适体验。2020年4月14日，这座充满未来气息、科技含量十足的零能耗智慧建筑正式落成。"0+小屋"集智慧能源与绿色建筑于一体，内部设置有"调蓄空间""绿色氧吧""零能耗概念空间""智慧家居体验空间"和"智慧商务体验空间"5个部分，同时建筑本体与光伏屋顶、光伏路面、光伏路灯、光伏垃圾桶等城市绿色公建设施有机结合，为绿色建筑建设、绿色城市发展提供了新的思路。

主要的智能化设计和智慧化特征：

（1）智能能源控制系统。整个建筑最大限度利用了屋顶、路面等可用空间，铺设了60块光伏板，光照条件较好情况下，每天可发60千瓦时电，完全做到了建筑用能自给自足，并实现余电上网，成为区域分布式电源。建筑内还配备了零能耗建筑运行管理系统和40千瓦时的储能设备，光伏产生的电能可以储存起来，在夜间和光照不足情况下向建筑内用电设备供电。建筑还通过创新研发应用家庭能源路由器，实现综合能源控制，可以在电量富余情况下，适时启动调节热水器、洗衣机等，将电能有效配置，自动完成预定家务。

（2）智能建筑运行系统管理平台。平台能够清晰显示着光伏发电量、储能充电量、负荷用电量等信息，以及温度、湿度等环境状况，通过智能、舒适、节能、个性、夜间等应用模式设置，满足不同用户的用能需求。利用机器学习、大数据分析等技术，建筑运行系统可以自动调节居家、办公等不同区域用能设备，无论是电能储存、能量转换，还是在能源不足情况下切除非重要负荷，都由系统自动完成。此外，建筑采用了国际先进的交直流微网，减少损耗，实现能量转换效率95%以上。建筑还安装了新一代智能电表，家中每个电器的实时能耗、用电分析都可以通过手机随时查看，为用户提供用能"管家式"服务。建筑采用了"被动房"的节能技术和材料，阻断内外热交换，使建筑能耗水平较国家标准降低85%以上。同时设立"绿色氧吧"，结合新风系统，将新鲜空气送达建筑内部，创造舒适环境。

2. 国外案例："未来屋"

案例简介："未来屋"位于美国西雅图的华盛顿湖畔，具体地址为：1835 73rd Ave NE，Medina，WA 98039（图4-7）。"未来屋"是微软公司创始人比尔·盖茨从1990年开始，花费7年时间，耗费1.13亿美元，建造起的结合美丽的自然生态与先进的资讯科技的

图4-7　"未来屋"实景图

图片来源：http://www.gkzhan.com/news/detail/79293.html

豪宅，被誉为"世界上最聪明的房子"。这栋房子共设有7间卧室、6个厨房、24个浴室、1座穹顶图书馆、1座会客大厅、1个超大游泳池等全方位的功能配置。这座被称为"未来屋"的神秘科技之宅，全方位展示了微软公司的技术产品，另一方面也展示了人类未来智能生活场景，完成了高科技与家居生活的精美对接。

主要的智能化设计和智慧化特征：

（1）智能控制系统。整座建筑物有长达84公里的光纤缆线，但墙壁上看不到任何一个插座或者线缆。供电电缆、数字信号传输光纤均隐藏在地下。供电系统、光纤数字神经系统会将主人的需求与电脑、家电完整连接，并用共同的语言彼此对话，让电脑能够接收手机、收讯器与感应器的信息，而卫浴、空调、音响、灯光等系统均能够听懂中央电脑的命令，这个家居控制建立在一个典型的数字控制基础之上。住宅内还有一棵百年老树，住宅内的传感器可以反映老树的需水情况，实现及时、全自动浇灌与施肥。

（2）智能照明和温控系统。大门装有气象情况感知器，可以根据各种气象指标，控制室内温度和通风的情况。来访的客人需佩戴发放的无线射频识别（RFID）胸针，访客可以预先设定好自己偏好的温度、湿度、灯光、音乐、画作等；无论访客走到住宅何处，住宅内建的感应器会将这些资料传送至Windows NT系统的中央电脑，将环境调整至宾至如归的境地。因此，当宾客踏入一个房间时，在壁纸后方的扬声器就会响起你喜爱的旋律，墙壁上则投射出你熟悉的画作；此外你也可以使用一个随身携带的触控板，随时调整感觉。甚至当你在游泳池戏水时，水下都会传来悦耳的音乐。

（3）智能安保系统。入口安装先进的微型摄像机，除主人外，其他人都由摄像机通知主人，由主人向电脑下达命令开启大门。来访者如果没有智能胸针，就会被系统确认为入侵者，系统就会通过网络报警。当一套安全系统出现故障时，另外一套备用安全系统则会自动启动；当主人需要时，只要按下"休息"开关，设置在住宅四周的防盗报警系统便开始工作；当发生火灾等意外时，住宅的消防系统可通过通信系统自动对外报警，显示最佳营救方案，关闭有危险的电力系统，并根据火势分配供水。

4.3 智慧公共建筑设计及案例

4.3.1 智慧公共建筑的概念及分类

公共建筑是指供人们进行各种公共活动的建筑，是民用建筑中除居住建筑之外的各类建筑的统称。

智慧公共建筑，顾名思义，是以公共建筑物为平台，基于以人工智能为核心的各类智能化信息的综合应用，集结构、系统、服务、管理及优化组合为一体的建筑智能化应用。

基于《智能建筑设计标准》GB 50314—2015，按照建筑物的功能，智慧公共建筑又可以分为智慧办公建筑、智慧医疗建筑、智慧教育建筑、智慧交通建筑、智慧旅馆建筑、智慧文化建筑、智慧博物馆建筑、智慧观演建筑、智慧会展建筑、智慧金融建筑等。

智慧公共建筑需要基于不同类型公共建筑的功能，根据公共建筑系统工程的原理，将计算机技术、通信技术、控制技术、生物识别技术、多媒体技术和现代建筑艺术有机结合，通过对公共建筑内设备、环境和使用者信息的采集、监测、管理和控制，实现公共建筑环境的组合优化，从而满足使用者的公共建筑物设计功能需求和现代信息技术应用需求。

接下来，本节以智慧通用办公建筑、智慧行政办公建筑和智慧医疗建筑为重点，介绍智慧公共建筑的内涵和特点。

1. 智慧通用办公建筑和智慧园区

办公建筑包括通用办公建筑和行政办公建筑两大类；其中，通用办公建筑一般指供企业从事各类业务活动的建筑物。智慧通用办公建筑则是指通用办公建筑的智慧化集成应用。

与智慧通用办公建筑密切相关的一个概念是智慧园区。智慧园区指一般由政府（民营企业与政府合作）规划建设的，供水、供电、供气、通信、道路、仓储及其他配套设施齐全、布局合理且能够满足从事某种特定行业生产和科学实验需要的标准性建筑物或建筑物群体，智慧园区主要包括工业园区、产业园区、物流园区、都市工业园区、科技园区、创意园区等。

基于通用办公建筑和产业园区的功能，智慧园区建设一般包含以下内容：

（1）前端感知层建设。智慧园区实现园区智能化提升，需对各子系统前端感知层进行新建或升级改造，前端设备将拥有良好的兼容性及高智能化。

（2）网络传输建设。为保证智慧园区各子系统数据传输功能，需在园区内部敷设通信管道，按照园区内子系统前端设备全覆盖的原则，确保光缆一次性敷设到位。

（3）综合管理平台建设。智慧园区智能化综合管理平台将达到如下具体功能：智慧园区智能化管理系统提供信息管理功能；对前端各个智能化系统进行统一监测、控制和管理；实现跨子系统的联动，提高园区的功能水平；提供开放的数据结构，共享信息资源；提高工作效率，降低运行成本。

（4）云计算中心建设。智慧园区云数据中心包括计算资源池、存储资源池、网络设施以及计算中心机房等基础设施，需能够满足园区各子系统对计算资源、存储资源、网络资源、机房环境等基础设施的建设。

智慧园区建设的目的是：采用科学先进的管理、系统信息集成、网络数据传递技术，将各种硬件设施和软件资源优化组合，建立能满足园区日常服务、工作需要的智能化管理能力，提升园区智能化、信息化管理水平；保障整体架构合理、扩展性强；提高应用系统安全性、可靠性；改善园区内部的节能效能。

2. 智慧行政办公建筑

办公建筑的另一类是行政办公建筑，是指机关、事业单位等用于行政办公需要的建筑物。智慧行政办公建筑则是指行政办公建筑的智慧化集成应用，旨在将行政办公建筑物的结构、系统、服务和管理根据用户的需求进行最优化组合，从而为智慧行政办公提供一个高效、舒适、便利的人性化建筑环境。

与智慧行政办公建筑密切相关的一个概念是智慧政府或智慧政务。智慧政府是互联网技术发展的产物，是继数字政府、智能政府之后的又一个政府发展新形态，是以大数据革命为背景，政府在收集大量数据资源的基础上，通过建立现代网络渠道进行数据存储、数据智能处理、数据价值提炼，从而对社会进行治理的拥有类人化的集感知、融合、共享、协同、智能五位一体的政务治理系统。智慧政府实现了政府职能的互联化、移动化过程，提升了政府部门之间的协作融合效率。其主要特点是办公智能化、决策科学化、服务信息化、监管智能化。

2018年6月22日，国务院办公厅印发《进一步深化"互联网+政务服务"推进政务服务"一网、一门、一次"改革实施方案》（国办发［2018］45号）；一个月后，7月31日，国务院办公厅印发《关于加快推进全国一体化在线政务服务平台建设的指导意见》（国发［2018］27号）；就推进"互联网+政务服务"接连作出重要部署，致力于打造新型智慧政府。

智慧行政办公建筑是实现智慧政府的重要物质和空间载体；而实现智慧政府和智慧政务是智慧行政办公建筑设计和建设的目标。基于智慧政府和智慧政务的建设目标，相比传统的行政办公建筑，智慧行政办公建筑主要包括以下几个方面的智慧化设计：

（1）标准化政务平台。标准化政务平台旨在实现"线上、线下相结合，自助共享高效率"的政务模式，即搭建线上智能平台和线下一窗式服务终端相结合的服务体系，打造"一号申请、一窗受理、一网通办、一屏应用"的便捷式服务。标准化政务平台一方面包括线上智能平台。政府应当通过对各地区各级政府服务平台进行标准化管理，确保平台的清晰可用，能承担政务办理的主要功能，方便公众对相应业务的查询和办理。同时，平台必须涵盖多种政务服务事项，理清各级政府部门管理职能，实现政府各部门业务的协同和政务流程的再造，通过打造多渠道、全流程的统一接口，实现政务一体化。另一方面包括线下的一窗式自助终端，来打破传统政府部门冗杂、职能交织的局面。一个窗口集中办公提高了政府的办公效率，而智能自助服务终端的排号、预约、业务查询以及简单业务办理等功能构建，更是降低了行政成本、节省了公众时间、提升了政府整体效能。

（2）智能化办公系统。智慧政务建立在传统电子政务、办公自动化的基础上，智能化办公系统包括新型信息化装备、智能化办公环境和智能化办公网络等。首先，新型信息化装备用以全面打造网络化、数字化的移动办公、智能办公、无纸化办公，减少繁杂的工作程序，实现资源的高效利用、工作模式的科学运作和创新。其次，智能化办公环境用以打造更加符合公务人员工作特点的智能化办公系统，包括根据不同岗位、不同级别公务员的工作性质、工作内容以及公务人员的不同工作风格和方式进行相应的个性化设置和自动优化，使行政办公更具人性化、更加智能。最后，智能化办公网络旨在重塑政府部门关系，实现跨部门业务流程高效对接，确保政府内部长效沟通、信息集成、业务互联、数据资源及时共享。

（3）政务云数据中心。数据中心是政务信息化的"智慧核心"，建设政务云数据中心是汇聚、存储、计算政务数据，打造智慧政务的新建设目标。政府应当依据总体构架、分段建设原则，以安全、绿色、高效、节能、低成本为目标，通过采用虚拟化技术、存储管理技术、资源管理技术和安全技术来打造集物理设备层、虚拟资源层、数据服务层、平台应用层为一体的新一代数据中心。不仅融合传统数据中心、云储存系统、云计算技术等优点，更应当避免传统数据安全性低、运行效率低、基础设施重复建设、资源利用率不高的弊端，确保平台的安全运作，数据自动云备份，同时防止政府核心业务在系统出现问题时数据丢失、业务中断。

（4）基于大数据技术的决策支持系统。在政府决策方面较为重要的数据技术包括数据挖掘技术、统计分析技术、并行化技术、数据可视化技术等。数据仓储确保了数据的全面性和多样化来源，避免因信息不全而导致的决策偏差；数据挖掘技术对大量的数据进行描述性和预测性的自动分析，揭示数据中隐藏的规律和趋势，对未来的状况进行预测，不仅为决策者提供科学参考，更使决策具有前瞻性；统计分析技术通过现代数学算法分析变量之间的关系，辅助政府准确把握事物之间的关联动向；数据可视化技术让杂乱无章的数据更加直观有规律呈现，帮助政府洞察数据关系和规律，使公众对政策的目标宗旨、核心内容一目了然。

（5）智能化数据监管体系。社会监管是政府为了实现某种公共政策目标而对社会的经济、政治和文化等社会微观主体进行的指导、规范、制约和监督的过程。智能化数据监管体系旨在利用大数据等技术独有的快速挖掘、准确研判、及时预警、高效分析的优势，节省政府的监管成本，提高政府的整体监管能力。而智能化的社会监管又依赖于统一的社会监管体系的构建，主要包括网格化数字管理平台、全方位远程监控系统、数据预警系统和统计分析系统四个方面。网格化数字管理平台是指网格化、组团式的城市治理，是将城市划分为若干个单元网格，即不同的监管单位，并搭建与统一的城市管理数字化平台相连接的社区信息化平台，将政府的城市治理职能下放到每一个社区网格单元，打破城市的行政管理界限，实现城市管理的重心下移、整体联动以及监督与处置相分离的共同治理机制。全方位远程监控系统是政府精细掌握城市管理现状的利器，在全天候的监控系统上，政府可以第一时间直观观测城市道路交通运行状态、城市各片区环境状况、城市治安现状、城市火灾消防情况等城市安全状况，实现政府对社会危机的前馈控制；全景式的监控存储和调控还能为安全问题的解决提供追踪、回放等途径，辅助政府进行追溯管理。数据预警系统建立在数据监控和数据收集的基础之上，将采集到的各种数据进行智能筛选和识别，精准判断数据的可靠性、真实性和全面性，并立刻将各种数据进行精细化处理之后及时传输、反馈到城市管理平台，实现数据的互联共享，辅助指挥中心进行问题处置。统计分析系统旨在实现多渠道的数据采集和快捷的数据处理，是解决社会安全问题的最重要手段。智慧政府的社会监管，通过智能分析系统、云计算以及人脸识别功能等技术工具，对案件进行深化分析，做到事前预警、事中提供智能解决方案、事后案件总结的一体化社会问题处理系统，有针对性地对事故以及安全隐患进行及时处理，保障社区安全，维护社会安定。

3. 智慧医疗建筑

智慧医疗建筑是指医疗建筑的智慧化集成应用，旨在通过信息化、智能化等技术提高医疗建筑运维智能化水平，以解决医院医疗对后勤管理的高要求与相对落后的建筑运维管理水平之间的突出矛盾。

智慧医院是最常见的智慧医疗建筑。2009年，在美国医疗健康论坛上，首次出现"智慧医院"这一概念。智慧医院是指基于互联网、物联网技术实现系统互联互通，信息共享，利用大数据、人工智能技术为医院患者服务、医疗业务、后勤保障、运营管理进行全方位现代化管理的新型医院。通俗来讲，智慧医院就是将智能技术广泛应用于医院各个科室和部门。

我国对智慧医院的定义包含三个层面，一是面向医务人员的智慧医疗，比如电子病历系统建设；二是面向患者的智慧服务，比如解决患者就医时挂号、候诊、收费队伍长，看病时间短的问题；三是面向医院管理者的智慧管理，提升医院整体运营效率。自2011年以来，我国逐步推进智慧医疗体系建设。2018年11月，国家卫健委办公厅印发《电子病历系统应用水平分级评价标准（试行）》，旨在建立适合我国国情的电子病历系统应用水平评估和持续改进体系，以电子病历为抓手，提升临床诊疗水平。2019年3

月，国家卫健委办公厅发布《医院智慧服务分级评估标准体系（试行）》[①]，引导医院建设功能实用、信息共享、服务智能的智慧服务信息系统，改善患者就医体验，用以指导医疗机构科学、规范开展智慧医院建设，逐步建立适合国情的医疗机构智慧服务分级评估体系。

基于医疗建筑的功能和特点，智慧医院的特点一方面体现在运用云计算、大数据等技术对医院原有的传统信息系统中的数据进行有效整合，实现医院各类信息的集成与共享；另一方面体现在运用人工智能、传感设备、物联网、移动互联网、智慧终端等技术，以智慧医院医疗系统、服务系统、管理系统和保障系统等为核心系统，实现医疗信息全面感知、医疗系统协同工作、医疗信息智慧处理、医疗服务适时有效推送。

4.3.2 智慧公共建筑的主要构成及设计要素

基于《智能建筑设计标准》GB 50314—2015，接下来将分别介绍智慧通用办公建筑、智慧行政办公建筑和智慧医疗建筑的智能化设计要素。

1. 通用办公建筑

一般来说，办公智能化系统工程应符合满足办公业务信息化的应用要求；具有高效办公环境的基础保障；满足办公建筑物业规范化运营管理的需求这三项规定。

通用办公建筑智能化系统由信息化应用系统、智能化集成系统、信息设施系统、建筑设备管理系统、公共安全系统和机房工程等配置组成。针对各部分的设计要素如下：

信息化应用系统。普通办公建筑应配置公共服务系统、智能卡应用系统、物业管理系统；宜配置信息设施运行管理系统和信息安全管理系统。在此基础上，商务办公建筑还应额外配置信息设施运行管理系统和信息安全管理系统。同时，应按国家现行有关标准配置通用业务系统、基本业务办公系统、专业业务系统和专用办公系统。

智能化集成系统。普通办公建筑宜配置智能化信息集成（平台）系统和集成信息应用系统。商务办公建筑应配置智能化信息集成（平台）系统和集成信息应用系统。

[①] 资料来源：http://www.nhc.gov.cn/yzygj/s3593g/201903/9fd8590dc00f4feeb66d70e3972ede84.shtml。

信息设施系统。普通办公建筑应配置信息接入系统、布线系统、移动通信室内信号覆盖系统、信息网络系统、有线电视系统、公共广播系统、会议系统和信息导引及发布系统；宜配置用户电话交换系统和无线对讲系统；还可配置卫星电视接收系统和时钟系统。在此基础上，商务办公建筑宜额外配置卫星电视接收系统和时钟系统。

建筑设备管理系统。普通办公建筑应配置建筑设备监控系统；宜配置建筑能效监管系统。商务办公建筑配置与普通办公建筑配置相同。

公共安全系统。普通办公建筑宜配置停车库（场）管理系统和安全防范综合管理（平台）系统；还可配置应急响应系统。在此基础上，商务办公建筑还应额外配置停车库（场）管理系统和安全防范综合管理（平台）系统；宜配置应急响应系统。同时，应按国家现行有关标准配置火灾自动报警系统、安全技术防范系统（安全技术防范系统还包括入侵警报系统、视频安防监控系统、出入口控制系统、电子巡查系统和访客对讲系统）。

机房工程。普通办公建筑应配置信息接入机房、有线电视前端机房、信息设施系统总配线机房、智能化总控室、消防控制室、安防监控中心和智能化设备间（弱电间）；宜配置信息网络机房和用户电话交换机房；还可配置应急响应中心和机房综合管理系统。在此基础上，商务办公建筑宜额外配置信息网络机房，宜配置应急响应中心和机房综合管理系统。同时，应按国家现行有关标准配置机房安全系统。

此外，通用办公建筑智能化还应满足如下设计要素：

（1）信息化应用系统的配置应满足办公建筑办公业务运行和物业管理的信息化应用需求；

（2）信息接入系统宜将各类公共信息网引入建筑物办公区域或办公单元内，并应适应多家运营商接入的需求；

（3）移动通信室内信号覆盖系统应做到公共区域无盲区；

（4）用户电话交换系统应满足通用办公建筑内部语音通信的需求；

（5）信息网络系统，当用于建筑物业管理系统时，宜独立配置；当用于出租或出售办公单元时，宜满足承租者或入驻用户的使用要求；

（6）有线电视系统应向建筑内用户提供本地区有线电视节目源，可根据需要配置卫星电视接收系统；

（7）会议系统应适应通用办公建筑的需要，宜适应会议室或会议设备的租赁使用及管理，并宜按会议场所的功能需求组合配置相关设备；

（8）信息导引及发布系统应根据建筑物业管理的需要，在公共区域提供信息告示、标识导引及信息查询等服务；

（9）建筑设备管理系统应满足通用办公建筑使用及管理的需求。

2. 行政办公建筑

行政办公建筑智能化系统应由信息化应用系统、智能化集成系统、信息设施系统、建筑设备管理系统、公共安全系统及机房工程等配置组成。针对各部分的设计要素如下：

信息化应用系统。一般职级职能办公建筑应配置智能卡应用系统和信息安全管理系统；还可配置公共服务系统、物业管理系统和信息设施运行管理系统。在此基础上，地级市职能办公建筑和省部级及以上职能办公建筑还应额外配置公共服务系统、物业管理系统和信息设施运行管理系统。同时，应国家现行有关标准配置通用业务系统、基本业务办公系统、专业业务系统和行政工作业务系统。

智能化集成系统。一般职级职能办公建筑可配置智能化信息集成（平台）系统和集成信息应用系统。在此基础上，地级市职能办公建筑宜配置智能化信息集成（平台）系统和集成信息应用系统。省部级及以上职能办公建筑应额外配置智能化信息集成（平台）系统和集成信息应用系统。

信息设施系统。一般职级职能办公建筑应配置信息接入系统、布线系统、移动通信室内信号覆盖系统、信息网络系统、有线电视系统、公共广播系统和会议系统；还可配置用户电话交换系统、无线对讲系统和信息导引及发布系统。在此基础上，地级市职能办公建筑和省部级及以上职能办公建筑还应额外配置用户电话交换系统、无线对讲系统和信息导引及发布系统。

建筑设备管理系统。一般职级职能办公建筑宜配置建筑设备监控系统和建筑能效监管系统。在此基础上，地级市职能办公建筑和省部级及以上职能办公建筑应额外配置建筑设备监控系统和建筑能效监管系统。

公共安全系统。一般职级职能办公建筑宜配置停车库（场）管理系统、安全防范综合管理（平台）系统和应急响应系统。在此基础上，地级市职能办公建筑和省部级及以上职能办公建筑应额外配置停车库（场）管理系统、安全防范综合管理（平台）系统和应急响应系统。同时，应按国家现行有关标准配置火灾自动报警系统、安全技术防范系统（安全技术防范系统还包括入侵警报系统、视频安防监控系统、出入口控制系统、电子巡查系统和访客对讲系统）。

机房工程。一般职级职能办公建筑应配置信息接入机房、有线电视前端机房、信息设施系统总配线机房、智能化总控室、消防控制室、安防监控中心和智能化设备间（弱电间）；宜配置信息网络机房、用户电话交换机房、应急响应中心和机房综合管理系统。在此基础上，地级市职能办公建筑和省部级及以上职能办公建筑应额外配置信息网络机房、用户电话交换机房、应急响应中心和机房综合管理系统。同时，应按国家现行有关标准配置机房安全系统。

此外，行政办公建筑智能化应满足如下设计要素：

（1）信息化应用系统的配置应满足行政办公建筑办公业务运行和物业管理的信息化应用需求；

（2）信息接入系统应根据办公业务的需求，将公共信息网及行政办公专用信息网引入行政办公建筑内；

（3）行政办公建筑内应根据信息安全要求或其业务要求，建立区域移动通信信号覆盖或移动通信信号屏蔽系统；

（4）用户电话交换系统应满足行政办公建筑内部的电话通信需求；

（5）信息网络系统应满足行政办公业务信息传输安全、可靠、保密的要求，并应根据办公业务和办公人员的岗位职能需要，配置相应的信息端口；

（6）有线电视系统应向会议、接待等功能区域提供本地区电视节目源；

（7）会议系统应根据所确定的功能配置相关设备，并应满足安全保密要求；

（8）建筑设备管理系统应满足行政办公建筑使用及管理的需求。

3. 医疗建筑

基于现行行业标准《医疗建筑电气设计规范》JGJ 312的有关规定，医疗建筑智能化系统工程应满足适应医疗业务的信息化需求、向医患者提供就医环境的技术保障和满足医疗建筑物业规范化运营管理的需求等规定。

其中，综合医院智能化系统应由信息化应用系统、智能化集成系统、信息设施系统、建筑设备管理系统、公共安全系统及机房工程等配置组成。针对各部分的设计要素如下：

信息化应用系统。一级医院宜配置公共服务系统、智能卡应用系统、物业管理系统和信息安全管理系统；还可配置信息设施运行管理系统。在此基础上，二级医院和三级医院还应额外配置公共服务系统、智能卡应用系统、物业管理系统、信息设施运行管理系统和信息安全管理系统。同时，应按国家现行有关标准要求配置通用业务系统、基本业务办公系统、专业业务系统、医疗业务信息化系统、病房探视系统、视频示教系统、候诊呼叫信号系统和护理呼应信号系统。

智能化集成系统。一级医院可配置智能化信息集成（平台）系统和集成信息应用系统。在此基础上，二级医院宜配置智能化信息集成（平台）系统和集成信息应用系统。三级医院应额外配置智能化信息集成（平台）系统和集成信息应用系统。

信息设施系统。一级医院应配置信息接入系统、布线系统、移动通信室内信号覆盖系统、无线对讲系统、信息网络系统、有线电视系统、公共广播系统和信息导引及发布系统；还可配置用户电话交换系统和会议系统。在此基础上，二级医院还应额外配置用户电话交换系统和会议系统。三级医院应配置以上全部系统。

建筑设备管理系统。一级医院宜配置建筑设备监控系统；可配置建筑能效监管系统。在此基础上，二级医院应额外配置建筑设备监控系统；宜配置建筑能效监管系统。三级医院应配置以上全部系统。

公共安全系统。一级医院可配置停车库（场）管理系统、安全防范综合管理（平台）系统和应急响应系统。在此基础上，二级医院宜配置停车库（场）管理系统、安全防范综合管理（平台）系统和应急响应系统。三级医院应配置以上全部系统。同时，应按国家现行有关标准要求配置火灾自动报警系统、安全技术防范系统（安全技术防范系统还包括入侵警报系统、视频安防监控系统、出入口控制系统、电子巡查系统）。

机房工程。一级医院应配置信息接入机房、有线电视前端机房、信息设施系统总配线机房、智能化总控室、消防控制室、安防监控中心和智能化设备间（弱电间）；宜配置信息网络机房、用户电话交换机房和机房综合管理系统；可配置应急响应中心。在此基础上，二级医院应额外配置信息网络机房、用户电话交换机房和机房综合管理系统；

宜配置应急响应中心。三级医院应配置以上全部系统。同时，应按国家现行有关标准配置机房安全系统。

此外，综合医院智能化应满足如下设计要素：

（1）信息化应用系统的配置应满足综合医院业务运行和物业管理的信息化应用需求；

（2）信息接入系统应满足医疗业务信息医用的需求；

（3）移动通信室内信号覆盖系统的覆盖范围和信号功率应保证医疗设备的正常使用和患者的人身安全；

（4）用户电话交换系统宜根据医院的业务需求，配置相应的无线寻呼系统或其他族群式的寻呼系统；

（5）信息网络系统应为医疗业务信息化应用系统提供稳定、实用和安全的支撑条件，并应具备高宽带、大容量和高速率，宜具备系统升级的条件；

（6）有线电视系统应提供本地有线电视节目或卫星电视及自制电视节目；

（7）信息导引及发布系统应在医院大厅、挂号及药物收费处、门急诊候诊厅等公共场所配置发布各类医疗服务信息的显示屏和供患者查询的多媒体信息查询终端机，并应与医院信息管理系统互联；

（8）建筑设备管理系统应满足医院建筑的运行管理需求，并应根据医疗工艺要求，提供对医疗业务环境设施的管理功能；

（9）安全技术防范系统应满足医院安全防范管理的要求。

4.3.3 智慧公共建筑案例

1. 智慧园区案例：五矿（营口）产业园企业服务中心大楼智能化工程

案例简介：五矿（营口）产业园企业服务中心大楼是集五星级酒店和甲级写字楼为一体的综合性建筑，位于辽宁（营口）沿海产业基地澄湖西路西侧（图4-8）。基地北部一共有22层，其中地上20层，地下2层，总建筑面积为83840平方米。

主要的智能化设计和智慧化特征：五矿（营口）产业园企业服务中心大楼智能化工程共包含13个弱电子系统，分为4个标段。各标段内容如下。

（1）第1标段：综合弱电工程。包括：①建筑设备管理系统；②智能照明控制系统；

图4-8 五矿（营口）产业园企业服务中心大楼
图片来源：百度图片

③综合布线系统；④安全技术防范系统；⑤广播系统；⑥有线电视及卫星电视接收系统。

（2）第2标段：办公区域多媒体会议系统。包括：13层至20层的所有会议室、接待室、签约大厅等，19层总统套房区域内的会议室、接待室除外。

（3）第3标段：机房工程。

（4）第4标段：网络程控交换机设备采购与集成。包括：①通信网络系统；②信息网络系统。

2. 智慧行政办公建筑案例：上海政务服务"一网通办"

案例简介：按照《长三角地区政务服务"一网通办"试点工作方案》要求，2018年3月29日，上海牵头召开了长三角地区政务服务"一网通办"工作部署会议。近年来，在推进政务服务"一网通办"方面，上海已经构建了一网（政务外网）、一云（电子政务云）、一窗（网上政务大厅）的服务体系，成立了上海市大数据中心。上海市的各个区，也都在开展智慧政府服务实践，下面以上海市大数据中心和徐汇区行政服务中心政务实体大厅2.0版为例进行介绍。

主要的智能化设计和智慧化特征：

（1）上海市大数据中心。2018年4月，上海市大数据中心正式揭牌。大数据中心作为一个通过数据共享和交换来连通"信息孤岛"的"智慧大脑"，是上海"一网通办"最重要的载体，是智慧政府建设的基础。该中心承担制定政务数据资源归集、治理、共享、开放、应用、安全等技术标准及管理办法的具体工作。同时，推进上海政务信息系统的整合共享，贯通汇聚各行政部门和各区的政务数据。除大数据中心外，上海市"一网通办"的另外两个载体为全流程一体化在线服务平台和依托在线服务平台的各个节点。其中，一体化在线服务平台是"一网通办"的基础性平台，是政务服务"一网通办"的总门户、总操作台、总数据库；各个节点是面向群众和企业的窗口，包括各种政务App、政务微信公众号等。

（2）上海市徐汇区行政服务中心政务实体大厅2.0版[①]。上海市徐汇区是国家"互联网+政务服务"示范区。区行政服务中心政务实体大厅2.0版，通过"零差别"窗口提供一窗式受理，通过"两集中"审批支撑一站式办理，通过"24小时"政务大厅提供不打烊服务，同时通过徐汇区行政服务中心、区网格化综合管理中心、区大数据中心三中心一体化运作打造政务服务新模式。

3. 智慧医疗建筑案例：新天坛医院

案例简介：首都医科大学附属北京天坛医院始建于1956年8月23日，是一所以神经外科为先导，神经科学为特色的"国内一流、国际知名"的大型三级甲等综合性教学医院（图4-9）。自2018年10月，按照北京市委、市政府部署，北京天坛医院整体搬迁至位于北京市丰台区的新址。新天坛医院建筑面积35.2万平方米，是原有院区面积的4倍；总床位规模将达到1650张，比现有床位净增加500张。搬迁后，新天坛医院引入人工智能、大数据、云计算、物联网等先进技术，成为"智慧医院"的建设范本。

主要的智能化设计和智慧化特征：

（1）智能化建造。天坛医院迁建工程充分将BIM系统应用于建筑、结构、设备、电

---

① 资料来源于央广网。

图4-9 新天坛医院

图片来源：https://www.bjtth.org/Html/News/Articles/8935.html

气、室内设计、景观设计等环节，解决了医疗建筑在建设过程中需要增加新设备与技术、对净化要求高、对建筑层高限制严格等医疗建筑特有的技术难题，提高了设计建设效率，仅耗时1年时间，就完成了36万平方米的三级甲等医院迁建。

（2）物联网应用。将覆盖全院的无线网络与物联网融合，把物联网技术与医疗流程紧密结合，实现医疗垃圾、物流配送（冷链）、资产定位、人员定位、安保巡更、院区及室内导航等功能。

（3）超算中心。医院搭建了基于云技术的数据分析平台、医联体信息平台，在医院科研楼的二层有一个峰值运算速度达到每秒375万亿次浮点运算的超算中心。

（4）智能化病房。在智能化病房里，每位患者床头都有一个智慧病房床旁交互系统，该系统不但能为住院患者提供数字电视等娱乐功能，患者还可以实时查询本人病历、预约检查、营养膳食订餐等。应用物联网技术，系统还能实现对患者生命体征的实时监测。患者的医嘱、输液的进展、服药提醒等信息,实时显示在护士站的大屏上。患者一旦离开床位时间过长,护士站也会马上接到系统警报,防止患者出现摔倒、晕倒等事故。

(5)智能化集成指挥平台。医院把楼宇自控、安防、消防、建筑运行、医疗运行等信息集成到智能平台,实现安防系统、楼宇自控、PACS影像、电子病历、门急诊与住院HIS数据实时监测与决策指挥系统。在后勤管理方面,医院的电梯运行、照明、灌溉等系统,也全部通过物联网技术整合到了一起,实现智能化的高效管理、安全服务。天坛医院的智能还体现在信息化系统对医院运营的综合测算和分析,为医院运营提供决策参考服务。

4.4 智慧建筑未来科技与发展趋势

4.4.1 智慧建筑未来科技

智慧建筑的发展是建立在信息技术及其他新技术发展基础上的,与智慧建筑相关的信息技术演进趋势包括:

(1)前期:以建筑信息模型(BIM)技术、物联网技术、通信技术等为主的技术应用;

(2)中期:以云计算技术、大数据和数据中心技术等为主的技术应用;

(3)长期:以人工智能技术为导向的技术应用。

其中,人工智能技术是建筑实现智慧化的关键技术,也是智慧建筑未来科技的主要发展方向。

1. 强人工智能技术

当前人工智能的发展还处于弱人工智能阶段,随着人们对品质要求的逐步提升,未来的智慧建筑产业将需要强人工智能的支持。

建立在弱人工智能算法基础上的强人工智能系统将会拥有自动获取知识的能力,并具备人类感知和认知能力。被强人工智能技术处理后的数据将进入智能专家系统中，通过规则库、知识库、算法库的比对提取出最合适的处理方法，自动规划出处理策略并经由智能控制单元实施。并且在完成以上一整套处理流程后，系统能对问题及解决方案进行分析、推理，及时更新到原有的规则库、知识库和算法库中。以此循环，持续优化学习过程，形成一个可以人机交流，但不需要人为干预的智慧体（图4-10）。

应大力发展弱人工智能向强人工智能技术的研发、迭代，使得人工智能成为可自主学习记忆的超群智慧体。通过强人工智能的持续学习优化功能，人工智能管理水平会逐步提升，从而推动智慧建筑的发展和不断升级。

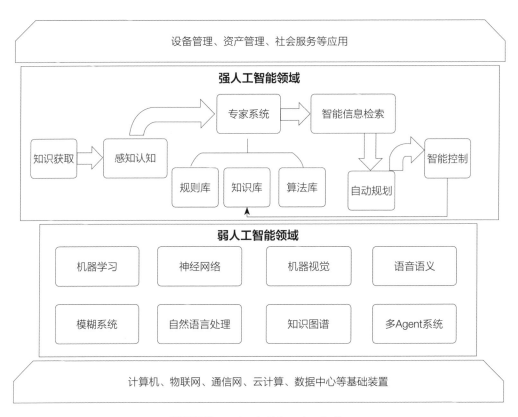

图4-10　弱人工智能与强人工智能

图片来源：项颢，沈洁，贾琨. 智慧建筑的概念及其系统框架[J]. 智能建筑与智慧城市，2019，275（10）：31-34.

2. 其他技术

此外,还有其他新兴技术在未来会更广泛地被应用于智慧建筑的建筑或运营环节,例如智慧工地管理平台、无人机航测技术、人脸识别技术等。

(1) 智慧工地管理平台

智慧工地管理平台是在互联网、大数据时代下,基于物联网、云计算、移动通信、大数据等技术,研发的一款建筑施工现代化综合管理系统。

此管理平台系统运用无人机采集现场实地数据,生成现场3D实景地图,运用GIS技术、物联网技术(IoT)通过机械管家、油箱盖、安全帽、环境监测仪、智能闸机、AI摄像头等智能设备,把现场的设备、人员、环境等管理的要素状态信息,同3D实景地图结合,将整个施工现场尽可能真实还原,让建筑管理人员都可以实时监管机械设备和人员的安全与效率,把握总体施工进度。

智慧工地管理平台(如图4-11所示)是一种全新的施工现场一体化管理模式。该管理平台技术可以通过安装在施工现场的各类传感装置构建出一套智能监控、防范体系。通过该体系的实时监测,可以弥补传统方法中容易出现的常见缺陷,实现对"人、机、料、法、环"的全方位实时监控,真正意义上实现"安全第一,预防为主,综合治理"的安全生产方针。

图4-11 智慧工地管理系统

图片来源:李志玲. 绿色智慧建筑的发展现状及技术趋势[J]. 智能建筑,2019(03):36-42.

（2）无人机航测技术

无人机航测技术主要是通过无人机，将采集航空遥感、数字通信、地理信息、图像处理等合为一体，运用飞行控制技术、数据链通信技术、GNSS导航技术、机载遥感技术等多个高端技术，使无人机具备远距离、高速度、自主作业的能力，辅助完成航测建筑模型任务（图4-12）。可广泛应用于城市、建筑、乡村、公路、河道、矿山、水库、文物、山地等航测场景。

(a) 光环pro搭载5镜头倾斜相机　　　　　　(b) 无人机倾斜摄影

图4-12　智慧无人机航测技术

图片来源：李志玲. 绿色智慧建筑的发展现状及技术趋势［J］. 智能建筑，2019（03）：36-42.

（3）人脸识别技术

人脸识别技术是基于人的脸部特征，对输入的人脸信息进行身份特征提取，并与数据库中储存的人脸进行比对从而识别个人身份的技术手段（图4-13）。

图4-13　人脸识别技术

图片来源：李志玲. 绿色智慧建筑的发展现状及技术趋势［J］. 智能建筑，2019（03）：36-42.

目前，人脸识别技术正广泛应用于考勤管理、移动支付等领域。在智能建筑领域，人脸识别技术也逐渐应用于速通门、重要区域门禁、VIP电梯控制等方面。随着人脸识别技术的日趋成熟，将人脸识别技术更深入地融入建筑的安防监控系统设计中，实现准确可靠的安全识别，同时提升用户身份认证的速度和通行效率，是一个重要趋势。

4.4.2 智慧建筑发展趋势

智慧建筑的发展目标不仅仅是提升技术应用，更强调创造一个更为友好、更为包容的人居环境，提供"以人为本"的社会化服务，实现人与自然、人与建筑、人与社会之间的和谐发展。

在发展智慧建筑的进程中，我们需要克服工业化、信息化、标准化水平以及管理手段的瓶颈和问题，科学规划发展路线。基于信息技术的演进，结合新技术的发展方向，融合新的社会化服务目标，智慧建筑的发展需要逐步实现近、中、远三个阶段的目标（图4-14）：

（1）近期目标：绿色、健康建筑；

（2）中期目标：智慧化的服务和营销新模式；

（3）长远目标：形成建筑、环境、使用者间利用智能化设备、科学方法进行协作的闭环完整生态系统。

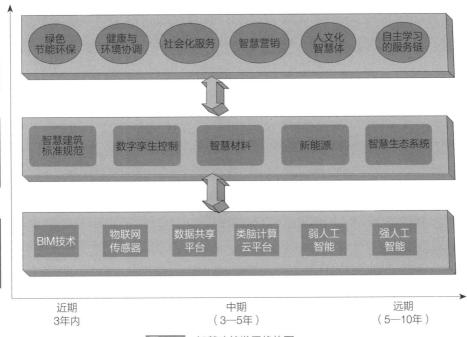

图4-14 智慧建筑发展趋势图

图片来源：项颢，沈洁，贾琨. 智慧建筑的概念及其系统框架［J］.
智能建筑与智慧城市，2019，275（10）：31-34，40.

第5章　城市智慧交通设计

改革开放以来，随着我国城镇化进程的加快和机动车数量的高速增长，城市道路交通问题凸显，交通拥堵已经成为影响大城市居民出行的重要问题，交通事故数量也呈现上升趋势。交通拥堵、车速下降，以及车况差、车辆技术性能低等原因导致机动车尾气污染严重，已逐步取代煤污染成为城市大气污染的主要来源。这些交通问题造成巨大的经济损失，也给人民的生产生活带来不利影响。城市智慧交通的建设已经是一个迫在眉睫的系统工程，发展智慧交通可保障交通安全、解决拥堵难题、减少交通事故；另一方面，发展智慧交通可提高车辆及道路的运营效率，促进绿色环保。

5.1　城市智慧交通概述

智慧交通系统（Intelligent Transportation System，ITS）是在传统的交通基础上发展起来的新型交通系统。它最早在20世纪90年代初由美国提出，尽管各国定义不一，一般认为是将新兴信息技术、数据通信传输技术、电子控制技术及计算机处理技术等综合运用于城市交通运输领域的管理体系。智慧交通体系实现车辆、道路、使用者和环境四者有机结合，通过交通信息的实时采集、传输和处理，借助科技手段和设备，对各种交通情况进行协调和处理，建立起一种实时、准确、高效的综合运输管理体系。城市智慧交通系统，简而言之，就是ITS在城市交通中的具体表现形式，涵盖在城市交通系统中的各种ITS应用，概念示意图如图5-1所示。

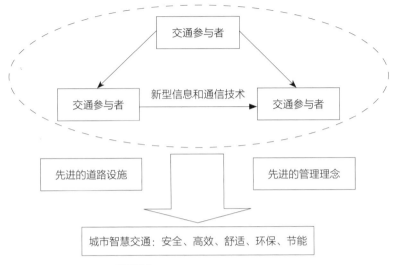

图5-1 城市智慧交通系统示意图

图片来源：陈才君等. 智慧交通[M]. 北京：清华大学出版社, 2015.

5.1.1 城市智慧交通特征及相关政策

1. 城市智慧交通特征

智慧交通基本功能表现在减少居民出行时间、保障交通安全、缓解交通压力、减少交通污染等方面，其最终目标是建立一个实时、准确、高效的交通运输管理系统。与传统交通模式相比，城市智慧交通特征主要体现在技术、业务和效果方面。

（1）技术特征

智慧交通区别于传统交通模式，综合应用物联网、大数据、云计算等新一代信息技术体现出服务化、智能化、自适应和随需而变的优势。

1）万物互联、全面感知

智慧交通利用射频识别（Radio Frequency Identification，RFID）、无线传感器网络（Wireless Sensor Networks，WSN）、机器对机器交互（Machine to Machine，M2M）、电子产品编码（Electronic Product Code，EPC）等物联网技术，实现物与物、物与人在任何时间、任何地点的泛在连接。通过车联网、物联网、移动互联网等技术实现人与交通基础设施网、运输服务网、能源网、信息网的全面互联互通。

2）海量存储、融合运算

智慧交通借助云计算的超强计算能力、系统融合能力、信息集成能力、按需服务能力等优势，解决信息孤岛、信息传递延迟、缺乏互动等问题，继而提高信息共享程度，提升决策和管理效率，提供更加全面的智慧交通服务。

3）大数据分析、智能决策

智慧交通运用大数据技术从海量数据中提供有价值的信息，为出行者提供实时准确的交通信息服务，为交通管理部门快速处理突发事件提供参考。基于行业管理和信息服务需求，利用人工智能技术，建立智能调度系统、智能分流系统、智能警示系统，对城市整体交通运行状态科学规划，促进城市交通资源的高效利用。

（2）业务特征

智慧交通对业务的整体性有更高的要求，主要体现在以下几个方面：

1）综合化管理

智慧交通是为了达到实时、准确、安全、高效、舒适的综合系统管理，而不是孤立的管理；智慧交通是对城市交通人、车、路等各子系统要素、移动通信、WSN、RFID、云计算等多种技术资源的综合化管理。

2）全过程服务

智慧交通是实现公众出行的规划、预约、支付、评价的全过程无缝服务，通过对全过程的信息追踪，按需提供技术服务，保障多样化需求的满足，充分配置市场资源。

3）跨行业协同

智慧交通涉及众多行业领域，是社会广泛参与的复杂巨系统工程，从而造成复杂的行业间协调问题。政府、企业、科研单位及高等院校共同参与，恰当的角色定位和任务分担是有效展开的前提条件。

（3）效果特征

智慧交通的效果特征主要体现在：高效省时、安全便捷、以人为本、节能环保和可视可预测。

1）高效省时

智慧交通通过提供准确可靠的交通出行信息，避免了不必要的时间、能源等浪费，提高城市交通的运行效率，最大化满足公众的出行需求。

2)安全便捷

智慧交通运用先进的信息技术,向各交通参与者及相关部门提供实时、有效交通信息,避免交通事故、实现安全出行;通过先进的出行信息服务体系或电子支付系统,为交通出行者提供便捷的出行服务。

3)以人为本

智慧交通以满足公众的出行需求为宗旨,从交通基础设施设计,到交通出行信息服务提供,充分考虑出行者的个性化需求。

4)节能环保

智慧交通运用新能源汽车等技术将会大幅度降低碳排放、减少能源消耗和各种污染物排放,提高人民的出行品质。智慧交通技术通过提供交通运行,避免拥堵也能够减少城市车辆尾气污染。

5)可视可预测

智慧交通利用新一代信息技术,实现从大规模交通数据中提取出有价值信息。利用先进的表现技术,为交通管理部门、交通运输从业者、出行者提供可视化、可预测的决策服务。

2. 城市智慧交通相关政策

交通在国民经济建设中发挥着基础性和先导性作用,智慧交通引领交通高质量发展已经成为交通行业的共识和重点。政策引导是我国智慧城市建设的一个重要特点,政策从技术、资金、市场等各个方面对智慧交通建设提供全方位的支持,也成为影响智慧交通发展的风向标。表5-1给出了"十二五"至今部分智慧交通国家政策文件,展现近年来我国智慧交通领域的发展定位与引导方向的演变过程。

我国智慧交通相关国家政策　　　　表5-1

发布时间	文件名称	文件号/发文部门	主要内容
2011年4月	《交通运输"十二五"发展规划》	交规划发[2011]191号	明确指出在"十二五"期间重点研发包括智能车载终端设备、公共交通信息采集监测与服务、运营监管和应急保障等城市智能交通关键技术

续表

发布时间	文件名称	文件号/发文部门	主要内容
2011年4月	《公路水路交通运输信息化"十二五"发展规划》	交通运输部	"十二五"期间，推进交通基础设施的数字化和智能化，交通基础设施和运输装备运行监测网络基本建成
2011年6月	《公路水路交通运输节能减排"十二五规划"》	交通运输部	以高速公路不停车收费、物流公共信息平台、公众出行信息服务系统为重点，大力推进智能交通技术、现代物流技术、现代信息技术等的开发和应用，改造和提升传统交通运输产业，提高运输组织效率，降低能耗和排放水平
2011年6月	《公路水路交通运输"十二五"科技发展规划》	交通运输部	提升交通运输服务品质的科技需求，强化物联网等现代信息技术的集成应用，大力推进智能交通，提高运输效率，降低运输成本
2012年7月	《交通运输行业智能交通发展战略（2012—2020年）》	交通运输部	到2020年，我国智能交通技术的总体水平达到发达国家2010年的水平，在交通信息采集、交通数据处理、城市交通信号控制、集装箱运输、港口自动化等方面达到当时的国际先进水平，并实现主要智能交通技术及装备、应用软件和控制软件的自主开发和规模应用
2013年9月	《交通运输部办公厅关于推进交通运输信息化智能化发展的指导意见》	厅科技字[2013]257号	围绕交通运输转型升级，积极推进信息化智能化发展模式创新、现代技术应用、业务流程优化和信息资源开发利用，切实提升交通运输行业管理能力和服务水平，为推进综合交通、智慧交通、绿色交通和平安交通建设，加快实现交通运输现代化提供坚强支撑
2014年6月	《关于交通运输行业贯彻落实〈2014—2015年节能减排低碳发展行动方案〉的实施意见》	交办法[2014]110号	到2015年，交通运输能源利用效率显著提高，用能结构得到改善，交通环境污染得到有效控制，二氧化碳排放强度明显降低，绿色交通发展取得明显成效
2014年12月	《交通运输部关于全面深化交通运输改革的意见》	交政研发[2014]242号	全面深化交通运输改革，明确完善智慧交通体制机制，研究制定智慧交通发展框架，加快推进交通运输信息化、智能化，促进基础设施、信息系统等互联互通，实现ETC、公共交通一卡通等全国联网

续表

发布时间	文件名称	文件号/发文部门	主要内容
2015年5月	《交通运输部关于促进交通一卡通健康发展加快实现互联互通的指导意见》	交运发〔2015〕65号	全面推广普及交通一卡通，逐步实现跨区（市）域、跨交通方式互联互通，更好服务综合交通、智慧交通、绿色交通、平安交通建设，为广大人民群众提供更安全、更便捷、更高效的交通运输服务
2015年7月	《国务院关于积极推进"互联网+"行动的指导意见》	国发〔2015〕40号	加快互联网与交通运输领域的深度融合，通过基础设施、运输工具、运行信息等互联网化，推进基于互联网平台的便捷化交通运输服务发展，显著提高交通运输资源利用效率和管理精细化水平，全面提升交通运输行业服务品质和科学治理能力
2016年4月	《交通运输信息化"十三五"发展规划》	交通运输部	推进交通运输"互联网+"，要求充分利用信息技术改造传统交通运输业
2016年3月	《交通运输科技"十三五"发展规划》	交通运输部	聚焦"十三五"时期交通运输发展的目标任务，选准主攻方向，集中优势资源，在综合交通、智慧交通、绿色交通、平安交通等领域突破一批重大关键技术瓶颈，带动交通运输科技发展升级换挡
2017年2月	《"十三五"现代综合交通运输体系发展规划》	国发〔2017〕11号	到2020年，实现智能技术广泛应用。交通基础设施、运载装备、经营业户和从业人员等基本要素信息全面实现数字化，各种交通方式信息交换取得突破
2017年1月	《交通运输部办公厅关于印发推进智慧交通发展行动计划（2017—2020年）的通知》	交办规划〔2017〕11号	以方便公众出行、提高运输效率、增进交通安全、加强环境保护为切入点，按照"目标导向、模块推进、示范引领、市场驱动"的原则，聚焦基础设施、生产组织、运输服务和决策监管等重要领域，加快智慧交通建设，提升基础能力，加强集成应用。以试点示范为抓手，着力实现重点突破
2017年6月	《"十三五"交通领域科技创新专项规划》	科技部、交通运输部	明确了"十三五"期间我国交通运输领域必须形成的能源动力电动化技术、载运装备轻量化技术、交通基本设施性能保持与提升技术、交通系统智能化技术等自主化核心技术体系

续表

发布时间	文件名称	文件号/发文部门	主要内容
2017年9月	《智慧交通让出行更便捷行动方案（2017—2020年）》	交办科技〔2017〕134号	对提升城际交通出行智能化水平，加快城市交通出行智能化发展，推广城乡和农村客运智能化应用和完善智慧出行发展环境提供具体工作要求
2019年7月	《数字交通发展规划纲要》	交通运输部	到2025年，交通运输基础设施和运载装备全要素、全周期的数字化升级迈出新步伐，数字化采集体系和网络化传输体系基本形成。到2035年，交通基础设施完成全要素、全周期数字化，天地一体的交通控制网基本形成，按需获取的即时出行服务广泛应用
2019年9月	《交通强国建设纲要》	中共中央、国务院	到2035年基本建成交通强国，现代化综合交通体系基本形成，人民满意度明显提高，支撑国家现代化建设能力显著增强；到21世纪中叶，全面建成人民满意、保障有力、世界前列的交通强国

资料来源：整理自国务院、交通运输部等政府网站。

2012年，交通运输部印发《交通运输行业智能交通发展战略（2012—2020年）》，这是国家首部以官方文件形式发布的智慧交通发展战略，旨在将智慧交通的建设和发展上升到国家战略地位。2013年时任交通运输部部长杨传堂在全国交通运输科技创新大会上提出了"综合交通、智慧交通、绿色交通、平安交通"的发展理念，明确了加快发展智慧交通是推进交通运输管理创新的重要抓手，是提升交通运输水平的有效途径，也是推动交通运输转型发展的重要支撑。2015年，国务院发布《国务院关于积极推进"互联网+"行动的指导意见》（国发〔2015〕40号），明确要求"加快互联网与交通运输领域的深度融合"，通过基础设施、运输工具、运行信息等互联网化，推进基于互联网平台的便捷化交通运输服务发展，显著提高交通运输资源利用效率和管理精细化水平，全面提升交通运输行业服务品质和科学治理能力。2016年，交通运输部发布的《交通运输信息化"十三五"发展规划》进一步明确了智慧交通在智慧城市建设中的重要性与核心位置，并预计未来10年内投入智慧交通建设和发展的资金超过1700亿元。2017年，交通运输部印发了《推进智慧交通发展行动计划（2017—2020年）》，明确了"十三五"期间智慧交通发展的工作思路、主要目标和重点任务。2019年，交通运输部印发《数字交通发展规划纲要》，提出以"数据链"为主线，构建数字化的采集体系、网络化的传输体系和智能化的应用体系，加快交通运输信息化向数字化、网络化、智能化发展，为交通强国建设提供支撑。同年，中共中央、国务院正式发布了《交通强国建设纲要》为智慧交通的发展指明了方向，要求"大力发展智慧交通。推动大数据、互联网、人工智能、区块链、超级计算机等新技术与交通行业的深度融合"。

综合上述智慧交通相关政策可见，随着2012年第一部智慧交通国家政策的颁布，智慧交通开始上升为国家发展战略，特别是在"十三五"期间一系列具体实施政策的出台推动了智慧交通行业的快速发展，从"智能交通"到"智慧交通"的概念演化更加注重以人为本，将服务民众、便利企业作为智慧交通建设的出发点和落脚点。《数字交通发展规划纲要》和《交通强国建设纲要》两部顶层设计文件，为智慧交通发展确立了明确的中长期目标。

5.1.2 智慧交通与智慧城市的关系

2012年12月，住房城乡建设部正式发布了《关于开展国家智慧城市试点工作的通知》（建办科〔2012〕42号），标志着我国智慧城市建设工作的启动。2014年，中共中央、国务院印发《国家新型城镇化规划（2014—2020年）》，明确指出"推进智慧城市建设"，首次将智慧城市建设引入国家战略规划。智慧城市是指充分运用物联网、云计算、大数据、移动互联网等新一代信息和通信技术手段，全面感知、分析、整合城市运行中的各项关键信息，通过对城市各方面各层次需求作出明确、快速、高效、灵活的智能响应，营造人与社会、人与人、人与物和谐共处的环境，为城市管理者提供高效的城市管理手段，为企业提供优质服务和广阔的创新空间，为市民提供更好的生活品质。智慧城市建设可以提高城市发展的创新性、有序性和可持续性，改善城市公共服务水平，对增强城市综合竞争力具有重要意义。智慧城市建设包括智慧交通、智慧医疗、智慧家居、智慧社区、智慧旅游、智慧商务等多个方面。其中智慧交通是智慧城市中最核心部分，也是智慧城市建设的首要任务。

（1）智慧交通是智慧城市建设的基础

"城市建设，交通先行"，交通作为城市的"血脉"，其顺畅与否对城市发展具有至关重要的影响。智慧交通运用大数据、云计算等新一代信息技术，提高了城市交通网络的科学性和实用性，完善了城市交通网络，为智慧城市建设和发展提供重要基础条件。

（2）智慧交通是解决城市交通问题的重要手段

改革开放以来，随着城镇化速度不断加快和道路交通体量的大幅度增加，交通拥堵严重、交通环境不良已经成为影响城市可持续发展和人民生产生活质量的重要因素。智慧交通作为缓解交通拥堵、节能减排有效手段，已经成为智慧建设最为迫切的需求之一。

（3）智慧交通来源于智慧城市

智慧交通来源于智慧城市，是智能交通概念的延伸，更强调如何构建以人为本、人性化和高度互动的智慧交通系统，以及如何将交通系统全面融入城市总体发展和建设当中，发挥其在城市系统要素的连接、传导和交换功能。

5.2 城市智慧交通核心技术

在智慧城市建设过程中，提高交通系统效率能极大地提高经济效益并减少对环境的影响，智能交通控制在解决交通拥堵方面非常重要。实践证明，智能交通系统（ITS）是解决城市交通问题的有效方法，本节将从5个方面介绍ITS中的核心技术。

5.2.1 交通信息采集技术

交通信息采集是智能交通中的重要一环，它为智能交通的有效运行、正确决策提供了基础支撑和科学依据。智慧交通体系中的信息采集包括路网交通动态信息采集、汽车位置与速度信息采集、交通气象环境信息采集和交通管制信息采集。

1. 交通信息的采集内容

城市交通可以看作一个大型规范化有向网络。造成网络阻塞的主要原因是流量超过了道路的通行能力以及交通事件和自然环境的影响，除此之外还有交通事故等偶发因素。因此信息采集的主要对象为面向路段的饱和度数据，面向有向交通的平均车速、排队长度等数据，以及对交通网络造成重要影响的天气环境、异常交通事件数据等。智慧交通系统中各大应用领域对交通数据的要求如表5-2所示。

各大应用领域的交通信息内容　　　　　　　　　　表5-2

应用领域	需要的交通信息
网络自动控制	路网或路段的地理信息、天气信息、流量、排队长度、延误、平均车速、行程时间；交通指挥指令等
网络指挥调度	路况信息：路网流量、平均车速、排队长度、延误、行程时间；路网或路段运行状态、交叉口状态、停车场状态、封闭道路出入口状态；交叉口组织和控制策略；突发事件发生时间地点、预计持续时间；警用车辆分布信息；其他交通方式的信息等
网络信息服务	路况信息：流量、平均车速、排队长度、延误、行程时间等 事件信息：突发事件发生时间、地点、类型、预计持续时间等 出行信息：交通气象、停车场信息、公共交通出行信息（地面公交、轨道交通、长途客运、城际列车、民航等）、高速公路出行信息
汽车移动互联	路网或路段的地理信息、流量、平均车速；实时的车辆位置、速度、车辆类型；路网或路段运行状态、停车场状态、封闭道路出入口状态；交叉口组织和控制策略；突发事件发生时间、地点、预计持续时间等

2．常用交通信息采集技术

（1）路网交通流信息传感器技术

道路交通信息采集主要靠前端的道路传感器实现。按传感器原理，ITS中常用的传感器分为磁频传感器、波频传感器和视频传感器三大类。实践中，常用的传感器主要包括以下5种。

1）磁性传感器

磁性传感器主要根据磁性物理量的变化情况，通过对磁性标记的反应，来测量有关的物理量，如通过对埋设在路面的磁钉与镶嵌在汽车底盘的磁性传感器相互作用力的大小的测量可以检测出车辆相对于车道中心的偏移。

2）图像传感器

图像传感器主要是指有关的图像处理设备，其用来辨别道路的标线、检测前后的车辆和检测道路上的障碍物等，如CCD摄像机就是一种图像传感器，它将拍摄到的图像传输到图像处理中心，经过处理后，可得到车辆偏离程度及其与前面车辆的距离等数据。

3）雷达传感器

雷达传感器是根据多普勒效应原理工作的装置，如安装在车上或道路上的雷达检测器发射一微波束，当遇到车辆或其他障碍时，波束反射回天线，利用车辆进入检测区和离开检测区时所产生的两个脉冲，即可换算成所需的交通参数，如车速、交通量等。

4）超声波传感器

超声波传感器首先由传感器发射一束能量到检测区，然后接收反射回来的能量束，通过有关的换能装置，将能量束转换成所需的数据，依据此数据判别被检测物是否存在或其与传感器的相对位置等。

5）红外传感器

红外传感器使用发射器和接收器，发射光束并接收反射光束，通过反射频率的变化对所需数据进行检测。

传感器在ITS中主要应用于车辆检测、车辆识别、车辆控制、环境信息检测、危险驾驶警告等方面。

（2）基于卫星定位的汽车位置与速度传感技术

卫星定位系统由于是利用卫星信号进行定位的，具有定位速度快、精度高、全球覆盖、受气候影响小、操作简便、价格低廉、能快速、实时获取更新地物三维空间位置信息等特点。因此成为智慧交通网络中汽车位置和速度信息获取的重要手段。

目前，我国能应用于民用汽车位置与速度的卫星定位技术有常规GPS、AGPS和CORS。

1）常规GPS

GPS是当前世界上应用最为广泛的卫星定位技术，常规民用GPS定位精度可达10米，具有高精度、全天候、高效率、多功能、操作简便、应用广泛等特点。常规GPS在为社会公众提供服务方面存在一定的局限性，主要原因是：GPS单元必须与至少4颗

GPS卫星保持可见度才可定位，所以GPS用户在室内、高楼建筑物旁难以使用；单独的GPS接收机在冷启动时需要两分钟来计算第一个方位，定位时间过长；此外，GPS终端对卫星的定位跟踪需要实时进行，终端功耗大，电池寿命短。

2）AGPS

辅助全球卫星定位系统（Assisted GPS，AGPS）结合GSM/GPRS或3G网络与传统卫星定位，利用移动基站台代送辅助卫星信息，以缩减GPS芯片获取卫星信号的延迟时间，受遮盖的室内也能借助基站台信号弥补，减轻GPS芯片对卫星的依赖度。和纯GPS定位比较，AGPS能提供范围更广、更省电、速度更快的定位服务，理想误差范围在10米以内。当前的智能手机和平板电脑一般均配置AGPS。

3）CORS

CORS是利用全球导航卫星系统（GNSS）技术、计算机网络技术、通信技术等组成的分布式网络化系统，用于提供移动定位、动态框架等空间位置信息服务。CORS通过建立若干个永久性连续运行GNSS参考站，并利用现代通信技术接收各个参考站的GNSS观测数据，再通过网络或通信平台为各类用户提供各种高精度空间定位服务和多元化综合信息服务。系统针对用户需求，逐步建立起从静态、动态到高动态，从事后、准实时到实时，从米级、厘米级到毫米级精度的基础服务体系。CORS系统目前使用GPS，以后有可能综合使用GPS、GLONASS、GALILEO和北斗系统。而随着CORS系统从城市级、省级的逐步建设完善，最终形成统一的国家级CORS网络。

5.2.2 交通网络传输技术

在智慧交通体系中，主要存在四个网络：无线传感网络、智能交通专用网、无线移动通信网络以及Internet网络。

在实践中，对于道路设备而言，主要走智能交通专网通道接入系统，也有少数的设备以无线传感网的方式接入，如智能停车诱导设备等。车载设备与信息中心的通信一般走无线移动通信网络，而车与车之间的通信则由车载网关借助无线传感网形成自组织的运动网络来实现。警用设备与指挥中心的通信走的是LTE无线网络，同时可通过无线传感网形成自组织网络，来实现警力之间的协同作战。

1. 无线传感器网络技术

无线传感器网络主要由三大部分组成，包括节点、传感网络和用户。其中，节点一般是通过一定方式将节点覆盖在一定的范围，整个范围按照一定要求能够满足监测的范围；传感网络是最主要的部分，它是将所有的节点信息通过固定的渠道进行收集，然后对这些节点信息进行一定的分析计算，将分析后的结果汇总到一个基站，最后通过卫星通信传输到指定的用户端，从而实现无线传感的要求（如图5-2所示）。

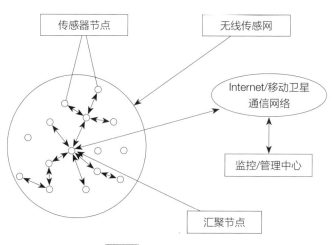

图5-2 传感器网络架构
图片来源：笔者自绘

ZigBee技术是主要用于距离短、功耗低且传输速率不高的各种电子设备之间进行数据传输以及典型的有周期性数据、间歇性数据和低反应时间数据传输的应用。ZigBee是一个由可多到65535个无线数传模块组成的一个无线数传网络平台，在整个网络范围内，每一个ZigBee网络数传模块之间可以相互通信，每个网络节点间的距离可以从标准的75米无限扩展。

ZigBee目前被广泛应用于智慧交通系统中。例如不同路段的交通灯、电子测试器、电子眼等交通指挥和监控设备由ZigBee节点和ZigBee基站组成了一个本地控制网络，ZigBee基站通过以太网、光纤等有线链路与交通控制中心连接，从而实现了交通指挥设备的网络一体化管理功能。通过制定不同的交通信号控制方案可实现交通控制机的多时段、多相位、感应控制等功能。在应急情况下交通控制中心可通过人工干预的方式实施交通管制。此外，交通控制中心还可以通过无线网络获取电子测速器、电子眼等设备的信息以对违章车辆实施跟踪和监控。

2. 无线移动通信技术

无线通信是利用电磁波信号可以在自由空间中传播的特性进行信息交换的一种通信方式，近些年信息通信领域中，发展最快、应用最广的就是无线通信技术。在移动中实现的无线通信又通称为移动通信，人们把二者合称为无线移动通信。

目前通信网络提供的业务主要是视频数据传输，数据传输技术在智能交通系统的信息采集、处理、提供及应用中起到了重要作用。没有先进的通信技术，就不可能有先进的智能交通系统。同时，由于车辆、行人都是交通系统中的移动体，因此无线移动通信技术逐渐成为构建智能交通系统的重要组成部分。

3. 光纤通信

光纤通信是一种以光波为传输媒质的通信方式，光波的频率比无线电的频率高，波长比无线电波的波长短，在智慧交通中最常见的是光纤通信。

光纤通信是利用光波作载波，以光纤作为传输媒质将信息从一处传至另一处的通信方式，称之为"有线"光通信。当今，光纤以其传输频带宽、抗干扰性高和信号衰减小的特点，而远优于电缆、微波通信的传输，已成为世界通信中的主要传输方式。在发送端首先要把传送的信息（如话音）变成电信号，然后调制到激光器发出的激光束上，使光的强度随电信号的幅度（频率）变化而变化，并通过光纤发送出去；在接收端，检测器收到光信号后把它变换成电信号，经解调后恢复原信息。

随着信息技术传输速度日益更新，光纤技术已得到广泛的重视和应用。在多微机电梯系统中，光纤的应用充分满足了大量的数据通信正确、可靠、高速传输和处理的要求。

4. 数字集群通信技术

数字集群通信系统是一种用于集团调度指挥通信的移动通信系统，主要应用在专业移动通信领域，经历了从简单对讲系统到单基站小系统，再到大容量多区域系统的发展历程，后来经历了从模拟到数字的飞跃。数字集群通信系统采用数字话音编码技术、数字调制技术、多址接入技术和抗衰落技术等，集多功能于一体，在技术上和系统容量上满足大型共网的建设要求，能提供指挥调度、电话互联、数据传输、短消息收发等多种业务，广泛应用于地铁、铁路运输、野外作业、抢险救灾、公安、电力、石油等领域。

TETRA（陆地集群无线电系统）是一种基于数字时分多址（TDMA）技术的无线集群移动通信系统，是欧洲电信标准化协会（ETSI）制订的数字集群通信系统标准，是基于传统大区制调度通信系统的数字化而形成的一个专用移动通信无线电标准。TETRA数字集群通信系统可在同一技术平台上提供指挥调度、数据传输和电话服务，它不仅提供多群组的调度功能，而且还可以提供短数据信息服务、分组数据服务以及数字化的全双工移动电话服务。TETRA数字集群系统还支持功能强大的移动台脱网直通（DMO）方式，可实现鉴权、空中接口加密和端对端加密。TETRA数字集群系统具有虚拟专网功能，可以使一个物理网络为互不相关的多个组织机构服务，并具有丰富的服务功能、更高的频率利用率、高通信质量、灵活的组网方式，许多新的应用（如车辆定位、图像传输、移动互联网、数据库查询等）都已在TETRA中得到实现。

5.2.3 交通信息处理技术

信息处理技术（Information Processing Technology）是指用一定的算法和计算机技术及计算机等工具按一定的目的要求及精确度处理图形、图像、影像、声音、文字、符号、数据、动画等的方法及对处理结果进行采集、存储、传递、加工和输出的过程。随着智能交通采集手段及分析技术的快速发展，交通信息采集已从静态、人工采集向动态、自动采集转变，从单一模式采集向多模式、多方法采集转变，因此信息处理技术也不断进步。

本节面向智慧交通信息处理需要，对交通信息容错、信息融合、信息分析、海量信息存储、大规模信息计算等内容进行说明。

1. 交通信息容错技术

交通系统中的各类静态与动态信息由交通检测器负责采集，由各类传输设备进行传输。但由于不可避免的工作故障及误差等原因，采集到的交通数据会出现丢失、错误等问题，直接使用这些错误数据会带来极大的安全隐患。所以对采集数据进行检验以保证完整性和正确性就显得尤为重要。

（1）丢失数据的判断

在实际工作中，如果交通检测器未能按照设定的时间间隔上传交通数据至信息处理系统，就会出现某个时段没有数据或出现多组数据，此时则表明数据丢失，需要修复处理。

（2）异常数据的识别

异常数据的来源主要有两类。一是产生于交通检测器的故障，此时动态交通流数据通常表现为零流量，易于识别。二是由于天气原因和交通事故导致产生偏离正常情况的交通数据。识别方法包括阈值法、聚类法和交通流机理法。

（3）残缺数据的修复

针对提取交通数据的类型和交通模型的具体要求，采用不同的方法对丢失数据和异常数据进行补充和修正：①采用平均值法。当只有少数几组数据出现残缺时，可利用相邻时段几组数据的平均值进行修复。当大批量的数据缺失时，可采用前几周同一天历史数据的加权平均值进行修补。②采用预测方法。使用指数平滑法、历史趋势法、卡尔曼滤波法等交通参数预测方法对缺失数据进行预测，从而补充缺失数据。③采用平滑滤波方法。当异常数据是由于系统误差引起的，可使用指数平滑法等进行滤波处理，保留原始数据的变化规律，同时滤掉数据中的随机误差。

2. 交通信息融合技术

信息融合指不同检测器的交通数据需要在一定准则下加以自动分析、综合，以完成所需的决策和评估而进行的信息处理过程。其作用就是综合不同的交通数据使其相互验证，为应用系统提供一个统一的交通状态。就动态交通数据的信息处理过程，信息融合主要分为三个层次，一是将原始数据进行融合，二是对从原始数据提取的特征进行综合分析，第三层次是对具体决策目标的最终结果。

在实践中，数据融合系统可以采用"模型容器"和"模型管理"的实现方法。其中，"模型容器"中存放着各种应用模型，并且可以简单地扩展和删除。"模型管理"中存放着各种模型的地址索引，承担着调用模型、标定模型参数和动态模型管理的任务。当有一个计算请求发生时，通过模型管理系统依序调用各个模型，并获得最终的分析结果。

信息融合系统是一个具有强烈不确定性的复杂大系统，其处理方法受到现有理论、技术、设备的限制。虽然这是一门新兴的学科，很多理论还不健全，但随着各种新兴的相关科学技术的发展，它将不断完善，并产生更多的实用价值。

3. 交通信息分析技术

交通信息分析系统承担了最主要的网络分析工作，是上层应用实现的关键，也是终端用户体验优劣的关键。类似信息融合技术，信息分析系统内部同样必须高度模块化，也同样采用了"模型容器"和"模型管理"的实现方法。

信息分析系统主要包含网络实时状态分析、网络事件监测及分析、网络流量和速度预测等关键技术。

（1）网络实时状态分析

在数据融合系统的数据基础上，对整个网络路况进行分析和评价，获得检测路段的流量、速度和旅行时间。同时能够分析出网络的系统总出行时耗，并基于此评价路网的拥堵程度和道路服务水平，给出相关点的驾车出行路径选择建议和出行时间建议。

（2）网络事件监测及分析

根据网络交通状态，分析交通事件的发生位置，并根据上下游相关信息，判断交通事件的严重程度，然后给出交通事件随时间变化的波及范围情况，即相关路段的流量拥堵变化和旅行时间预测，为交通管理和出行者应用终端提供基础信息。

（3）网络流量和速度预测

网络流量预测是AMC网络中央信息处理的核心问题之一，是制订主动型交通控制策略的基础。覆盖进行全网络的车流量和路段速度预测，包括几分钟的短期和几小时、几天的中长期预测，不同时长的预测应用领域各不相同。

4. 海量交通信息存储技术

交通网络中存在着海量的交通数据，这些数据具有容量巨大、来源多样、更新频繁等特点，如何有效地存储和管理这些海量数据，使其满足交通系统应用的高可用、高可靠要求，是智慧交通建设的重要技术保障。

交通网络大量的数据都是以非结构化形式存在，这里介绍一种NAS+SAN集群存储技术和Oracle数据库应用集群技术，相比常规NAS技术可以更好地支撑大规模高速数据和数据库访问需要，且扩展更加灵活。

（1）NAS+SAN存储融合技术

NAS+SAN存储融合技术就是在统一的SAN架构下，添加NAS引擎，NAS引擎和其他主要业务系统主机共享统一SAN架构下的存储资源，从而实现在满足主要业务系统的高性能、高可靠数据访问需求的同时，通过添加的NAS引擎兼顾大量边缘业务系统对存储资源的需求，实现真正的存储信息整合（如图5-3所示）。

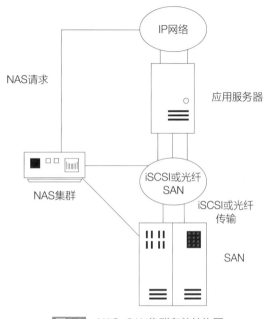

图5-3　NAS+SAN集群存储结构图
图片来源：笔者自绘

（2）数据库应用集群技术

数据库应用是数据存储的核心，对于海量数据存储，如何迅速便捷地查询与管理数据，并在网络有限带宽下实现数据的高效传输，以及保证服务的高可用可靠性是数据库服务器面临的主要问题。Oracle的真正应用集群（Real Application Clusters，RAC）提供了数据库并行服务技术，将数据库服务与数据存储相互独立，实现了服务应用集群。RAC支持多进程并行访问，提供透明的应用可伸缩性，且能够提供系统均衡负载和故障转移功能。RAC应用了高速共享缓存融合（Cache Fusion）技术，集群节点通过私有网络实现内联心跳，各节点通过共享缓存能够迅速有效地在集群各服务器上共享被频繁访问的数据，减少磁盘IO操作。以此设计的数据库服务器集群结构见图5-4。

5. 大规模交通信息计算技术

随着ITS应用的不断发展，所部署的服务器数量变得越来越多，除了服务器存储空间紧张外，电力的能耗也成为企业重要的财务支出；同时，服务器的平均利用率却处于

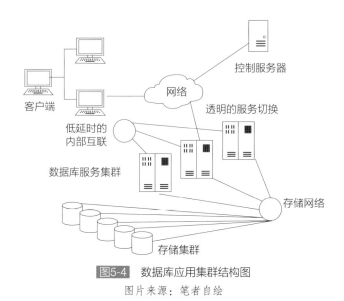

图5-4 数据库应用集群结构图

图片来源：笔者自绘

较低的水平，资源浪费变成不可避免的结果。另外，以企业服务器为主的TT基础架构模式对业务需求的反应总是不够灵活，不能快速有效地调配系统资源适应业务需求变化。云计算技术以自动化资源调度和快速部署为目标，具有优异的扩展能力，将为解决上述问题提供重要技术手段。

交通云应该是一个整合的、先进的、安全的、自动化的、易扩展的、服务于交通行业的开放性平台（如图5-5所示）。具体体现在：①整合现有资源，并能够针对未来的交通行业发展扩展整合将来所需的各种硬件、软件、数据；②动态满足ITS中各应用系统，针对交通行业的需求——基础设施建设、交通信息发布、交通企业增值服务、交通指挥提供决策支持及交通仿真模拟等，交通云要能够全面提供开发系统资源平台需求，能够快速满足突发系统需求；③提供极具弹性的扩展能力需求，以满足将来不断增大的交通应用需求。

结合公共云与私有云的特点应用，建议交通云分四步实施：

（1）初期：可以考虑数据中心基础架构实现云计算化，同时梳理业务系统中等级低、边缘化的应用向基础设施迁移。

（2）发展期：稳步扩展，建设公共信息服务平台向交通云上迁移，通过标准接口对外提供基础交通数据，同时，提供GIS-T（基于交通的地理信息系统）的服务，运营商

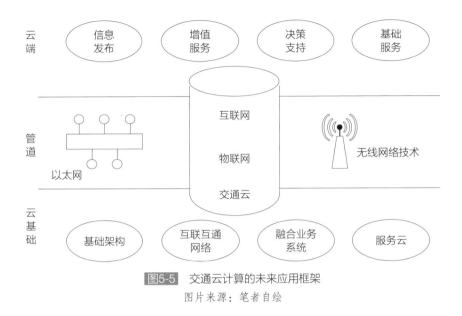

图5-5 交通云计算的未来应用框架

图片来源:笔者自绘

和增值服务开发商可以通过GIS-T和公共信息服务平台提供的开放接口进行二次开发,向公众提供丰富的交通出行服务和诱导服务。

(3)成熟期:以优化提升为主,可以建立常用交通应用系统向交通云迁移,持续梳理及扩展交通云基础设施的规模,提供丰富的接口服务,使得交通云平台进入提供常用服务期,并针对整个交通云平台的全面应用继续深化业务层面的实践。

(4)全面应用期:针对交通服务(边缘服务、常用服务、核心服务等)都全面向交通云迁移,并通过前三个阶段的分步实施和实践,积累了足够的经验,为交通云提供全面服务打下了坚实的基础。本阶段就是将交通业务和云计算全面合二为一,完成大交通在交通云上运营的构想。

5.2.4 交通动态控制技术

交通信号控制系统是现代城市交通指挥系统的中心组成部分,其最基本的目标是合理有效地解决当地的交通问题,切实改善城市交通的秩序和效率。当前第三代城市交通控制系统在针对解决传统交通控制系统技术的缺点上,采用人工智能技术,将人工智能专家系统、人工神经网络、模糊逻辑以及遗传算法等先进技术应用到交通工程领域。

在第三代交通控制技术中，基于动态信息的交通网络控制技术成为主流发展方向。与传统的动态交通分配模型不同，动态信号系统实现的目标并不是以路网内的道路行程时间最小或者其他费用最小为目标，而是通过对区域内的道路交通状态进行监测，通过实时的监控与分配，保证各个路段的流量都低于饱和交通流量。当区域内的道路都已经达到饱和或者过饱和的状态时，此方法将一方面接收来自上级控制单元的控制指令，努力把拥堵路段的新增交通流量疏散到周边路网上；另一方面通过加大主要交通流向的通行能力，使整个区域内的交通堵而不死，保证主要流向的道路通行。

这一技术理论的应用与区域实时动态交通分配理论和交通诱导理论紧密相关。

1. 分配策略

基于区域实时动态交通分配理论，可以在不同的交通状态下采取不同的分配策略，并建立对应控制模型。

（1）畅通状态：不进行动态交通分配，主要手段为加强对路网内交通状态的监控。

（2）轻度拥挤：在拥挤进一步恶化之前，对拥挤点周围的路网交通流进行均衡。

（3）拥挤状态：通过判断区域内的交通流向，采取不同的流量分配。一般有两种做法，一是加大指向性流向交通的通行能力，二是均衡路网上的交通流。

（4）堵塞状态：开辟符合指向性流向的疏通通道，确保主要交通方向车流不受阻或直接接受上级交通管理系统的指挥。

2. 信号控制方式与诱导信息

交通信号控制系统与诱导系统在接收到区域实时动态交通分配的结果后，根据当前交通状态确定信号控制方式与诱导信息。

（1）畅通状态：不需要进行交通信号控制与交通诱导的协同运作。

（2）轻度拥挤：在接收到区域实时动态交通分配的计算结果后，判断此时路网内的交通流是否具有明显的指向性，当具有指向性时，此时的交通信号控制策略是在拥挤发生的交叉口实施以拥堵消散为目的的单点感应控制，利用动态交通分配的结果计算信号配时方案，同时针对主要交通流向进行绿波控制；当不具有指向性时，实施单点感应信号控制方案，各信号相位的绿信比依据动态交通分配的计算结果进行分配。

（3）拥挤状态：在接收到区域实时动态交通分配的计算结果后，判断此时路网内的交通流是否具有明显的指向性，当具有指向性时，针对主要交通流向进行绿波控制，开辟疏通通道，保证主要交通流的道路通行能力；同时以区域面控的方式，将非主要流向上的交叉口的交通拥挤保持在可控的范围内，不至于拥挤到上游交叉口；当不具有指向性时，实施区域面控，均衡路网交通流，使得路网内各个交叉口和路段的饱和度基本一致。

（4）堵塞状态：在堵塞条件下，区域内交通需求已经超过区域能够提供的交通供给，此时应将路网内的交通状态和交通流量反馈至上一级交通信号控制系统，从更广阔的范围内提供控制策略，而区域交通信号控制系统仅能在区域内交通流具有明显的指向性时，针对主要交通流向进行绿波控制，开辟疏通通道，保证主要交通流的道路通行能力，其他路口以固定信号配时为主。

5.2.5　交通地理信息系统

交通地理信息系统GIS-T（Geography Information System-Transportation）是GIS在勘测设计、规划、管理等交通领域中的具体应用。GIS的基本思想是将地表信息按其特性进行分类，然后进行分层管理和分析，其实质是一种空间数据库管理系统。它除了具有一般数据库系统的功能之外，如数据输入、存储、查询和显示等，还可进行空间查询和空间分析。

1. 基本结构

GIS-T包括3个子系统：数据库子系统、数据采集和质量控制子系统以及系统功能表征子系统。

（1）数据库子系统

GIS-T中主要交通数据的类型包括：空间信息（如交通分区图、道路网络图、设施分布图等）、属性信息（交通区属性数据库、路网属性数据库、设施属性数据库、交通流量、道路等级、路面状况、图像数据等）、其他有关信息（多媒体数据库中航空影像、设施照片、声音等）。

(2)数据采集与质量控制子系统

采集行政区域边界、道路、铁路、基础设施等要素的空间图形数据，这些空间要素按照不同空间数据类型分层，并且能够满足规划与管理应用的数据质量要求。

系统提供的属性数据库管理子系统，能够完成相应的属性数据，如上所述的行政区域、交通分析区域、路线、基础设施等信息的输入、修改、查询和管理等功能，并且建立空间数据与相应属性数据库的关联。

(3)系统功能表征子系统

该子系统主要包括路网管理、空间查询、统计分析、审问分析、专题制图、栅格显示、路径优化7项功能表征。

2. 主要功能

(1)地图浏览操作

为使用者提供灵活方便的地图浏览功能，包括对地图的放大、缩小、平移、标识等基本操作。

(2)系统显示与查询功能

GIS-T可以提供对图形信息和属性信息的双向查询功能，查询内容包括车辆位置信息、停车场信息、交通设施、警力分布、道路信息等。在此基础上为使用者分层显示电子地图，显示不同目标的属性数据。

(3)路径计算功能

根据道路网的拓扑结构，计算两点间最短或最佳路径，通过不同的发布方式（Internet查询、运营车辆中的导航仪查询、手机用户的短信查询等）提供给不同的用户。

(4)交通管理设施的管理

对各种交通管理设施统一在地图上进行管理，显示设备运行状况。并且可以根据各路段的拥堵情况、道路施工情况，自动用色彩标注在相应的路段上，如绿色表示畅通、橙色表示较拥堵、红色表示拥堵，以此来达到对交通运行状况的可视化管理。

5.3 城市智慧交通技术标准

城市智慧交通主要通过先进的信息通信技术实现，实现数据信息资源在整合、传输、处理和使用过程的感知化、网络化和智能化，满足现代城市交通出行和管理的需要。本节主要从网络基础设施、交通网络技术和智能交通三个层面分析城市智慧交通领域的技术标准。

5.3.1 网络基础设施标准

整个社会逐渐进入高速信息时代，信息网络的建设成为智能体系发展的核心。各项产业的技术复杂性不断提升，产业内部及产业间的技术关联性越来越紧密，产业不断网络化、系统化成为长期趋势。如何实现数据互联，解决多源异构系统的互联互通问题，是信息网络建设亟待解决的问题。网络基础设施标准的建立，不但是解决问题的重要举措，也是智能体系建设的基础。

目前，网络基础设施标准体系主要由基础标准、感知层标准、网络层标准、数据层标准、平台层标准构成。体系结构如图5-6所示。

基础标准是从智慧城市的顶层对智慧城市信息系统的技术、体系结构、参考模型、数据模型进行规范和指导。

感知层是网络基础设施体系中直接与环境信息进行接触的层面，主要利用传感元件对客观事物感知和监测，采集对象信息并进行数据转换，通过传感网络将信息输入至网络层进行处理。

网络层的任务是将感知层采集到的信息通过各种网络汇总、传输，将城市的相关信息进行整合，提供处理和应用。

数据层对各类数据源进行数据集成、数据存储和计算，提供应用支撑框架、数据交换与共享服务；为应用层的运营运维、挖掘分析、公共服务等信息化应用提供统一的开发、运行和管理数据环境。数据经汇总后需形成公共资源数据中心，为上层的智慧应用提供数据支撑。

平台层为各应用系统构建计算、存储、网络及安全资源池，按业务需求分配各类资源，实现资源的逻辑统一和高效利用，满足资源的按需和自助式服务。

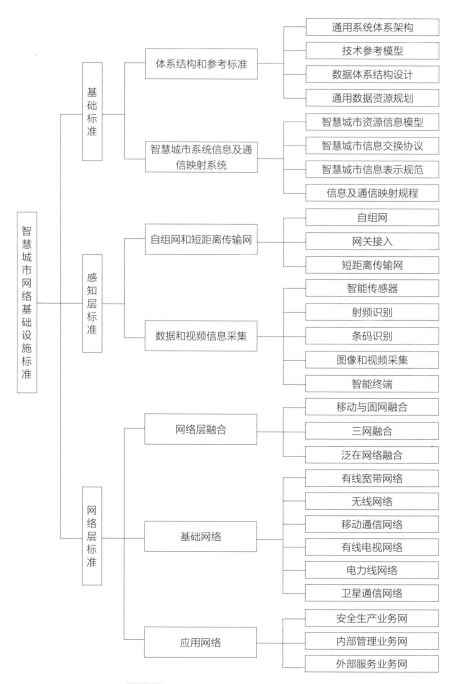

图5-6 智能城市网络基础设施标准体系

图片来源：陈才君，柳展. 智慧交通 [M]. 北京：清华大学出版社，2011.

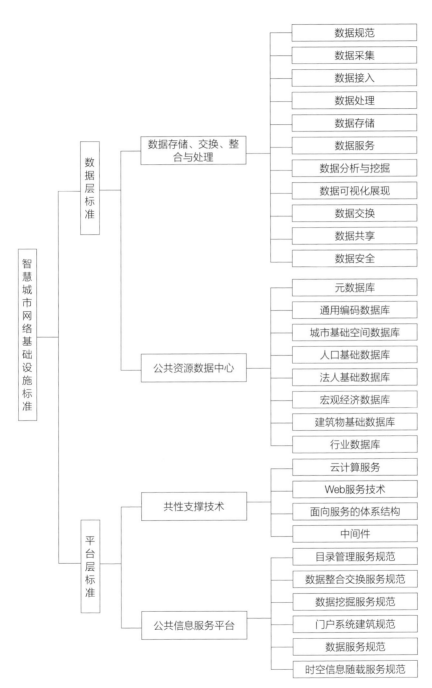

图5-6 智能城市网络基础设施标准体系（续）

图片来源：陈才君，柳展. 智慧交通［M］. 北京：清华大学出版社，2011.

5.3.2 交通网技术标准

高效的城市交通网基础设施是智慧交通的重要标志,需要充分利用信息通信技术,通过感知化、网络化和智能化,为公众提供安全、高效、便捷、经济、环保和舒适的交通运输服务。我国现行的交通网技术标准主要包括城市道路公共交通、城市轨道交通、绿色交通、城市停车设施四部分的标准。

1. 城市道路公共交通

城市道路公共交通是城市交通治理的主要内容,直接影响着城市现代化发展水平,也是智慧交通建设重要方面。城市道路公共交通主要包括公共汽车、出租汽车、共享单车等客运营业系统,现行的主要国家标准如表5-3所示。

城市道路公共交通国家标准目录　　　　表5-3

序号	标准名称	标准号	实施日期
1	城市道路交通组织设计规范	GB/T 36670—2018	2019/5/1
2	道路交通信号控制机	GB 25280—2016	2016/12/13
3	道路交通信号灯设置与安装规范	GB 14886—2016	2017/7/1
4	道路交通事故车辆速度鉴定	GB/T 33195—2016	2017/7/1
5	道路交通信号控制系统术语	GB/T 31418—2015	2015/10/1
6	LED主动发光道路交通标志	GB/T 31446—2015	2015/8/1
7	道路交通信息服务 道路编码规则	GB/T 29744—2013	2014/3/1
8	道路交通信息服务 长途客运线路信息	GB/T 29104—2012	2013/7/1
9	道路交通信息服务 通过蜂窝网络发布的交通信息	GB/T 29111—2012	2013/7/1
10	道路交通信息服务 交通状况描述	GB/T 29107—2012	2013/7/1
11	道路交通信息服务 术语	GB/T 29108—2012	2013/7/1
12	道路交通信息服务 通过无线电台发布的交通信息	GB/T 29109—2012	2013/7/1
13	道路交通运输 地理信息系统 数据字典要求	GB/T 28970—2012	2013/6/1

续表

序号	标准名称	标准号	实施日期
14	道路交通管理数据字典 交通网络	GB/T 29097—2012	2013/7/1
15	道路交通管理数据字典 交通事件数据	GB/T 29096—2012	2013/7/1
16	道路交通管理数据字典 交通检测器	GB/T 29095—2012	2013/7/1
17	道路交通信息服务 公共汽电车线路信息基础数据元	GB/T 29110—2012	2013/7/1
18	道路交通信息服务 浮动车历史数据交换存储格式	GB/T 29099—2012	2013/7/1
19	道路交通反光膜	GB/T 18833—2012	2013/6/1
20	道路交通信息服务 交通事件分类与编码	GB/T 29100—2012	2013/7/1
21	道路交通信息服务 数据服务质量规范	GB/T 29101—2012	2013/7/1
22	道路交通信息服务 通过调频数据广播发布的道路交通信息	GB/T 29102—2012	2013/7/1
23	道路交通信息服务 通过可变情报板发布的交通信息	GB/T 29103—2012	2013/7/1
24	道路交通信息服务 浮动车数据编码	GB/T 29105—2012	2013/7/1
25	道路交通信息服务 公路信息亭技术要求	GB/T 29106—2012	2013/7/1
26	道路交通管理数据字典 交通信号控制	GB/T 29098—2012	2013/7/1
27	道路交通信号灯	GB 14887—2011	2012/7/1
28	道路交通标线质量要求和检测方法	GB/T 16311—2009	2010/4/1
29	道路交通标志板及支撑件	GB/T 23827—2009	2009/7/1
30	道路交通信息服务 信息分类与编码	GB/T 21394—2008	2008/8/1
31	道路交通信息采集 信息分类与编码	GB/T 20133—2006	2006/10/1
32	道路交通信息采集 事件信息集	GB/T 20134—2006	2006/10/1
33	道路交通标志和标线 第1部分：总则	GB 5768.1—2009	2009/7/1
34	城市公共交通乘客满意度评价方法 第2部分：公共汽电车交通	GB/T 36953.2—2018	2019/7/1
35	城市公共交通乘客满意度评价方法 第1部分：总则	GB/T 36953.1—2018	2019/7/1
36	城市公共交通乘客满意度评价方法 第3部分：城市轨道交通	GB/T 36953.3—2018	2019/7/1
37	城市公共交通发展水平评价指标体系	GB/T 35654—2017	2018/7/1
38	城市公共交通设施工效学设计指南	GB/T 34063—2017	2018/2/1

续表

序号	标准名称	标准号	实施日期
39	城市公共交通设施无障碍设计指南	GB/T 33660—2017	2017/12/1
40	公共交通型自动扶梯和自动人行道的安全要求指导文件	GB/Z 31822—2015	2016/2/1
41	城市公共交通调度车载信息终端与调度中心间数据通信协议	GB/T 28787—2012	2013/4/1
42	城市公共交通标志 第4部分：运营工具、站（码头）和线路图形符号	GB/T 5845.4—2008	2009/6/1
43	城市公共交通标志 第2部分：一般图形符号和安全标志	GB/T 5845.2—2008	2009/6/1
44	城市公共交通标志 第1部分：总标志和分类标志	GB/T 5845.1—2008	2009/6/1
45	城市公共交通标志 第3部分：公共汽电车站牌和路牌	GB/T 5845.3—2008	2009/6/1
46	公共信息导向系统 设置原则与要求 第4部分：公共交通车站	GB/T 15566.4—2007	2008/4/1
47	灯的控制装置 第6部分：公共交通运输工具照明用直流电子镇流器的特殊要求	GB 19510.6—2005	2005/8/1

2. 城市轨道交通

城市轨道交通网是城市交通现代化建设的重要标志，是缓解城市拥堵问题的有效方式，也是智慧交通建设主要载体。城市轨道交通主要包括地铁、轻轨系统、单轨系统、磁浮系统等。我国现行的城市轨道交通主要国家标准如表5-4所示。

城市轨道交通国家标准目录　　　　表5-4

序号	标准名称	标准编号	实施日期
1	轨道交通 牵引电传动系统 第1部分：城轨车辆	GB/T 37863.1—2019	2020/3/1
2	城市轨道交通市域快线120km/h～160km/h车辆通用技术条件	GB/T 37532—2019	2020/1/1
3	城市轨道交通设施设备分类与代码	GB/T 37486—2019	2019/12/1
4	城市轨道交通能源消耗与排放指标评价方法	GB/T 37420—2019	2019/12/1
5	城市轨道交通再生制动能量吸收逆变装置	GB/T 37423—2019	2019/12/1

续表

序号	标准名称	标准编号	实施日期
6	轨道交通 直流架空接触网雷电防护导则	GB/T 37317—2019	2019/10/1
7	轨道交通 机车车辆电气设备 第1部分：一般使用条件和通用规则	GB/T 21413.1—2018	2019/7/1
8	轨道交通 地面装置 电气安全、接地和回流 第1部分：电击防护措施	GB/T 28026.1—2018	2019/7/1
9	轨道交通 机车车辆受电弓特性和试验 第4部分：受电弓与地铁、轻轨车辆接口	GB/T 21561.4—2018	2019/7/1
10	轨道交通 机车车辆设备 电力电子电容器 第2部分：非固体电解质铝电解电容器	GB/T 25121.2—2018	2019/7/1
11	轨道交通 机车车辆用电力变流器 第4部分：电动车组牵引变流器	GB/T 25122.4—2018	2019/7/1
12	轨道交通 机车车辆用电力变流器 第3部分：机车牵引变流器	GB/T 25122.3—2018	2019/7/1
13	轨道交通 机车车辆受电弓特性和试验 第1部分：干线机车车辆受电弓	GB/T 21561.1—2018	2019/7/1
14	轨道交通 地面装置 电气安全、接地和回流 第2部分:直流牵引供电系统杂散电流的防护措施	GB/T 28026.2—2018	2019/7/1
15	轨道交通 机车车辆受电弓特性和试验 第2部分：地铁和轻轨车辆受电弓	GB/T 21561.2—2018	2019/7/1
16	轨道交通 机车车辆用电力变流器 第1部分：特性和试验方法	GB/T 25122.1—2018	2019/7/1
17	轨道交通 机车车辆设备 电力电子电容器 第1部分：纸/塑料薄膜电容器	GB/T 25121.1—2018	2019/7/1
18	轨道交通 机车车辆用电力变流器 第5部分：城轨车辆牵引变流器	GB/T 25122.5—2018	2019/7/1
19	轨道交通 机车车辆设备 电力电子电容器 第3部分：双电层电容器	GB/T 25121.3—2018	2019/7/1
20	轨道交通 客运列车断电过分相系统相互匹配准则	GB/T 36981—2018	2019/7/1
21	轨道交通 地面装置 电气安全、接地和回流 第3部分：交流和直流牵引供电系统的相互作用	GB/T 28026.3—2018	2019/7/1
22	城市公共交通乘客满意度评价方法 第3部分：城市轨道交通	GB/T 36953.3—2018	2019/7/1

续表

序号	标准名称	标准编号	实施日期
23	轨道交通地理信息数据规范	GB/T 37120—2018	2018/12/28
24	轨道交通 一系橡胶弹簧 通用技术条件	GB/T 36375—2018	2019/1/1
25	轨道交通 电磁兼容 第5部分：地面供电设备和系统的发射与抗扰度	GB/T 24338.6—2018	2019/1/1
26	轨道交通 电磁兼容 第3-1部分：机车车辆 列车和整车	GB/T 24338.3—2018	2019/1/1
27	轨道交通 电磁兼容 第1部分：总则	GB/T 24338.1—2018	2019/1/1
28	轨道交通 电磁兼容 第4部分：信号和通信设备的发射与抗扰度	GB/T 24338.5—2018	2019/1/1
29	轨道交通 电磁兼容 第3-2部分：机车车辆 设备	GB/T 24338.4—2018	2019/1/1
30	轨道交通 机车车辆设备 冲击和振动试验	GB/T 21563—2018	2019/1/1
31	轨道交通 电磁兼容 第2部分：整个轨道系统对外界的发射	GB/T 24338.2—2018	2019/1/1
32	城市轨道交通 列车再生制动能量地面利用系统	GB/T 36287—2018	2019/1/1
33	轨道交通 站台门电气系统	GB/T 36284—2018	2019/1/1
34	轨道交通 机车车辆辅助供电系统	GB/T 36286—2018	2019/1/1
35	城市轨道交通机电设备节能要求	GB/T 35553—2017	2018/7/1
36	城市轨道交通用电综合评定指标	GB/T 35554—2017	2018/7/1
37	轨道交通工程用天然钠基膨润土防水毯	GB/T 35470—2017	2018/11/1
38	轨道交通 受流系统 受电弓碳滑板试验方法	GB/T 34572—2017	2018/4/1
39	轨道交通 机车车辆和列车检测系统的兼容性 第3部分：与计轴器的兼容性	GB/T 28807.3—2017	2018/4/1
40	轨道交通 机车车辆和列车检测系统的兼容性 第2部分：与轨道电路的兼容性	GB/T 28807.2—2017	2018/4/1
41	轨道交通 机车车辆布线规则	GB/T 34571—2017	2018/4/1
42	轨道交通 司机控制器	GB/T 34573—2017	2018/4/1
43	轨道交通车辆制动系统用精密不锈钢无缝钢管	GB/T 34107—2017	2018/4/1
44	轨道交通 机车车辆用电连接器	GB/T 34119—2017	2018/2/1

续表

序号	标准名称	标准编号	实施日期
45	轨道交通车辆结构用铝合金挤压型材	GB/T 26494—2016	2017/11/1
46	轨道交通 地面装置 变电所用电力电子变流器	GB/T 32593—2016	2016/11/1
47	轨道交通 地面装置 交流开关设备的特殊要求 第1部分：Un大于1kV的单相断路器	GB/T 32580.1—2016	2016/11/1
48	轨道交通 受流系统 受电弓与接触网动态相互作用仿真的验证	GB/T 32591—2016	2016/11/1
49	轨道交通 地面装置 变流机组额定参数的协调及其试验	GB/T 32579—2016	2016/11/1
50	轨道交通 地面装置 交流开关设备的特殊要求 第3-3部分：交流牵引系统专用测量、控制和保护装置 单相感性电压互感器	GB/T 32580.303—2016	2016/11/1
51	轨道交通 地面装置 交流开关设备的特殊要求 第2部分：Un大于1kV的单相隔离开关、接地开关和负荷开关	GB/T 32580.2—2016	2016/11/1
52	轨道交通 自动化的城市轨道交通（AUGT）安全要求 第1部分：总则	GB/T 32588.1—2016	2016/11/1
53	轨道交通 地面装置 交流开关设备的特殊要求 第3-2部分：交流牵引系统专用测量、控制和保护装置 单相电流互感器	GB/T 32580.302—2016	2016/11/1
54	轨道交通 受流系统 受电弓与接触网动态相互作用测量的要求和验证	GB/T 32592—2016	2016/11/1
55	轨道交通有人环境中电子和电气设备产生的磁场强度测量方法	GB/T 32577—2016	2016/11/1
56	轨道交通 机车车辆受电弓特性和试验 第3部分：受电弓与干线机车车辆的接口	GB/T 21561.3—2016	2016/11/1
57	轨道交通 地面装置 交流开关设备的特殊要求 第3-1部分：交流牵引系统专用测量、控制和保护装置 应用指南	GB/T 32580.301—2016	2016/11/1
58	轨道交通 地面装置 电力牵引架空接触网	GB/T 32578—2016	2016/11/1
59	轨道交通 第三轨受流器	GB/T 32589—2016	2016/11/1
60	轨道交通 城市轨道交通运输管理和指令/控制系统 第1部分：系统原理和基本概念	GB/T 32590.1—2016	2016/11/1
61	轨道交通 地面装置 电力牵引架空接触网系统用复合绝缘子的特定要求	GB/T 32586—2016	2016/11/1
62	轨道交通 设备环境条件 第2部分：地面电气设备	GB/T 32347.2—2015	2016/7/1

续表

序号	标准名称	标准编号	实施日期
63	轨道交通 机车车辆台架试验方法	GB/T 32358—2015	2016/7/1
64	轨道交通 设备环境条件 第3部分：信号和通信设备	GB/T 32347.3—2015	2016/7/1
65	轨道交通 可靠性、可用性、可维修性和安全性规范及示例 第2部分：安全性的应用指南	GB/T 21562.2—2015	2016/7/1
66	轨道交通 设备环境条件 第1部分：机车车辆设备	GB/T 32347.1—2015	2016/7/1
67	轨道交通 绝缘配合 第1部分：基本要求 电工电子设备的电气间隙和爬电距离	GB/T 32350.1—2015	2016/7/1
68	轨道交通 电力牵引 变流器供电的短初级直线感应电动机	GB/T 32349—2015	2016/7/1
69	轨道交通 绝缘配合 第2部分：过电压及相关防护	GB/T 32350.2—2015	2016/7/1
70	城市轨道交通 直线电机车辆	GB/T 32383—2015	2016/6/1
71	轨道交通 可靠性、可用性、可维修性和安全性规范及示例 第3部分：机车车辆RAM的应用指南	GB/T 21562.3—2015	2016/7/1
72	轨道交通用铝及铝合金板材	GB/T 32182—2015	2016/11/1
73	机械振动与冲击 弹性安装系统 第2部分：轨道交通系统隔振应用需交换的技术信息	GB/T 30173.2—2014	2015/3/1
74	城市轨道交通试运营基本条件	GB/T 30013—2013	2014/4/1
75	城市轨道交通运营管理规范	GB/T 30012—2013	2014/4/1
76	轨道交通车辆用铅酸蓄电池 第2部分：内燃机车用阀控式铅酸蓄电池	GB/T 7404.2—2013	2013/12/2
77	轨道交通车辆用铅酸蓄电池 第1部分：电力机车、地铁车辆用阀控式铅酸蓄电池	GB/T 7404.1—2013	2013/12/2
78	轨道交通 通信、信号和处理系统 控制和防护系统软件	GB/T 28808—2012	2013/2/1
79	轨道交通 机车车辆和列车检测系统的兼容性	GB/T 28807—2012	2013/2/1
80	轨道交通 通信、信号和处理系统 信号用安全相关电子系统	GB/T 28809—2012	2013/2/1
81	轨道交通1500V及以下直流牵引电力电缆及附件	GB/T 28429—2012	2012/10/1
82	轨道交通车辆门窗橡胶密封条	GB/T 27568—2011	2012/5/1
83	轨道交通 供电系统和机车车辆运行匹配	GB/T 28027—2011	2012/4/1

续表

序号	标准名称	标准编号	实施日期
84	城市轨道交通安全防范系统技术要求	GB/T 26718—2011	2011/9/1
85	轨道交通 地面装置 直流开关设备 第4部分：户外直流隔离开关、负荷开关和接地开关	GB/T 25890.4—2010	2011/6/1
86	轨道交通 牵引供电系统电压	GB/T 1402—2010	2011/6/1
87	轨道交通 地面装置 直流开关设备 第7-1部分：直流牵引供电系统专用测量、控制和保护装置 应用指南	GB/T 25890.7—2010	2011/6/1
88	轨道交通 地面装置 直流开关设备 第7-2部分：直流牵引供电系统专用测量、控制和保护装置 隔离电流变送器和其他电流测量设备	GB/T 25890.8—2010	2011/6/1
89	轨道交通 地面装置 直流开关设备 第1部分：总则	GB/T 25890.1—2010	2011/6/1
90	轨道交通 地面装置 直流开关设备 第2部分：直流断路器	GB/T 25890.2—2010	2011/6/1
91	轨道交通 地面装置 直流开关设备 第3部分：户内直流隔离开关、负荷开关和接地开关	GB/T 25890.3—2010	2011/6/1
92	轨道交通 地面装置 直流开关设备 第5部分：直流避雷器和低压限制器	GB/T 25890.5—2010	2011/6/1
93	轨道交通 地面装置 直流开关设备 第6部分：直流成套开关设备	GB/T 25890.6—2010	2011/6/1
94	轨道交通 地面装置 直流开关设备 第7-3部分：直流牵引供电系统专用测量、控制和保护装置 隔离电压变送器和其他电压测量设备	GB/T 25890.9—2010	2011/6/1
95	轨道交通 机车车辆 组合试验 第2部分：斩波器供电的直流牵引电动机及其控制系统的组合试验	GB/T 25117.2—2010	2011/2/1
96	轨道交通 机车车辆用电力变流器 第2部分：补充技术资料	GB/T 25122.2—2010	2011/2/1
97	轨道交通 机车车辆电子装置	GB/T 25119—2010	2011/2/1
98	轨道交通 机车车辆 组合试验 第1部分：逆变器供电的交流电动机及其控制系统的组合试验	GB/T 25117.1—2010	2011/2/1
99	轨道交通 机车车辆 组合试验 第3部分：间接变流器供电的交流电动机及其控制系统的组合试验	GB/T 25117.3—2010	2011/2/1
100	轨道交通 机车车辆电气设备 开启式功率电阻器规则	GB/T 25118—2010	2011/2/1

续表

序号	标准名称	标准编号	实施日期
101	轨道交通 机车车辆牵引变压器和电抗器	GB/T 25120—2010	2011/2/1
102	轨道交通 通信、信号和处理系统 第1部分：封闭式传输系统中的安全相关通信	GB/T 24339.1—2009	2010/1/1
103	轨道交通 通信、信号和处理系统 第2部分：开放式传输系统中的安全相关通信	GB/T 24339.2—2009	2010/1/1
104	城市轨道交通内燃调车机车通用技术条件	GB/T 23430—2009	2009/11/1
105	城市轨道交通照明	GB/T 16275—2008	2009/6/1
106	城市轨道交通客运服务标志	GB/T 18574—2008	2009/6/1
107	城市轨道交通客运服务	GB/T 22486—2008	2009/5/1
108	交流额定电压3kV及以下轨道交通车辆用电缆	GB/T 12528—2008	2009/4/1
109	轨道交通工程构件制造劳动定员定额	GB/T 21745—2008	2008/7/1
110	轨道交通工程大型设备制造综合劳动定额	GB/T 21744—2008	2008/7/1
111	轨道交通扣件系统弹性垫板	GB/T 21527—2008	2008/10/1
112	轨道交通 可靠性、可用性、可维修性和安全性规范及示例	GB/T 21562—2008	2008/11/1
113	城市轨道交通自动售检票系统技术条件	GB/T 20907—2007	2007/11/1
114	城市轨道交通接触网检测车通用技术条件	GB/T 20908—2007	2007/11/1
115	城市轨道交通列车噪声限值和测量方法	GB 14892—2006	2006/8/1
116	城市轨道交通车站站台声学要求和测量方法	GB/T 14227—2006	2006/8/1
117	城市轨道交通车辆 组装后的检查与试验规则	GB/T 14894—2005	2006/4/1
118	城市轨道交通直流牵引供电系统	GB/T 10411—2005	2005/11/1
119	城市轨道交通电力牵引供电工程 劳动定员定额	GB/T 19620—2004	2005/7/1
120	城市轨道交通轻轨工程劳动定员定额	GB/T 19621—2004	2005/7/1
121	城市轨道交通地下铁道工程劳动定员定额	GB/T 19622—2004	2005/7/1
122	城市轨道交通通信信号工程劳动定员定额	GB/T 19623—2004	2005/7/1
123	城市轨道交通信号系统通用技术条件	GB/T 12758—2004	2004/8/1
124	城市公共交通标志 地下铁道标志	GB/T 5845.5—1986	1986/9/1

3. 绿色交通

随着人民生产生活质量的提升，对城市环境开始提出更高的要求。绿色交通与解决环境污染问题的可持续发展概念一脉相承，以人与自然和谐发展为宗旨，以绿色低碳循环为主要原则，将生态文明建设融入城市交通的建设、运行、管理等各方面和全过程。绿色交通是城市交通生态文明建设，促进循环低碳可持续发展，满足人民的生产生活需求的必然途径。目前绿色交通国家标准尚处于空白状态，表5-5给出我国已经实施的绿色交通行业标准。

绿色交通行业标准目录　　　　　　　　　　　　表5-5

序号	标准名称	标准编号	实施日期
1	绿色交通设施评估技术要求 第1部分：绿色公路	JT/T 1199.1—2018	2018/8/1
2	绿色交通设施评估技术要求 第2部分：绿色服务区	JT/T 1199.2—2018	2018/8/1
3	绿色交通设施评估技术要求 第3部分：绿色航道	JT/T 1199.3—2018	2018/8/1

4. 城市停车设施

2019年城市智慧交通市场过亿的项目共计29项，其中城市智慧停车类项目就有10项。城市停车设施是综合交通运输系统的重要一环，是改善城市停车状况，缓解城市停车难和交通拥堵问题的客观需要。停车设施是与城市居民生产生活息息相关的问题，也已经成为智慧城市体系下重点规划和建设内容。表5-6给出了我国现行的城市停车设施国家标准。

城市停车设施国家标准目录　　　　　　　　　　表5-6

序号	标准名称	标准编号	实施日期
1	停车场电子收费 第1部分：CPU卡数据格式和技术要求	GB/T 35070.1—2018	2018/12/1
2	停车场电子收费 第3部分：交易流程	GB/T 35070.3—2018	2018/12/1
3	停车场电子收费 第4部分：关键设备检测技术要求	GB/T 35070.4—2018	2018/12/1

续表

序号	标准名称	标准编号	实施日期
4	停车场电子收费 第2部分：终端设备技术要求	GB/T 35070.2—2018	2018/12/1
5	机械式停车设备 使用与操作安全要求	GB/T 33082—2016	2017/5/1
6	起重机械 检查与维护规程 第11部分：机械式停车设备	GB/T 31052.11—2015	2016/5/1
7	公共停车场（库）信息联网通用技术要求	GB/T 29745—2013	2014/3/1
8	公共信息导向系统 设置原则与要求 第11部分：机动车停车场	GB/T 15566.11—2012	2013/2/15
9	水平循环类机械式停车设备	GB/T 27545—2011	2012/3/1
10	停车诱导信息集	GB/T 26770—2011	2011/12/1
11	机械式停车设备 分类	GB/T 26559—2011	2011/12/1
12	机械式停车设备 术语	GB/T 26476—2011	2011/12/1
13	机械式停车设备 通用安全要求	GB 17907—2010	2011/12/1

5.3.3 智能交通技术标准

智能交通综合运用先进的信息技术、通信技术、传感技术、控制技术及计算机技术，从而建立一种大范围、全方位发挥作用的实时、准确、高效的综合运输管理系统。当前，交通安全、交通污染和交通拥堵仍是困扰城市可持续发展的三大问题。智能交通是实现交通强国战略，推动未来城市交通管理智慧化、智能化、集约化、高效化发展，实现安全、便捷、高效、绿色交通运输系统，满足公众出行多样化需求的重要途径。表5-7给出了我国现行的主要智能交通国家标准。

智能交通国家标准目录　　　　　　表5-7

序号	标准名称	标准编号	实施日期
1	智能交通 数据安全服务	GB/T 37373—2019	2019/12/1
2	智能交通 数字证书应用接口规范	GB/T 37374—2019	2019/12/1

续表

序号	标准名称	标准编号	实施日期
3	面向个人移动便携终端智能交通运输信息服务应用数据交换协议	GB/T 37380—2019	2019/12/1
4	交通运输 数字证书格式	GB/T 37376—2019	2019/12/1
5	交通运输 物联网标识规则	GB/T 37375—2019	2019/12/1
6	交通运输 物联网标识应用分类及编码	GB/T 37377—2019	2019/12/1
7	交通运输 信息安全规范	GB/T 37378—2019	2019/12/1

5.4 城市智慧交通系统设计要素

5.4.1 交通集成管理及道路监控

1. 概述

（1）概念

交通系统中，存在着许多常见的交通问题，包括交通流失效（交通需求达到或接近路段通行能力时，车流速度出现急速下降）、通行能力下降、磁滞现象（交通流在拥堵状态变换过程中存在的一种延时效应）和交通流振荡现象（随着车流密度的增加，交通流失效后车辆走走停停）等。在智能交通的设计中实现交通集成管理要素，能有效地改善这些低效、混乱、事故频发的消极现象，提高道路通行能力，协调处理突发事故，科学组织交通。

交通集成管理是指集交通监测、决策、控制和服务等各项基础管控工作于一体的综合管理方式。它是针对交通信息不能及时联动和反馈、人工调度反应滞后的现状，对城市智慧交通设计提出的重点要求。通过交通集成管理的实现，建设一个快速反应的指挥调度系统，快速应对各种交通事件，增强交通的宏观指挥调度能力。

交通集成管理是交通策略的集中体现，系统"以交通事件为驱动，通过分析周期性堵车管理策略、突发事件管理策略、特殊情况管理策略，确定各种交通模型，建立相应的计算机处理模型,解决各种交通问题",具体表现为道路监控、流量控制、智能化引流、交通信号自适应、事件检测与报警等。

(2)功能

交通集成管理要素的功能主要通过集成平台实现。通过对历史数据和即时信息的收集分析,实现路面调度、辅助决策等功能,如图5-7所示。

路面信息包括路面流量、路面拥堵、路面事件、路面民警、路面警车、路面设备、路面违法等。

路面调度包括调度警员、调度警车、调度监控、信号控制、信息发布、有线通信、无线调度等。

辅助决策包括时间热点分析、交通事件统计、交通警情统计、实时道路状况、应急处突预案、交通安保预案、大运指挥预案和综合警情研判等。

(3)架构

交通集成管理系统的体系架构如图5-8所示。用户界面层供给用户交互操作接口,供用户访问系统,面向社会公众、政府交通职能部门和交通管理部门的指挥人员;中间应用层承担事务处理的中间环节,负责和控制数据库操作,接受和处理客户端请求,负

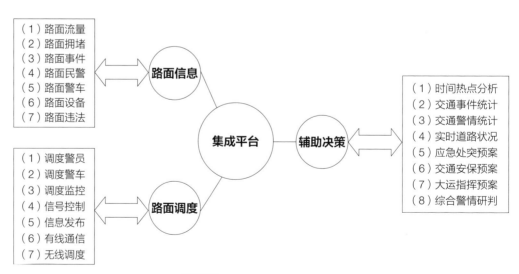

图5-7 交通集成管理体系功能

图片来源:蒋南. 智能交通集成指挥平台的研发与管理[D]. 杭州:浙江工业大学,2012.

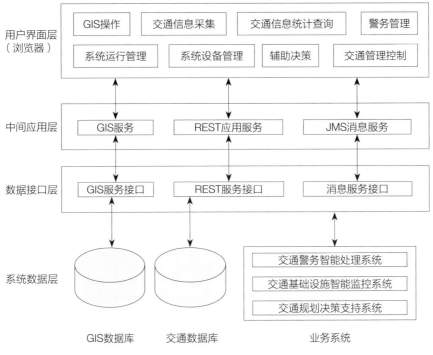

图5-8 交通集成管理体系架构图

图片来源：蒋南. 智能交通集成指挥平台的研发与管理[D]. 杭州：浙江工业大学，2012.

责系统的业务逻辑处理以及提供各类应用服务；数据接口层规范集成系统获取的其他系统的信息，同时也能够向其他系统下达控制指令；系统数据层集中了系统的主要数据，完成数据库管理。

系统的运行最终反映在三个业务系统中：交通警务智能处理系统、交通基础设施智能监控系统和交通规划决策支持系统。交通警务智能处理系统将在5.4.6中详细介绍，本节重点介绍交通基础设施智能监控系统和交通规划决策支持系统。

2. 交通基础设施智能监控系统

交通基础设施总体分为一般公路交通设施、高速公路交通设施、市政道路交通设施、轨道交通设施、停车场设施等，包括为交通系统保障安全正常运营而建设的公路、轨道、隧道、高架道路、车站、通风亭、机电设备、供电系统、通信信号、道路标线等，是交通基础设施智能监控系统的直接监控对象。由于工作环境恶劣，监控点设置分散，监控设备容易被损坏，维护工作量大。如何进行监控系统的维护，保障系统的正常运行，也是设计的难点。因此，系统建设时需要重点考虑良好的运行、维护管理环境的设计，使系统的维护更为简便。

目前，交通基础设施智能监控体系主要包括交通流检测系统、道路视频监控系统、基础设施功能检测系统等。通过实现交通流、路况、设备和事件的采集、检测，对城市交通路况历史、现状、发展趋势的及时、准确、全面掌控，并从多角度进行交通状态、趋势的统计分析，为交通疏导、交通管理服务。

公交智能指挥调度中心能够根据监控各种数据采集结果，判断车辆运行情况，及时发出指令，调度全区公交运行。通过卫星定位和视频监控，指挥中心随时掌握车辆的运行速度、所在位置、是否晚点等信息。

3. 交通规划决策支持系统

交通规划决策支持系统集成了管理信息系统（MIS）、地理信息系统（GIS）、空间数据库等技术，是一个高度集成化的系统。它的作用在于管理和兼容不同系统、不同时期的数据，避免信息孤岛和信息沟通不畅，为交通决策提供支持，也为警务智能处理系统的顺利运行建立标准化数据基础。

该系统的应用程序分为两大部分：客户端业务应用子系统（前台应用）和用户及数据管理子系统（后台管理）。包括六大功能模块，即专题数据查询模块、GIS空间功能模块、图幅打印和整饰模块、数据管理模块、系统配置模块和用户管理模块。系统的功能层次划分如图5-9所示。

5.4.2 出行者信息服务

1. 概述

（1）概念

出行者信息服务是指通过收集、分析、传播、反馈相关的交通信息，借助通信设备、车载装置、路侧传感装置、移动互联网和应用软件等，在出行前和从起点到终点的

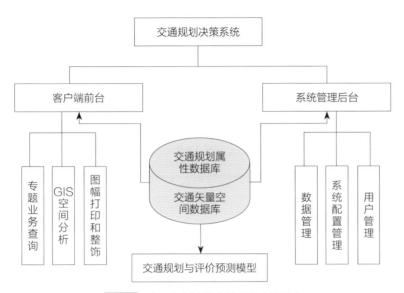

图5-9 交通规划决策支持系统功能层次

图片来源：邓晓斌．基于GIS的交通规划决策支持系统设计[J]．测绘，2017，40（03）：115-116，121．

出行过程中，向出行者提供帮助，使出行者能够获得合理路线、道路状况、出行时间和费用等所需信息，达到便捷、高效、舒适的出行效果。

出行者信息服务依托两代系统不断进化和完善。第一代系统称为出行者信息系统（Traveler Information System，TIS），是在交通监控系统和初现的计算机技术上发展起来的，主要通过可变信息标志（Variable Message Signage，VMS）和公路顾问广播（Highway Advisory Radio，HAR）等通信技术发布信息，从而改善路网的通行能力。

第二代系统称为先进的出行者信息系统（Advanced Traveler Information System，ATIS），它采用信息收集、传输、清洗、融合、分析和发布等方面的最新技术成果，以更广泛的方式向出行者提供信息服务和技术支持。目前，ATIS系统已经得到广泛的应用，但是随着移动互联、人工智能、大数据等新兴技术的发展，ATIS系统也有了新的要求和发展。

（2）功能

根据美国运输部报告的出行者信息系统效果数据统计，出行者信息服务能有效减少碰撞危险，降低伤亡程度，提高通行能力，并且延误情况和废气排放有所改善。按照不同的分类方法，其良好的功能也得到了全面的体现。

1）按照服务对象的不同，可分为公共乘客、驾驶员和交通部门。出行者信息服务可以提供公共乘客查询公共交通运行时间、运行线路的功能，还能根据人流信息给出最佳换乘方式，尤其为对目的地陌生的乘客带来了极大的便捷。对于驾驶人员来说，出行者信息服务可以合理规划路线并根据即时交通状况不断调整，提高交通效率，减少事故发生的频率。交通管理部门则可利用出行者信息服务获得车辆流动信息、交通设施障碍、紧急交通事件等，及时作出决策。

2）按照出行的时间节点，可分为出行前、出行中和出行结束。出行前，服务系统可以规划好出行路线，提供道路施工、拥堵情况、交通事故等道路信息，估计出行时间和费用；也可显示公共交通时刻表、标记出租车载客区等。出行中，驾驶者可通过车载装置和交通诱导屏等获得交通信息，及时修改路线，在不熟悉的地区还可利用导航装置。出行结束时，可通过停车诱导屏找到合适的停车位；停车时使用泊车辅助系统避免剐蹭。

（3）架构

出行者信息服务系统包含多个子系统，归纳来说，共分为三类：车辆导航辅助系统、交通流诱导系统和信息服务系统（如图5-10所示）。

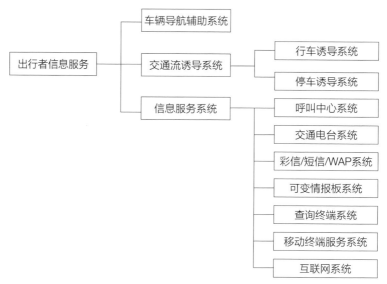

图5-10　出行者信息服务系统架构

图片来源：笔者自绘

2. 车辆导航辅助系统

（1）概念及工作原理

"智能车载导航辅助系统是集成应用了车辆自动定位技术、地理信息系统技术、数据库技术、多媒体技术和现代通信技术等高科技综合系统。"它可以明确出行路线，利用不同时段、不同程度的实时交通信息，持续修正和优化，并以合适的方式进行反馈，给予驾驶者详细的指导。

车辆导航辅助系统主要由接收机、汽车状态传感器、计算机和无线数据传输设备组成。它们的功能是接收机输出信号，提供车辆的位置、速度、方向信息，计算机采集汽车状态信息，并显示在电子地图上，电子地图带有信息中心提供的道路状况信息。此外，计算机还需要解决车辆运行参数检测无线通信设备将采集的路况信息、车辆信息发送到信息中心。如图5-11所示。

（2）功能

智能车辆导航辅助系统的功能模块包括自车定位、地图显示、人机交互、路径规划、路径引导和音像娱乐等。功能之间的联系如图5-12所示。

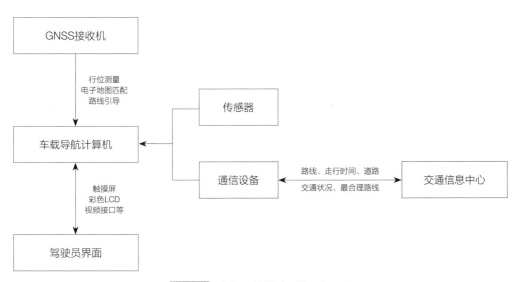

图5-11 车辆导航辅助系统工作原理

图片来源：袁理. ATIS出行者信息系统相关问题研究［D］. 成都：西南交通大学，2010.

1）自车定位

"自车定位系统融合了不同的传感器的输出，利用接收到的无线电信号自动地确定车辆的位置，辨别正在行驶的公路和所要接近的每一个交叉路口。"简而言之，就是利用GNSS、GIS等系统接收信号，确定车辆位置。而在智能交通的要求下，定位的精度和可靠性也需不断提高。

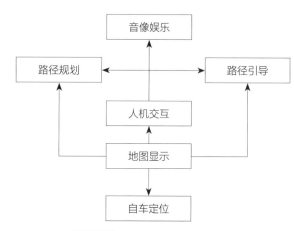

图5-12 车辆导航辅助系统功能

图片来源：吴建洪. 车载导航系统的研究与实现［D］.长沙：湖南大学，2007.（有删改）

2）地图显示

电子地图通过预先定义并存储具有特定格式的数字地图信息，帮助计算机处理与地图有关的信息以实现其功能。该模块包含了地图渲染和实时路况渲染。地图渲染可以辨别场所、公路等级、交通规则和旅行信息等。实时路况渲染可以了解道路状况、路段限制、车流信息和交通事故等。

3）人机交互

人机交互是各项功能最终体现的媒介。人机交互界面除了完成必要的地图显示、路径规划、路径诱导等基本工作外，还需提供给驾驶者反馈的窗口，方便驾驶者输入信息。在进行路径诱导时，可通过文本、图像和声音三种方式进行引导指令。

4）路径规划

路径规划功能的实现主要来源于电子地图数据模块所提供的信息。根据系统推荐或驾驶者的要求（如最短距离优先、最短时间优先、高速公路优先）等，规划合理的路线。在行车过程中，还可以利用无线通信网络收到的实时信息进行路径修正。

5）路径引导

路径引导是指驾驶者根据人机交互界面发出的指令，按照路径规划模块计算出的最优路线行驶。指令包括行驶距离、限速情况、街道名称、转向信息等，确保驾驶者可以按路线正确行驶，并给驾驶者留有充分的准备时间。

6）音像娱乐

导航装置可以作为一个简易的娱乐中心，提供播放DVD、VCD、MP3的功能，并且还能接收广播、电视信号等,在合适的时间让驾驶者及乘客享受休闲娱乐。

3. 交通流诱导系统

交通流诱导不同于车辆导航辅助系统基于个体车辆的行驶情况进行自我规划和自我引导,而是从交通部门的角度根据天气状况、道路状况、突发事件等信息对车流的整体规划和引导,处于该区域的车辆都会收到相关信息,根据提示或建议更换行车路线。交通流诱导系统可以实现人—车—路—环境的互联互通,有效地实现行车诱导和交通控制。

提高交通效率和减少安全事故是交通流诱导系统的主要目的。提高交通效率表现在三个方面:首先是为驾驶者提供道路信息,避免迷路、错误驾驶和违规操作;其次是引导车辆分散行驶,减缓高频使用路段的拥堵压力,提高路网的整体利用率;最后是通过车流引导帮助特种车辆的顺利通行,如警车、救护车等。

安全事故的成因一般来源于夜间行驶环境及恶劣的气象条件,复杂或具有危险性道路状况以及多变的实时交通流状况。为减少交通安全隐患,交通流诱导系统同时向出行者和管理者提供实时的交通信息,包括气象灾害信息(雨、雪、雾、冰雹等)、路面状况信息(破损、塌陷、施工等)和突发交通事故(事故时间、地点、伤亡情况、基础设施破坏情况、施救部门情况等)。

另外,停车诱导也属于交通流诱导中的一环。停车诱导首先需要停车诱导管理中心对停车场数据的采集和发布进行汇总处理,随后通过停车诱导屏和信息发布装置对驾驶者的停车行为进行诱导,减少路边停车的乱象和寻找车位所耗费的时间,加快驾驶者进入停车场,减少道路压力。

4. 信息服务系统

信息服务系统的建设是整个出行者信息服务系统的重要环节,服务对象是广大的社会公众,因此必须全面分析和广泛了解社会公众对出行信息服务的需求。目前来说,信息服务系统已经得到了较好的发展,现有的子系统主要包括呼叫中心系统、交通电台系统、彩信/短信/WAP系统、可变情报板系统、查询终端系统、移动终端服务系统、互联网系统等。随着新兴技术在智慧交通领域的应用,基于出行者信息服务的信息服务系统还有广阔的发展空间。

5.4.3 车辆运营管理及监控

社会上不断增长的用车需求推动着营运车辆产业的发展，特别是对公共交通的需求，随着城市规模的不断扩张而急剧提升。传统的车辆管理方式较为单一，不具系统性，这使得车辆管理部门面临着更大的压力。在智能交通的要求下，更为统一、高效、智能的车辆运营管理体系设计行之必然。

1. 概述

车辆运营管理及监控是通过网络无线通信、GNSS、电子地图、信息管理系统等技术，实时掌握车辆和司机的各种状态信息，科学地监控和规范司机的行为，根据用户需求合理调度，从而降低运营成本、提高车辆的使用效率和服务水平，最终实现交通运输业车辆运营立体式智能化管理。

车辆运营管理及监控系统范围广泛，功能丰富，设计要素众多。归纳来说，系统可以分为两个模块：功能模块和子系统模块。其中，功能模块包括信息管理、监控中心、统计分析中心、调度管理和成本管理；子系统模块包括公共交通运营管理系统、商用车辆调度管理系统和特种车辆运输管理系统。

2. 功能模块

在功能模块中，信息管理用于输入和存储原始数据，它与监控中心收集的信息一同输送到统计分析中心进行分析，分析结果一方面成为成本管理的依据，另一方面与监控中心共同作用于调度管理。如图5-13所示。

（1）信息管理

信息管理是支持和保证整个业务系统正常运行、管理系统基本的业务数据、配

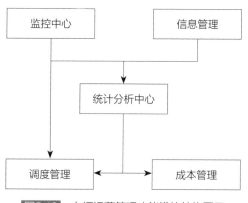

图5-13 车辆运营管理功能模块结构图示
图片来源：笔者自绘

置系统功能以适应不同参数的前提。管理的信息涉及车辆（包括轨道交通工具）、司机、用户、交通部门和公共设施多个方面，在系统的许多部分中都会被引用。因此，数据必须遵循"一次输入，处处引用"的原则，应用于系统其他模块时无需重复输入，并且能自动进行转码；发生变更时也能对整个系统进行更新。

（2）监控中心

监控中心的功能主要包括跟踪定位、行车轨迹回放、车辆状态显示、报警提醒等。基于GNSS和电子地图，可以对一辆车或一组车进行实时查询和定位，方便追踪车辆随时间的行驶位置。实时记录车辆行驶时间、坐标、速度、方向等信息，实时跟踪车辆行驶轨迹。对于超速、违规、疲劳驾驶等情况，也可将预警或提醒信息及时发送给司机及车辆管理人员，进行提醒关注。

（3）统计分析中心

统计分析中心的作用是为各级单位提供科学的决策支持战略规划。具体内容如表5-8所示。

统计分析中心目标信息　　　　　　　　　　　　　表5-8

统计对象	具体内容
车辆信息	保有量统计、规格信息、使用率统计、车辆故障统计、异常车辆分析、维修状况、报废状况、出车率统计、油耗统计
司机信息	司机身份信息统计、司机出勤情况统计、司机交通违章统计、司机交通事故统计、司机警报信息统计、司机投诉信息统计、司机评价信息统计
乘客信息	用车需求统计、乘客数量统计、出行时间统计、高峰路段统计
运行事件	车辆在线/离线统计、运行事件统计、车辆行驶状态统计、高峰时段统计、投诉情况统计
财务信息	运行成本统计、盈利状况统计、维修费用统计

（4）调度管理

调度管理包括运行管理和应急处理。

运行管理是基于统计分析中心给出的决策建议和对交通出行工具状态的实时监控，合理分配车辆，实现运营业务优化，提升营运效率。同时，还需针对环境变化情况进行调度，从而满足乘客需求。这一方面的建设内容包括车辆派用管理、日常运行管理、维修保养管理、车辆调度管理、规章制度建设管理等。

应急管理是在车辆终端与中心系统时刻保持信息交互的情况下，对不规范行为或危险信息及时预警，或者根据车辆遭遇的不同紧急情况，实施专项救援。设计重点在于形成完善的救援方案体系，发生危险时才能"对症下药"，提高救援效率。

（5）成本管理

成本管理包括费用管理和资源管理。

费用管理主要是对用车过程中产生的费用进行管理，包括燃油管理，维修管理，保险管理，税费、杂费管理等。它利用车辆的运行数据，结合对数据的汇总和分析处理，便于管理人员对车辆成本进行严格的控制工作。另外还需进行单车成本核算，淘汰成本超标的车辆。

资源管理是对车辆资源的购置、维护、维修和淘汰，包括车辆台账、车辆购置、车辆处置、保有量测算、车辆报废、日常规范、供应商信息管理等内容。对于车辆的资源管理，涉及各层级多业务部门，是一项综合性业务，不但需要规范的操作流程，还需提出明确的管理规范和要求。

3. 子系统模块

（1）公共交通运营管理系统

公共交通运营管理系统是一个集指挥调度、运营管理、业务通信、信息发布、信息查询、数据传输等系统于一体的综合运营管理系统。系统的建设要从城市规划、道路环境、企业自身的实际情况出发，统一协调各方资源，尽可能地做好顶层设计，实现高效、实用、智能。

公共交通运营管理系统包括公交运营管理系统和轨道交通运营管理系统两个领域。其中，公交运营管理系统需要从三个方面实现智能化。首先是建设方面，在建设前，先根据公交企业实际情况进行需求收集，规范运营调度业务规则，为系统的建设提出翔实的目标；然后通过智能技术（如大数据、模拟仿真等）对收集的历史行车信息、相关地理信息和未来城市规划信息进行分析，预测线路变化，科学增减公交站点，并合理分配公交车数量。其次是运行方面，管理部门需要准确定位正在出勤的公交车的位置，了解车辆的运行状态及有无故障。最后是使用方面，乘客可以通过移动通信工具了解行车线路、换乘信息、车辆到站时间、乘客数量，减少盲目等车的时间，提高出行效率。

在上述智能化要求的基础上，轨道交通运营管理系统智能化还需额外注重安全管理。轨道交通运营专业性强，技术设备复杂，客流量大，造成轨道交通安全运营管理的难度较大。因而需要建立城市轨道交通运营安全管理模式，预防事故发生，提高事故应急处理能力，降低运营中安全事故的社会危害性。

（2）商用车辆调度管理系统

商用车辆调度管理系统的核心内容是出租车的管理调度。出租车具有快速、方便、舒适、灵活的特点，弥补了公共交通运营的盲区，越来越多的人将出租车作为主要出行方式。但是，由于高空载率造成的高额成本和资源浪费，出租车行业发展仍面临阻碍。研究表明，在理想的状况下，出租车调度系统能够减少出租车90%的空驶成本。因此，一个有效可行的调度系统对出租车的管理来说是至关重要的。

目前，我国的出租车调度管理系统已发展至第四代。系统的设计依托GPRS+GNSS+GIS技术，无线分组业务（GPRS）非常契合出租车终端和调度中心之间频繁、少量数据传输的需要，GIS技术使得车辆、乘客位置的可视化成为可能。

（3）特种车辆运输管理系统

特种车，也称专用汽车，是指构造特殊或车内装有固定专用仪器设备或从事专业工作（监测、消防、运钞、医疗、电视转播、雷达、X光检查等）的机动车的统称。根据国家质量监督检测检疫总局和国家标准化管理委员会共同发布的专用汽车国家标准，特种车辆可分为厢式专用汽车、罐式专用汽车、专用自卸汽车、仓栅式专用汽车、起重举升专用汽车和特种结构汽车。

由于与传统车辆的构造不同，特种车辆行车时存在着巨大的安全隐患，传统的运输管理系统效率低下，已不能满足城市发展的要求，亟待改革。一方面要实现监控系统智能化，另一方面要实现调度系统的优化。

目前的特种车辆运输智能监控系统是基于最新的物联网技术，集定位、通信、预警报警、自动识别与远程控制为一体的，具有高度感知能力的智能监控系统。该系统能够自动获取车辆的位置、身份及状态等各种信息，能够最大程度地减少危险品运输事故，并能全面掌握针对特种车辆实施的违法行为。

调度系统优化需要结合其他车辆行驶信息和道路状况，设置合理的运行时段、运行线路，减少特种车辆与其他车辆的接触，降低安全隐患。

5.4.4 电子收费系统

随着交通需求量的急剧增长，收费站的建设与管理逐渐成为限制交通发展的瓶颈。传统的人工收费方式效率低下并延误时间，如果车流量较大，就会造成公路堵塞。实施不停车收费，可以大大提高公路的通行能力和交通管理部门的营运效益，降低建设成本和收费管理成本，降低收费口的噪声污染和废气排放，益于环境保护。

1. 概述

（1）概念

电子收费系统（Electronic Toll Collection System，简称ETC）又称不停车收费系统，是通过设置在收费公路收费站出入口处的天线及车型识别系统和安装在车辆上的电子标签，利用信息通信技术实现自动支付通行费的系统。

电子收费方式可分为单向式和双向式。单向式即收费站接收装置读取电子标签的信息并进行记录，然后将每一收费站点的资料回传给收费中心计算机，进行资料更新、登记等统计工作。双向式电子收费是单向式的改进，不但可以无线读取电子标签中的信息，还可以在电子标签中无线写入信息，使管理上更为便捷可行。

根据车道隔离措施布置的不同，电子不停车收费系统分为采用车道隔离措施的单车道不停车收费系统和无车道隔离的自由交通流下的自由流不停车收费系统。另外，电子收费系统还可以分为开放式收费系统和封闭式收费系统。开放式收费系统是指根据从车载电子标签上读取的车辆信息对车型和通行费用进行判断，然后再根据具体收费标准收取费用，而封闭式收费系统是指对车辆的通行信息进行集中采集，然后根据车辆的具体通行状况进行收费。

（2）功能

电子不停车收费系统是城市智慧交通设计的重点要素之一，是国际上正在努力开发并将其应用于交通繁忙道路、高速公路、桥梁和隧道等的电子自动收费系统。该系统最常见于高速公路出入口，车主只要在车辆上安装车载电子标签并预存费用，通过收费站时便不用停车进行人工缴费，通行费用会从卡中自动扣除。通过应用ETC系统，每车缴费耗时可减少至两秒以内，收费通道的通行能力可以达到人工收费通道的5到10倍。

除了用于高速公路自动扣费，ETC系统也用于市区过桥、过隧道自动扣费，在停车场管理中也用于建立快速车道和无人值守车道，自动扣除停车费，大幅提高出入口的通行能力，改善车主的使用体验，达到方便快捷出入停车场的目的。

（3）架构

电子收费系统的工作原理是利用安装在收费站车道上的路边单元和安装在行驶车辆上的电子标签之间进行相互无线通信和信息交换，以达到对车辆的自动识别，并自动从该车的专用账号中扣除所需通行费，从而实现电子自动收费。

整个系统分为前台系统和后台系统两部分。前台系统主要由车载系统（OBU）、路边单元（RSU）和车道计算机组成。后台系统由信息系统、业务系统、收费系统和监控系统组成。

2. ETC前台系统

ETC前台系统主要采用射频识别技术，其工作原理是"路侧单元通过发射无线电波与车载单元上的电子标签取得通信链路，专用短程通信协议使得QBU和RSU进行相关命令和数据的传输，RSU与车道计算机通过以太网接口进行数据和命令传输，最终使得交易完成。"前台系统的结构如图5-14所示。

图5-14 电子收费系统前台系统结构图示

图片来源：李远. 电子不停车收费系统（ETC）的研究与设计［D］. 太原：太原理工大学，2013.

3. ETC后台系统

后台系统的主要任务是为支持前台系统的运行,对前台系统获取的信息和车辆的通行费用进行计算和结算,对车辆的通行状况进行检查。如图5-15所示。

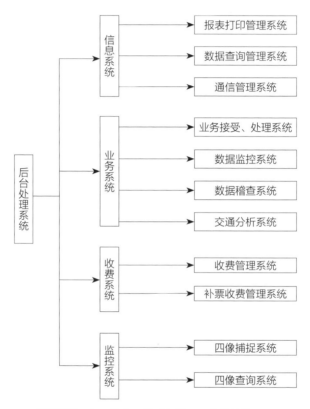

图5-15 电子收费系统后台处理系统的结构图示

图片来源:冯汀. 电子不停车收费系统的设计与实现[D]. 成都:电子科技大学,2015.

5.4.5 智能车辆与自动公路

随着交通需求量的增加,传统的道路和管理方式已经难以达到使用者的要求,拥堵、事故、噪声、废气污染、能源消耗等问题亟待解决,汽车公路系统必须不断改进。信息技术为解决当今和未来交通问题提供了有力的技术支持,特别是跨领域技术的融合,为未来的交通系统提供了无限可能。智能车辆的出现,颠覆了传统的驾驶方式,而与之配套的自动公路的发展也将成为智能交通的重要驱动因素。

1. 智能车辆

（1）概述

"智能车辆（Intelligent Vehicle，IV），又称轮式移动机器人，是一个集环境感知、规划决策、多等级辅助驾驶等功能于一体的综合系统，它集中地运用了计算机、现代传感、信息融合、通信、人工智能及自动控制等技术，是典型的高新技术综合体。"

有关智能车辆的研究可追溯至20世纪50年代，美国Electronics公司开发的世界第一台自动引导车辆（Automated Guided Vehicle，AGV）给出了智能车辆的雏形。而随着市场对汽车驾驶安全化、智能化的需求不断增加，智能车辆的经济、社会价值也越发凸显，各国都在加大对智能车辆的研究力度。目前，世界范围内已经开发出基于全球定位系统、激光雷达技术、磁传感器技术、机器视觉技术和惯性导航元件等多种辅助技术的智能车辆，智能车辆技术不断取得进展。

（2）架构

智能车辆系统按功能层次划分，可分为智能感知/预警系统、半自动车辆控制系统、车辆自动驾驶系统。前一层系统是后一层系统运行的基础。系统功能层层递进，最终实现车辆全自动驾驶的目标。下面对这三层系统展开介绍。

1）智能感知/预警系统

智能车辆主要依靠传感器（如激光雷达、声纳或摄像头）来感知周围的道路、障碍物及车辆位置等信息，从而躲避障碍物，安全、自主地在道路上行驶。因此智能感知/预警系统是智能车辆的基础系统，是保证其他系统顺利运行的前提。智能车辆完成对周围环境的感知和理解后，就可将环境信息提供给控制系统，以完成障碍的规避和道路的跟踪等任务，并以此控制车辆的速度和转向。目前的研究包括前方碰撞警告、盲点警告、行车道偏离警告、换道警告、十字路口防撞警告、行人检测、倒车警告等。

2）半自动车辆控制系统

半自动车辆控制系统又称辅助驾驶系统，即利用智能感知系统的信息，进行决策规划，以提供驾驶建议或部分代替驾驶员进行车辆控制的行为，辅助驾驶员完成安全驾驶行为。当驾驶员对警告来不及反应时，系统接管车辆的控制，通过控制车辆的转向、制

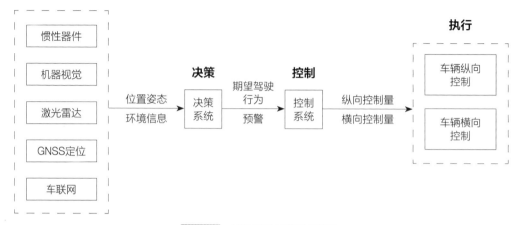

图5-16 辅助驾驶系统功能模块

图片来源：王科. 城市交通中智能车辆环境感知方法研究[D]. 长沙：湖南大学，2013.

动、扭矩等使车辆恢复到安全驾驶状态。

按功能模块来划分，可以将半自动车辆控制系统划分为感知、决策、控制和执行四个模块，模块的具体内容和作用关系如图5-16所示。

3）车辆自动驾驶系统

车辆自动驾驶系统的作用是实现智能车辆的自动驾驶、无人驾驶，它的系统结构非常复杂，涉及的技术领域也非常广泛。该系统不仅需要完成加速、减速、制动、前进、后退以及转弯等常规的汽车功能，还需具备路径规划、车辆控制、智能避障等类似人类行为的人工智能。环境感知所依靠的技术更为复杂，不但要实现多传感器信息的融合，还需要更高级计算机视觉系统（接近甚至达到人类的视觉能力）。目前，能够完全实现无人驾驶的车辆还未能投入量产，在技术、成本、法律法规等方面还面临着许多难题。

2. 自动公路

（1）概述

"Automated Highway System（简称 AHS），也称智能公路系统，是建有通信系统、监控系统、光纤网络等基础设施，并对车辆实施自动安全检测、发布相关的信息以及实施实时自动操作的运行平台。该系统包括车辆自动导航和控制、交通管理自动化，以及事故处理自动化。"简单来说，AHS系统就是使公路系统具有一定的智能，并依靠车辆的智能控制系统，将交通流调整至最佳状态，从而减少由于人工驾驶引起的交通问题。这是智能公路系统的最终目标，即实现车、路、人高度一体化。

（2）优势

1）公路将容纳更多的车辆通行，车距会明显减小且保持安全车距，公路利用率极大提高。

2）土地利用率提高。AHS系统会更合理地安排公路的使用，减少传统公路所占据的空间，如减少车道数量、降低路网密度等。

3）驾驶的安全性显著提高。公路上会设置防脱离车道、防障碍物冲突、防交叉口交会冲突等系统，保障驾驶者的驾驶安全，也间接保障道路行人的出行安全。

4）环境和天气的影响降低。自动公路系统会根据道路特点和周边环境特点对驾驶车辆进行合理引导和帮助。雨、雪、雾、霾、灰尘、光照条件差等视觉影响因素对驾驶者的威胁会减少。

（3）技术要求

自动公路系统涉及的关键技术包括两类：平台性关键技术和功能性关键技术。平台性关键技术的目的是建立互通的数据管理机制和标准规范，使得各方的信息可以集成至交通共用信息平台统一分析。研究包括数据交换与融合技术、数据提取与处理技术、数据标准与数据库技术和数据发布技术等。

功能性关键技术研究主要集中在交通诱导技术、交通通信与控制技术、交通导航与仿真技术三个领域。具体包括诱导系统、电子车牌与自动射频识别技术和专用短程通信协议等。在诱导系统中，目前可行的磁诱导、无线诱导、路面白线识别诱导和前导车诱导，GPS导航卫星诱导还未成型，还需采用GPS与惯性系统组成的DR的组合。

5.4.6 紧急事件及警务管理

智能交通安全警务处理系统是维护交通秩序，及时部署干预交通违法行为，预防和减少交通事故的有效措施。通过系统的建设，可以不断提高警务机制科学化、事故处理现代化、公安交通管理体系建设能力和水平。本节将重点介绍智能交通安全警务处理系统。

1. 概述

（1）紧急事件

交通紧急事件，是指因异常环境或不规范操作导致的人员伤亡、财产损失或道路通行能力下降的突发性现象。这类现象事前无征兆、事后会导致交通流行驶状态突变，甚至影响其他驾驶员的生命安全，因而必须引起重视并采取合理的警务措施。

交通紧急事件是一个十分复杂的现象，涉及的因素从自然环境到社会人文，如道路交通事故、特殊社会活动和区域性灾害等。"交通事件可能产生的后果大致有三种类型：一是事件本身不严重，又得到驾驶员和道路管理人员的及时处理，使事件成因很快消失，来不及形成交通拥挤；二是形成偶发性拥挤，造成车辆延误，需要公路管理部门进行管理控制，事件能及早发现，管理控制措施及时、得力，拥挤逐渐消失，交通恢复正常状态；三是事件迅速引发为交通事故，造成人员伤亡和车辆损坏，需要公路管理部门及其他相关部门紧急救援和排除事故。"

从这些后果来看，交通紧急事件无论轻重缓急，都需要及时、合理的管控，才能将损失降到最低，恢复社会稳定的动态系统。

（2）系统架构

交通警务智能处理系统是在原有的警务处理系统的基础上，利用大数据、移动通信等新兴技术，建设一个能够覆盖交通紧急事件全生命周期的集成系统。其中，道路交通监控是系统运行的基础，交通安全态势研判预警是发展的重点，警力部署是管理的核心。

系统建设围绕"一个平台，两个子系统"展开，包含公安交通指挥平台、移动警务系统和大数据研判系统三个部分。其中，移动警务系统基于移动无线网运行，大数据研判系统基于公安网运行，公安交通指挥平台一部分基于公安网，另一部分基于视频专网运行。系统架构图如图5-17所示。

2. 公安交通指挥平台

公安交通指挥平台的作用一方面通过视频专网对道路状态监控，及时掌握交通信息，实现实时监控、跨辖区视频查看、历史视频调阅、交通事件视频管理、移动视频连

视频专网

移动无线网

公安网

图5-17 交通警务智能处理系统架构图

图片来源：https://wenku.baidu.com/view/aa8786a8b8d528ea81c758f5f61fb7360b4c2ba9.html?from=search

线、监控资源统计分析等多种功能；另一方面协调公安部门作出勤务安排，为紧急事件部署警力，实现合理调度。

在视频专网部分，集成指挥平台需要提供专门的信息接口，以收集各地道路监控基础应用系统采集的机动车过车信息、停车信息、交通违法信息、交通流量信息、气象信息等。信息接入服务软件后，可以发布在公安网内，也可发布在视频专网等外网内。视频专网向公安内网的数据传输通过公安网边界接入平台进行。

在公安网部分，重点发挥"指挥"的作用，包括交通状态检测、机动车缉查布控、非现场执法和应急指挥调度等。同时，还需要对基础信息，执法站点进行日常的管理和维护。针对警员的执勤情况，还要利用勤务监督考核模块进行评价，力求将执法行为规范化。

3. 移动警务系统

移动警务系统是面向所有人使用的开放性系统，也是驾驶者和警务管理人员部分信息共享的双向系统。通过这部分系统的设计使用，可以建立良好的警民互通机制，对交通紧急事件精准定位，全面掌握事故信息，或为驾驶者提供信息服务和状态预警。

该系统包含八个模块。通过身份管理模块，使用者将个人信息和车辆信息输入系统中，建立个人档案；交管信息查询模块为使用者提供信息支持；当驾驶特种车辆或特殊车辆时，通过重点车辆登记模块向交通部门反映情况，以做好应对措施；对交管部门的预警信息，利用预警处置反馈模块进行反馈；发生交通意外时，通过交通违法处理、交通事故处理模块与交警进行联系，也可利用该模块查看事故处理情况；业务数据分析则可以对个人的驾驶行为、违法情况进行统计，给出合理提示；最后，如对交警行为或事故处理结果存在质疑，可以通过警务管理监督模块将信息反映给监督部门。

4. 大数据研判系统

大数据研判系统是通过对海量数据的查询分析，特别是对历史交通紧急事件的情况分析，得出科学的预测结果。通过预先采取防控措施，避免交通事故的发生或减少人员伤亡和财产损失。

其中，大数据分析研判预警、交通态势评估分析、重点路段分析是核心模块。三者利用大数据技术，如消息队列、数据流处理等生成分析结果，其他模块根据结果采取相应措施，包括警力资源优化和业务监管考核等。专项行动管理则需特别输入行动方案的信息，匹配历史信息加以对比，根据相似的专项行动案例结果对计划修改完善。警情监管分析不完全依赖于大数据，主要根据交通事件、接警、处警等实际事件作出分析判断，从而实现对警务处理情况的监督并纠正不规范行为。

5.5 城市智慧交通案例

智慧交通是解决能源短缺、空气污染、交通拥堵、出行安全等各类城市病的重要途径,已经成为全球趋势,也是我国未来城市发展的方向。智慧交通在全球范围内蓬勃发展,美国、欧盟、日本和新加坡是智慧交通的四大研发和应用阵营。我们国家智慧交通发展虽然起步较晚,但随着政府推动,得到了快速的发展,大城市智慧交通管理和服务水平明显改善。本部分将分别选取国外和国内城市智慧交通的一些典型案例展现智慧交通的应用和发展。

5.5.1 国外城市智慧交通案例

1. 瑞典斯德哥尔摩智慧交通系统

(1)建设背景

瑞典首都斯德哥尔摩(Stockholm)是一座历史悠久、典雅又繁华的城市。瑞典国家政府、国会以及皇室的官方都设于此。位于波罗的海西岸,由许多岛屿、桥梁组成,别具风情的老城布局紧凑。斯德哥尔摩在"西门子绿色城市指标"(Siemens Green City Index)中名列第二,拥有引以为傲的800公里自行车道。2010年,它成为第一个获欧盟授予的"绿色之都"的城市。

在当地平均每天有45万辆汽车驶过城市中央商务区,这对于一个海岸线绵长,拥有众多岛屿的城市,无疑是一场巨大的挑战。随着交通堵塞问题不断加剧,瑞典国家公路管理局和斯德哥尔摩市政厅开始通过智慧交通建设,既缓解交通压力,又减少空气污染问题。目前,智慧交通已经成为斯德哥尔摩标签。

(2)建设内容

斯德哥尔摩的智慧交通系统主要采用了IBM提供的智慧交通解决方案。已建成的智慧交通系统主要由以下几个功能模块构成:多种方式的交通信息采集整合系统;综合的交通信息管理中心;隧道智能交通信息系统;基于污染物排放和天气条件的速度、交通流量控制;基于手机短信的交通信息实时发布系统;基于多式联运的路线规划;基于绿色驾驶的智慧速度适应系统;流量管理系统;智能公共交通系统,包括流量和事故管理、公交优先系统、交通信息发布系统、路线规划、交通安全系统、智能卡系统等。

"交通拥堵税"征收是斯德哥尔摩智慧交通系统的核心。2006年,瑞典当局宣布征收"交通拥堵税",委托IBM设计、建设并且运行一套先进的智能收费系统。该系统在通往斯德哥尔摩城区的主要出入口的18个路边控制站的摄像头、激光扫描系统和安装在机动车辆上的RFID传感器,实现对进入城区的车辆进行探测、识别和收费。通过收取"交通拥堵税",减少了交通流量,交通拥堵降低了20%—25%,交通排队时间下降30%—50%,中心城区道路交通废气排放量减少了14%,整个斯德哥尔摩城区的废气排放减少2.5‰,二氧化碳等温室气体排放量下降了40%,极大改善空气质量。

(3)建设经验

目前,瑞典斯德哥尔摩是全球智慧交通的典范城市,采用了IBM的技术方案。由于在城市绿色发展方面表现出色,2010年2月,斯德哥尔摩被欧盟委员会评为首个"欧洲绿色首都"。斯德哥尔摩在智慧交通的成功经验可以归纳为以下几个方面:

1)强有力的政府政策支撑

政府的强有力的支撑是斯德哥尔摩的智慧交通系统顺利实施的重要因素。2003年,斯德哥尔摩政府官员就开始提出关于交通拥堵定价的计划,向市民征求意见。该计划将对一天内不同时间点超出城市交通限制的车辆收取费用,旨在将市中心交通高峰时段的车辆数量减少10%—15%。该收费系统不仅能够缓解交通堵塞问题,还将提高公共交通使用率,减少环境污染。

2)智能技术的应用

斯德哥尔摩的智慧交通系统综合运用激光、摄像和系统技术,对过往车辆自动探测、识别和收费,其核心技术是可视字符识别软件,可以从任意角度辨别车辆的牌照。这种识别系统充分考虑了由于光线强度不同,天气恶劣或者拍摄视角欠佳时,可能无法识别相机拍摄的汽车牌照问题,通过利用各种算法对不清晰的车牌图像进行二次识别。算法模拟人眼机能,不断移动图像直到找出最佳视角并识别预期的模式,从而还原无法识别的车牌。

3)强大的科研队伍

瑞典每年用于研究与开发的费用占了全部GDP的4%,在世界名列前茅。其中,企业研发投入占GDP比重的2.7%,人均研发投入仅次于美国,位于世界第二。智慧交通所涉及的新兴技术开发离不开基础研究,瑞典拥有一批世界顶尖水平的知名学府,其4所大学每年都稳定地进入世界百强大学排行榜。

4）良好的基础设施建设

智慧交通系统的建设离不开前期良好的基础设施做铺垫，斯德哥尔摩的立体交通网为智慧城市建设提供了良好的基础。从市中心的中央车站到北部的阿兰达国际机场约40公里，X-2000型机场快速列车的最高时速超过200公里/小时，17分钟即可到达。市中心几乎所有公交车站都有电子时刻表，实时更新车辆到达时间。

2. 韩国首尔智慧交通系统

（1）建设背景

首尔是韩国的首都，韩国的政治、经济、文化中心。首尔全市下辖25区，面积约605.25平方公里，虽然只占韩国面积的0.6%，其GDP却占全国GDP的21%。首尔是世界上人口密度极高的城市之一，市区人口已经超过1200万人，每天出行的人数高达2960万人。从1974年开始，随着私家车的普及，首尔的公交出行率逐渐下降，每天往返于城郊私家车高达700万辆，但平均行驶速度已经下降到20公里/小时，交通拥堵问题日趋严峻。随着首尔多样化智能交通系统的建设，首尔城市交通发生了巨大变化，形成了环境友好、交通顺畅的低碳交通出行系统。

（2）建设内容

韩国为引导智能交通系统发展，韩国政府开展了一项新的计划"21世纪ITS总计划"，预计在20年内对智能交通总投资额约75亿美元。首尔的地面公交和轨道交通两大系统在智能交通建设上最具有代表性。

1）智能公交系统

首尔在2004年前后对城市公交系统进行了根本性改革，到目前已经取得较为理想的效果。这其中主要体现在公交线路编码系统、公交智能卡系统和公交管理系统三个方面。

公交线路编码系统。2004年，首尔对所有的公交线路重新编码，旨在方便公众识别，从公交线路号码就可以推断公交的大致走向。该编码体系以区域编码为基础，将首尔市及外围地区分别划分为8个和7个区域。线路编码格式为：出发区域+到达区域+序号。在区域划分的基础之上，将公交线路分为4类：红色——市郊快线，连接首尔和各卫星城；蓝色——干线，行驶在主干道、公交专用道上的市区跨区域线路；绿色——支线，向干线与地铁站点运送乘客；黄色——市内环线，主要满足市民购物需求。

公交智能卡系统。首尔市开发采用一种新的多功能卡，即可储值的智能卡（T-money）。这种智能卡能够方便乘客在乘坐公交汽车和地铁时同时使用，公司也能通过智能卡准确计算车票收入。智能卡（T-money）是在原始的无线射频识别卡系统（飞利浦的Mifare卡）的基础上开发，目前已经在首尔市普及，公共汽车93%、地铁100%、出租车30%。除了基于距离的收费和结算功能外，T-Money卡还有小额支付功能，在公共服务如停车、拥堵收费，娱乐购物如快餐店、书店、公园等领域都可以使用T-Money卡付费。

公交管理系统。首尔建立了一套公交管理系统（BMS），实现加强对公交运营的有效管理。BMS把交通运营与信息服务（TOPIS）融为一体，可提供交通信息数据，这些数据可以上传到市区的各个交通网点。BMS还整合了智能交通系统技术和全球定位系统技术，确定公共交通的位置，控制班次表，还可以通过互联网、手机和掌中宝（Personal Digital Assitant，PDA）向乘客提供公交信息。

2）智能轨道交通系统

首尔的地铁系统十分庞大，从1974年第一条地铁开通以来，经过几十年的发展，目前地铁线路总长已经发展到341公里，是我国香港的两倍多，共293个车站，日运客流量为640万人次，是首尔市民出行的最主要方式。安全和舒适是首尔地铁系统的特色。早在2009年，所有地铁站都已安装了站台屏蔽门，以防止意外事故，减少车辆引擎噪声；轨道的铺设材料和通风系统升级换代，改善地铁空气质量。地铁还是充满文化氛围的场所，如开设画廊、举办音乐会等。

（3）建设经验

首尔近年来的城市交通规划取得了显著成果，也是智能交通技术应用的典范。首尔城市智慧交通方面的经验有不少值得借鉴之处，主要包括：

1）发展公共交通作为优先政策

加大公共交通出行的引导政策，一方面扩大公共交通基础设施建设，延伸地铁线路，建设公交专用道，提升公共交通运行效率；另一方面，不断完善软环境建设，以人为本，改善和提高公共交通的便利性和舒适性，让市民更愿意选择公共交通出行。首尔公共交通的发展是基于公共交通体系各方面的均衡发展、互为支撑的结果。硬件系统、运行模式、线路体系、票价体系、信息化支撑技术，都是智慧交通发展不可缺失的环节。

2）引导社会和公众积极参与

智慧交通政策的实施离不开公众的积极参与和自觉约束，政府应提供给公众多种选择的自由空间，而非使用"一刀切"的简单方式，强调政策的引导性而非强制性。政府的宣传和教育也十分关键，应使公众清楚私家车出行的社会环境代价，倡导自行车和清洁能源的使用，绿色交通的理念不断深入和普及。

3）全面系统的交通需求管理

首尔在交通需求管理方面呈现多样化、精细化的特征，各种需求管理相互推动，共同作用，减少和抑制私家车使用需求。同时，首尔政府出台一系列政策整治静态交通体系，奖惩结合，相互促进，在提高泊位资源使用效率、提升停车效率和体验等方面取得了很好的效果。

3. 新加坡的智慧交通系统

（1）建设背景

新加坡是海岛型城市国家，享有"花园城市"的美誉，近一半面积被绿色植被所覆盖。约700平方公里的国土中，住房用地占15%，道路基础设施用地12%，可用于道路建设的土地资源紧缺。新加坡本着"以人为本、市场导向"核心理念，建设和运行城市智慧交通系统，提供更完善的交通出行服务体验，保障交通系统与经济、环境之间的可持续协调发展。智慧交通已经成为新加坡在城市交通发展规划和实践中引人注目的一环，并且为大多数亚洲发展中国家建立了现代都市发展的典范。

（2）建设内容

新加坡凭借其前瞻性的交通规划理念以及在地理、经济、技术等方面得天独厚的条件，在智慧交通发展方面已经走在世界前列。新加坡的智慧交通系统是一个以交通信息为核心，连接公共汽车系统、出租车系统、城市轻轨系统、城市高速路监控信息系统、车速信息系统、电子收费系统、道路信息系统、优化交通信号系统、电子通信系统、车内导航系统等的综合性集成系统。其中最具有代表性和借鉴意义的有以下几个方面：

1）电子道路收费系统（ERP）

电子道路收费系统（ERP）在1998年9月正式投入使用，可根据道路通行车速形成不同的收费策略，通过抑制过度的自驾需求达到减少拥堵的目的。目前已经建成的ERP

收费站点47个，主要分布在城市管制区域入口和高速公路。根据法律强制规定，新加坡每辆车上都安装一个带现金卡的双片式车载单元（IU），费用政府承担。车辆在高峰时段通过ERP时，基于通信技术，车内IU产生响应，收取道路通行费。2020年开始，新加坡新一代ERP基于全球卫星定位系统（GPS），对路网所有运行车辆实行点到点的实时监控和动态收费。现有车辆的IU将被新的OBU（On-Board Unit）所取代，用于支持更多的智能收费服务。

2）智能停车系统（EPS）

新加坡从2000年开始建设智能停车系统（EPS），2005年开始大规模投入运行EPS智能停车系统，比较成功的案例有新加坡赛马场、樟宜机场、展览中心。EPS能够实现全天24小时无人值守，自动收费，具有安全、方便、快捷的优点，社会公众的接受度较高。车辆进入停车场时，系统将自动记录车辆进出停车场的时刻，后台系统会根据停车时长自动扣除车辆停车费。新加坡所有停车场收费都由政府部门统一管理，其收费标准也是按照法律规定严格执行。

3）快速监控指挥系统（EMAS）

1998年，新加坡城市高速路快速监控指挥系统（EMAS）开始实施，主要负责监控快速路和主干路沿线的交通状况，及时提醒车辆驾驶人员交通事故、交通信息等，并确保对交通事故迅速作出反应。一旦发现车祸可以将信息通过LED显示屏、电台、手机短信通知司机及抢险人员，使车辆维修人员及其他机构迅速介入，参与事故处理。该系统通过告知公众事故地点，减少因此造成的交通拥堵，提高高速公路的出行安全和效率。自2014年初开始，新加坡共有总长约142公里、10条主干线道路配备了EMAS系统。

（3）建设经验

1）完善的城市交通基础设施

新加坡智慧交通之所以成为世界各国城市管理的典范，很大程度上依赖于完善的城市基础设施建设和先进的科技应用。新加坡的公共交通网络及轨道交通网络十分发达，85%使用公共交通方式出行者在1小时内能到达目的地。新加坡对于各种交通方式直接的接驳换乘非常重视，通过建设综合交通枢纽，使公共交通更加方便、快捷。20世纪90年代初新加坡就开始城市基础设施的建设，综合应用先进的监测、监控、监管的信息化、网络化、数字化、自动化、智能化的科技手段，形成了城市管理信息互联互通、数据共享可视化监视与管理平台。

2）健全的法律法规作保障

新加坡智慧交通的成功离不开完善的法律法规体系。新加坡交通法规总体上以《新加坡陆路交通管理局法案》《新加坡民航局法案》《新加坡海事与港务管理局法案》为主，同时涉及各个具体方面，如《停车场所法案》《公共交通理事会法案》《快速公交系统法案》等。新加坡还先后出台《滥用计算机法》《电子交易法》《信息安全指南》和《电子认证安全指南》，以应对日益严重的网络犯罪行为，确保智慧交通的信息安全问题。为了顺利实施智慧交通，新加坡政府要求车辆统一安装带现金卡的车载单元（IU），通过各种形式宣传ERP系统，增加公众的智慧交通意识和降低出行违章率。

3）鼓励公众积极参与

新加坡主导智慧交通建设的宏观调控、政策及法律法规制定，同时鼓励企业和市民积极参与。新加坡智慧交通建设以需求为导向，明确民众的中心地位，注重公众的参与性，公众能够参与决策讨论和决策制定的全过程。普通公众对于智慧交通的积极反馈，企业对于基础设施建设等项目的全力支持也是新加坡智慧交通建设成功必不可少的方面。新加坡广泛使用媒体网站，包括很多政府部门开放自己的门户网站，以求最大限度与民众互动，收集真实的民意。

5.5.2 国内城市智慧交通案例

1. 北京：从智能交通到智慧交通

（1）智能交通建设成果

十几年来，北京的智能交通系统日趋完善，已经渐渐成为解决城市道路拥挤、提高行车安全和运输效率的重要手段。以"一个中心、三个平台、八大应用系统"为框架，涵盖171个子系统的智能交通管理体系基本建设完成。其中，一个中心指城市交通指挥控制中心；三个平台指交通指挥调度平台、交通控制平台、信息服务平台；八个应用系统包括指挥调度集成系统、交通信号控制系统、交通综合检测系统、交通预测预报系统、交通仿真评价系统、交通出行诱导系统、交通数据综合分析系统、网络通信保障系统（如图5-18所示）。

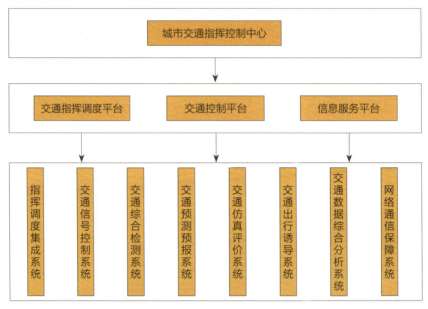

图5-18 智能交通管理体系应用框架

图片来源：笔者自绘

对于城市交通多源异构数据特征分析与融合技术、分布式异构多系统集成技术、基于GIS的预案化指挥调度集成技术的研究取得创新性进展，依托技术支撑实现了指挥调度、交通控制、交通监测、交通信息服务四大功能。在该体系框架下，各子系统也随之发展，如高速公路电子收费系统、信息发布系统、城市交通一卡通系统、危险品运输监控系统、奥运交通指挥中心、出租汽车调度及浮动车信息采集系统等。

另一方面，北京市交通运行协调指挥中心（TOCC）也在蓬勃建设中。"TOCC是全市交通综合运输协调、交通安全应急指挥、数据共享和信息发布中枢。"目的是将ITS牵涉的各个主体（包括政府管理部门、企业、科研单位及用户）通过一定的机制和技术手段，有效地协调起来，在合理的范围内实现信息和资源的充分共享，使各部门协调一致。已建成的轨道交通指挥中心一期工程，实现了全部既有轨道交通线路智能化运营调度，拓展了道路交通违法监测系统应用范围，首次在公交车辆安装110套移动监测设备，实时监控占用公交车道的违法行为。

（2）智慧交通发展状况

智慧交通的建设始终处于动态发展的状态，随着科学技术的发展创新，前沿科技与交通运输产业相互结合，服务内容、服务质量和服务效率得到了全方位的发展。在此背景下，北京交管部门全面引入大数据、云计算、人工智能等前沿科技，以"一云、一中心、三张网、五大综合应用"为架构，构建的新一代智慧交通管理体系。它努力实现"大数据、可见可控、移动互联"三位一体，全力打造信息化、智慧化、科技化的现代交通警务。

作为交通优化试点示范工程，全市首个智慧交通体系——北京CBD的西北区域现已完工，共建设7条道路、总长度约4.9公里。CBD率先应用新一代智慧交通的交通大数据、交通"大脑"、信号协调控制、多维交通非现场执法和智能网联车路协同五大关键技术，实现基于交通大数据的路网态势、路网诊断、交通预警、交通仿真、信号优化等功能，交通信号灯由路口单点控制提升为区域协调控制，自动平衡整体交通压力。除此之外，新建的智能斑马线和智慧道钉可以对违规行人发出预警，提示行人退回安全线，同时提示车辆减速避让；地面上带有凸起的"振荡标线"代替了原有的机非隔离护栏；针对违规操作、违规行驶等16种交通违法行为可进行非现场执法等，实现了明确路权、公交便捷、慢行引导、安全提示、舒适出行的五大举措。

接下来，建设范围将扩大至CBD全域、望京、朝阳大悦城等区域，并陆续实现信号灯联网联控、车路协调行车诱导、公建停车场智能化改造等，营造宜居宜业的交通环境。

2. 杭州："城市大脑"决战交通拥堵

（1）总体构架

2016年4月，杭州在全国率先提出建设"城市大脑"。它以交通领域为突破口，通过大数据和人工智能等技术，不断进行着改善城市交通拥堵的探索。作为城市的智能中枢，ET城市大脑对整个城市的数据进行全局实时分析、自动调配公共资源，用数字技术帮助城市做"思考"和"决策"，使城市更加智能。

"所谓城市大脑，就是政府部门和企业之间打通信息关卡，构建一个共享数据的大平台，实现政府、企业和社会数据的融合，服务于智慧城市治理。城市大脑充分利用人工智能技术，以数据为核心，通过对海量数据的实时分析与建模，辅助政府部门决策，实现公共资源的高效配置。

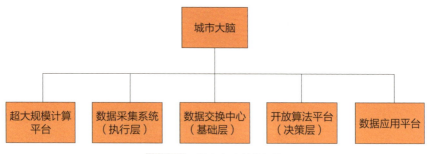

图5-19 城市大脑总体架构

图片来源：张玉辉. 基于智慧城市的兰州交通拥堵治理研究[D]. 兰州：兰州大学，2018.

城市大脑由五大系统组成（图5-19）。其中，数据采集系统不断向城市大脑输送数据，是整个大脑的执行层；数据交换中心全面融合政府、互联网和社会数据，是整个大脑的基础层；开放算法平台主要是构建模型进行决策，是整个大脑的决策层；数据应用平台负责输出决策，将城市大脑的决策传输到城市管理的各个方面。"

（2）技术优势

1）性能成本双领先的大数据计算能力

ET城市大脑采用自主研发的大数据处理平台MaxCompute进行海量数据计算。2015世界Sort Benchmark排序比赛中，MaxCompute用377秒完成100TB的数据排序，创造4项世界纪录；2016年MaxCompute用0.82美元完成1TB的数据。

2）海量多源数据规模化处理与实时分析

ET城市大脑首次通过两个集群实现上百PB数据在线存储及每日PB级别的计算吞吐能力，计算请求响应时间3秒内，实时数据接入延时低于200毫秒。

3）实时视频识别及自动巡检

ET城市大脑首次利用图像识别技术实时分析杭州3000多路视频，视频利用率从11%提高到100%，实现车辆图搜以及视频实时自动巡检，低分辨率车辆检测准确率高达91%。

4）类神经元网络物理架构

ET城市大脑在百亿节点万亿边级别网络上，处理EB级别数据，通过模糊认知反演算法，发现复杂场景背后的超时、超距弱关联。成功应用到道路交通、工业制造等领域，如在杭州城市大脑中实现从单点、单线到整个城市的交通优化。

（3）拥堵治理

城市大脑具有高速计算、全局分析、即时反应、智能化的特点。通过城市大脑进行交通治理，杭州已渐渐从"极度拥堵"城市发展到"轻度拥堵"城市，其优势可见一斑。具体来说，城市大脑智慧治堵主要体现在三个方面。

1）交通管制

"城市大脑"每2分钟对城市道路交通状况进行一次扫描，实时感知在途交通量、延误指数、快速路车速等7项交通生命指标，供交通管理部门量化掌握实时路况。同时可以精准预判路况趋势，对违法、违规行为及时预警，提高交通执法能力，降低安全事故发生概率（如图5-20所示）。

2）交通规划

针对公共交通，"城市大脑"搭建了一站式公交云服务出行平台，实现了公交运力资源的合理精准调配，并能根据运行情况进行服务质量考核。针对出租车等运营车辆，通过调度指挥，将重点场馆与重要交通枢纽的滞留率降到最低。针对私家车，"城市大脑"可以提供科学、合理的行车导航服务和停车服务，改善出行者体验。

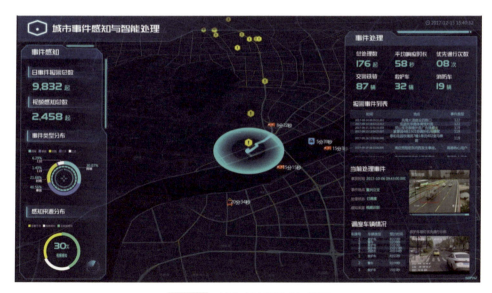

图5-20　城市大脑事件感知界面

图片来源：https://et.aliyun.com/brain/city?spm=5176.12542766.1311162.1.565c6b19KH74ns

3)堵点治理

通过高德、交警微博、视频数据的融合,对高架和地面道路的交通现状做全面评价,精准地分析和锁定拥堵原因,通过对红绿灯配时优化实时调控全城的信号灯,从而降低区域拥堵(图5-21)。另外,利用"城市大脑"超强的大数据计算能力,可以准确及时发现常发性堵点,制定科学有效的治堵方案。后期还可根据数据变动情况,精准评估堵点治理成效,推广或改善治理方案。

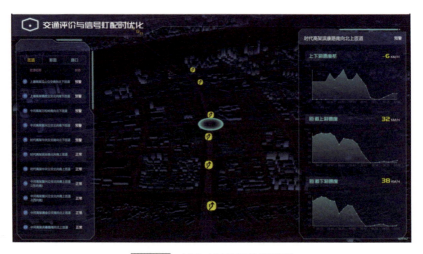

图5-21　城市大脑信号控制界面

图片来源:https://et.aliyun.com/brain/city?spm=5176.12542766.1311162.1.565c6b19KH74ns

3. 武汉:"互联网+"与大数据并行

(1)建设背景

受地铁施工、路网结构陈旧、信息沟通不畅等影响,武汉市行车难、办事难、缴款难、事故处理难等"九难"问题经常被网友吐槽。针对武汉市民的网络呼声,武汉市公安局交管局就此课题进行了调查研究,结果显示有四类突出问题亟待解决:

1)办理车驾管业务排长队、耗时间、到处跑,异地办理难。

2)路面事故处置慢、排堵慢。

3)难以精确掌握实时堵点、治理消除"堵霸"。

4)停车困难。

针对这些交通难题,湖北省武汉市公安局交管局积极探索建设"互联网+"智慧交通,不论是升级业务系统,还是搭建便民桥梁,都将倾听网民意见列为"规定动作"。同时,为缓解交通拥堵、预防交通事故,提升交通的服务质量和效率,武汉交警已与高德等多家公司合作,汇集交管及政府有关部门、行业、互联网等多方交通数据,整合数据资源,搭建了武汉智能交通"大数据"中心,开发"武汉交通分析平台",在维度和深度上不断创新挖掘、分析和应用方法,做到数据互联、系统互通、结果共享、服务实战。

(2)大数据应用框架

武汉市智慧交通大数据应用框架主要体现在"三个汇聚"上(图5-22)。

数据汇聚实现了公安网、视频专网、移动无线网等数据的交叉与融合,既包括交警的数据,又包括了与交通相关的必需的主流数据,如交通运输委员会、城市交通运输管理处、重点车辆相关的基础数据以及城市管理委员会、水务局、气象局这些可能对交通造成影响的外部条件数据。

业务汇聚,即通过改造执法终端,以及信息化应用系统的建设实现了所有基础业务的数据化。各类事故的处理流程,以及维持交通秩序、车管等主体业务,都实现了数据化,且一同融合了基础数据。

应用汇聚即在三大块汇聚的基础上衍生出五个智慧应用,包括智慧政务、智慧出行、智慧应急、智慧监管和智慧警营。智慧运营和智慧决策则在积极探索中。

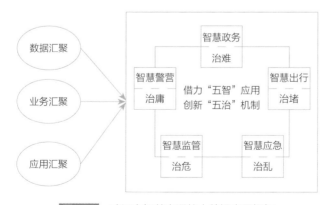

图5-22 武汉市智慧交通的大数据应用框架

图片来源:艾小燕. 武汉市智慧交通管理中的大数据应用研究[D]. 武汉:华中科技大学,2018.

（3）建设成果

1）政务服务

提升业务办理效率是最易解决也是最先解决的问题。"网上车管所"和"武汉交警"微信服务号的推出，使政务服务全部转移到了互联网和移动终端上，分散了交管部门的压力，逐渐解决了业务办理慢、流程复杂、异地办事难等问题。

2）"易行江城"App

"易行江城"应用的上线，为出行者提供了科学的决策和合理的引导。通过"易行江城"，可以自动设计线路，查看实时车流情况，根据语音提示绕行，避开拥堵路段和时间。

"易行江城"还集中整合了互联网用户位置信息等公共数据，公交、出租车、轨道交通等行业数据，车流量、视频图像、事故、违法等交管部门数据，帮助交管部门及时发现警情，组织警力快速排堵、排险，提升指挥调度的效率。

3）出行服务平台

2016年，武汉交管部门和高德联手推出"出行服务平台"，旨在排堵排险、有效指挥。在交管局指挥中心，平台系统对异常拥堵的路段会自动报警。听到报警声，视频巡查席的民警通过地图中的异常模块，可以快速找到拥堵部位，同时快速使用勤务管理系统，根据警力分布图，组织距离事故点最近的民警到现场处置。

第三篇
新型智慧城市建造

- 新型智慧城市建造主体与实施模式
- 新型智慧城市PPP市场发展及运作流程
- 新型智慧城市建造组织实施模式

第6章 新型智慧城市建造主体与实施模式

随着行业的快速发展和新型智慧城市的推进，信息化层层深入，促进行业向集约化、精益化、现代化转型升级。新型智慧城市让民众尽享便利生活，与自然和谐相处；让政府提高了对城市的管理效率，重塑和优化了服务流程。本章介绍了新型智慧城市的建造主体，阐述了国内外智慧城市典型建造模式。其中建造主体主要有：政府部门、电信运营商和系统集成商。建造模式包括：政府独资建造模式、政府与市场主体合资建造模式、市场主体独立建造模式。

6.1 新型智慧城市建造主体及特点

目前，新型智慧城市建造主体可以分为三类：政府部门为主体、电信运营商为主体和系统集成商为主体。在智慧城市建造探索阶段，政府部门主要承担着城市智能化的工作，但是由于资金短缺、专业技术力量弱，我国城市智慧化程度发展速度缓慢。随着计算机技术和互联网技术的发展，智慧城市给城市居民带来了切身好处、社会对智慧城市的好感度提高，电信运营商、系统集成商等市场主体凭借其先进技术、资金存量和人才储备优势，也逐步开展智慧城市发展业务。现在，新型智慧城市的建造逐步发展成以电信运营商、系统集成商等为建造主体、政府起监管和协调作用的模式。本节就新型智慧城市建造三大主体的基本概念、主要特点和应用现状等进行介绍。

6.1.1 政府部门为主体的智慧城市建造

1. 基本概念

政府部门为主体的智慧城市建造是以政府部门为主导核心，进行总体规划布局，通过系统规划、政策制定等，引导企业、高校配合协作。在20世纪90年代末至21世纪初，我国城市的智慧化还处于探索的阶段，企业、民众认识不足，参与度较低，因此政府部门往往是城市建设的中坚力量，是智慧城市建造的主体。直到2015年新型智慧城市理念被提出并在2016年上升为国家战略，各地新型智慧城市建设加速落地，为充分发挥社会企业专业力量强、资金存量多、人才储备足等优势，我国的新型智慧城市建设正逐步从政府为主体的单一模式向社会共同参与、联合建设运营的多元化模式转变，但政府部门在新型智慧城市建设和发展过程中仍发挥着不可替代的作用。在政府部门为主体的智慧城市建造中，政府部门是智慧城市建设的发起者与管理者，也是其他参与方的协调者和监督者，是智慧城市建设的主导力量。

2. 主要特点

政府部门在智慧城市发展中起着决定性作用，各地方政府部门是智慧城市建设的组织者、建设项目的决策者，以政府部门为智慧城市建造的主体具有如下特点：

（1）政策主导权

政府部门作为智慧城市建造主体，在政策层面有着先天的优势。在中央相关智慧城市推进政策的带动下，各省、市、自治区密集出台落实文件，个别省份甚至出台智慧城市建设专项文件，例如2019年2月，河北省政府出台了《河北省人民政府办公厅关于加快推进新型智慧城市建设的指导意见》，为河北省智慧城市建设提供指导。这些政策文件大多根据地方城市管理需求、特点来制定，因此在实施时，政府部门对政策具有主导权。

（2）强大的资金支持

智慧城市的发展离不开资金的支持，可以说资金运作的健康程度直接影响到整个项目的成败，决定着智慧城市建设的好坏。在探索智慧城市建设阶段，主要资金来源于中央各部委的财政拨款和各级地方政府的配套资金，政府部门也会搭建高效的融资平台为智慧城市的建设提供资金保障。如：2013年，在智慧城市试点名单公布后，由住房城乡建设部牵头，国家开发银行提出为试点城市的相关项目提供不低于800亿元投融资额度；国家发展改革委也对于试点城市提供项目启动资金的财政支持。2012年武汉提出的《武汉智慧城市总体规划与设计》计划总投资817亿元，预计用8年时间全面实现城市信息的高效传递和智能响应。因此，政府部门作为智慧城市建造主体，在资金层面有着很大的优势。

（3）资源丰富性

智慧城市的发展涉及多方参与者，包括政府、企业和市民在内的多方利益群，而政府部门在资源的调用层面有着任何组织所无法比拟的优势。例如，我国各级政府在多年的政务信息化过程中，建设了大量的专用网络、政务平台、专用信息库，由于城市管理的特殊性，这些网络、平台、信息资源均不能对外开放，但政府在建设智慧城市时，就可有效地利用这些资源。

3. 应用现状

我国政府于2012年启动智慧城市较大规模的试点，并于2014年将智慧城市上升为国家战略，2016年年底确定了新型智慧城市的发展方向，将建设新型智慧城市确认为国家工程。在早期探索过程中，以政府部门为主体的智慧城市建造发挥了重要作用。目前，政府部门作为智慧城市建造主体多适用于国家基础设施建设以及涉及国家安全的项目等，例如智慧国土和智慧安防等项目。

（1）智慧安防

2019年4月，海南省政府创新网上督察方式，实现了省委办公厅、省政府办公厅、省委深改办三家单位一体化部署运行；2019年6月底，海南省网上督察室进一步完成了19个市县党委、政府及其部门、乡镇的覆盖，对全省督察任务进行全局、实时掌控，并对督察过多、过频、过少的市县进行预警。海南省政府首创智能督察台，多维度挖掘督察线索，控制了督察总量，减少了督察频次。另外，海南省借助视频督察、视频会商、专项移动视频和无人机实时查验等可视化功能开展督察，既做到真督实察，又解决了实地督察检查考核过频、过度留痕等问题。2020年5月，山东省公安厅印发《山东省公安机关"大数据+网上督察"三年行动计划工作实施方案》，也将着力构建智能、高效、实战、精准的"大数据+网上督察"新格局，争取实现全省公安机关警务督察部门基础支撑更加有力、应用模式更加成熟、制度机制更加完善、能力素质更加过硬的目标。

（2）智慧国土

2019年11月27日，为推进国土资源政务服务全面网上办理，湖北省利川市政府在已建成的电子政务系统三级数据交换平台、"一张图管矿"、执法监察等系统的基础上，融合省国土资源厅开发的国土云框架，建成了国土领域全覆盖、全业务、全流程、全透明的云架构政务服务体系。通过建成的"电子政务""一张图""乡镇国土所实地巡查"等系统，可便捷查看建设用地审批、矿业权审批、土地利用现状、土地利用总体规划、遥感影像情况，尤其是业务审批情况，可以实时生成图形，与业务实时对接，提高了审批准确性和便捷性，实现了网上审批向智能化审批的转变，大大提高了工作效率和国土资源管理水平。

此外，我国自然资源部正在全国50多个试点城市指导建设智慧城市时空信息云平台，这是国家新型智慧城市建设总体设计框架中的时空基础设施。例如，2019年12月16日，"智慧平顶山时空信息云平台建设国家试点项目"顺利通过自然资源部专家组验收，成为河南首个通过国家验收的智慧城市时空信息云平台项目。历时近三年的智慧平顶山时空信息云平台建设是由原国家测绘地理信息局、河南省测绘地理信息局、平顶山市人民政府三方共建的国家试点计划项目，由平顶山市自然资源和规划局、河南省遥感测绘院共同实施，由此也可以看出政府部门在智慧城市建造过程中仍发挥着巨大的推动作用。

6.1.2　电信运营商为主体的智慧城市建造

电信运营商是指提供固定电话、移动电话和互联网接入的通信服务公司。目前，国内电信运营商在传统通信服务行业需求日益饱和的形势下，正在不断寻找新的市场机遇。新型智慧城市的设计、建造和运营的全过程都表现出对网络、数据、技术等方面的高依赖性，给电信运营商提供了全新的经营转型机会。国内三大电信运营商依托现有的资源优势，愿意将智慧城市的开发作为其发展的重要方向，而政府由于其有限的资源和技术条件，也对电信运营商们参与智慧城市建设表示欢迎。据统计，目前85%以上的电信通信企业已与省、市、县等政府签署了智慧城市建设战略合作协议。电信运营商成为继政府之后智慧城市建造的重要推动力之一。

1. 基本概念

电信运营商为主体的智慧城市建造是在以需求为导向的前提下，电信运营商主动地（或在政府的鼓励下）利用其一流的信息基础设施以及优质的系统集成能力，投入大量资金、技术、人才、设备等资源，开发行业应用并提供数据存储和分析服务，创新盈利模式。与政府部门为主体的智慧城市建造不同的是，政府在电信运营商为主体的智慧城市建造过程中扮演协调者、支持者和监管者的角色。

如图6-1所示，其建造过程包括政府和运营商协商根据顶层设计确定建设方向，接着对拟建智慧城市进行规划并细化建造内容，运营商寻找投资资金来源进行建造融资，最后进行建造和运营。

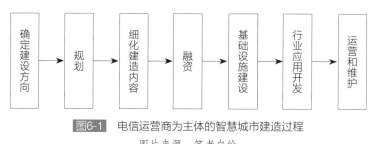

图6-1 电信运营商为主体的智慧城市建造过程

图片来源：笔者自绘

2. 主要特点

（1）适用于短期经济效益明显的经营性项目

电信运营商主要以利益为导向建造智慧城市，他们参与建造往往看中经济效益，希望投资回收期短、投资收益率高，因此以电信运营商为主体的智慧城市建造更适用于短期经济效益明显的经营性项目。

（2）具备建造基础

国内电信行业运营商主要有三家：中国移动、中国电信、中国联通。这些电信运营商通常已经具备一定的科研、人才、资源储备水平，经济实力雄厚，并且在市场上占有庞大的客户基础。如果让电信运营商成为智慧城市建造主体，可以充分利用这些先决条件，缓解政府部门资金压力，解决前期技术难题，避免了基础设施重复性建设。

（3）市场活力大

在传统通信行业衰败、利润有限的情况下，电信运营商认为智慧城市是其新的利润增长点，市场更易于形成竞争机制。在建设前期，电信运营商为了抢占市场份额，设立标杆项目，精准定位市场需求，技术创新动力十足，推动行业整体向前。在运营阶段，电信运营商为了获得更高的利润，提高数据分析的准确度以辅助正确决策，其提供城市服务的质量和主动性也会更高。

（4）节约政府财力物力

政府在智慧城市建造过程中不再是主导地位，减轻了政府财政压力，也摆脱了政府运维的负担。但是政府仍需要配合出台一系列优惠政策，完善法律法规，以提高电信运营商参与积极性，使双方都可以专注于自己的本职工作。同时也要负责进行市场监管，保证市场有序稳定。

（5）产权清晰

投资、建设、运营全过程都由电信运营商独立进行，最终产权归电信运营商所有，不存在多个主体因为产权不清造成互相推诿、效率低下的情况。

（6）政府处于被动地位

由于从建造到运营维护阶段所有工作都由电信运营商来完成，在正式运营阶段，政府很难干涉和掌控网络使用主动权，使用网络服务必须付费购买，在监管时政府也处于被动地位。

3. 应用现状

目前，我国的城市基础设施建设已经趋于成熟，智慧城市自2012年多地试点之后，现在又提出新型智慧城市建设，更加强调顶层结构建设。采用电信运营商为主体的建造模式已经应用到智慧城市建设的各个领域，其中尤为突出的领域就是智慧城市大脑的建设。国内电信运营商在多地城市大脑的建设过程中，都结合自身技术优势，打造特色鲜明的智慧城市解决方案。中国移动利用窄带物联网（NB-IoT）、可视化等技术打造了城市运营中心；中国联通依赖5G技术，提出5G+新型智慧城市解决方案——智能城市中枢；中国电信也提出城市智慧管理平台。下面就以国内三大电信运营商为例，详述该种建造模式的应用现状。

（1）中国移动：打造物联网开放平台OneNET

中国移动利用其现有的物联网、云计算、大数据、人工智能、可视化等技术，以IoT为主导打造了物联网开放平台OneNET，具备接入增强、边缘计算、增值能力、AI、数据分析、一站式开发、行业能力、生态开放八大特点，能够生成各行业解决方案。截至2019年，连接数已经超过5000万个。中国移动的"移动云"以4个国家级的一级数据中心为核心，以31个省级数据中心为补充，完成全国联通的整体化布局。

如图6-2所示，中国移动以善政、惠民、兴业为应用目标，现在已经形成"1+2+N"的智慧城市产品体系，即："1"个运用人工智能、可视化等技术打造的城市运营中心，它是智慧城市的大脑，实时掌握城市的运行状况，辅助领导决策；"2"个中心，大数据中心和物联网感知中心，前者汇集各个部门、行业的数据，为其他业务部门提供数据支撑，打破数据孤岛，挖掘数据真正价值，后者承担着汇聚城市物联网实时数据的功能，为城市综合管理提供实时决策依据；"N"个应用，提供各行业解决方案，如智慧交通、智慧园区、智慧环保、空气微站等，与城市运营管理中心协同治理城市。

（2）中国联通：5G+新型智慧城市解决方案

2019年，工信部向电信运营商发放5G商用牌照，宣布了面向未来的泛在传感连接网络走入现实。同时，中国联通基于5G网络技术的智慧应用已经开始。中国联通构建了5G+新

图6-2 中国移动智慧城市场景设计

图片来源：https://open.iot.10086.cn/solution/smartCity/#0

型智慧城市解决方案——五位一体"智能城市中枢"。在网络资源方面，开通了国内40个城市的5G试验网络，为合作伙伴提供广阔的试验场景，推进5G应用孵化及产业升级；在大数据方面，建立了集中统一的大数据平台，形成了PB量级的数据资源，全面服务于智慧城市建设。在云计算方面，建设了"M+1+N"的云数据中心体系，具备强大的云服务能力，通过多云融合与"云光慧企"专项行动，为用户提供便捷的云应用和云网一体化的场景服务；在物联网方面，全国已有300多个城市具备了快速接入NB-IoT网络的能力。

为深入智慧城市领域，系统构建智慧城市能力体系，中国联通在雄安注册成立了集团直属研发咨询机构——中国联通智能城市研究院。该院以构建智能城市领域高端咨询服务能力为目标，聚焦顶层设计/规划咨询、技术方案创新、产品研发，立足雄安，服务全国，放眼全球。在"MWC19上海展"期间的"中国联通5G创新成果发布会"上，该院发布了智慧城市产品服务体系，即以"智慧城市全链条规划咨询服务"为引领，"智能城市n平台"为抓手，全面助力联通智慧城市业务取得新突破。

除此以外，中国联通还提出了构建以数据开放为核心的"4+N"新型智慧城市体系建设理念，即：一张天空地一体的感知网络；一个可扩展的云计算数据中心；一个共享开放的大数据平台；一个高效的运行指挥中心；N个数据驱动的智慧应用。

（3）中国电信：建设"一云、一网、一平台"

中国电信率先提出建设"一网、一云、一平台"为核心的智能信息化基础设施。即一个城市泛在感知网、一个城市安全承载云和一个城市智慧管理平台。为各省市政府提供了各类应用服务，有效提高了政府管理透明度、城市治理精细度，为城市产业经济融合创新、城市数据防护等作出了重要贡献。

截至2018年，中国电信已与全国31个省级政府，236个地级市建立了智慧城市战略合作，未来将致力于成为"未来城市运营商，智慧生态营造者"，配合国家建设"网络强国、数字中国、智慧社会"战略，共同开创城市美好未来。

6.1.3 系统集成商为主体的智慧城市建造

1. 基本概念

系统集成商（System Integrator），是指具备系统资质，能对行业用户实施系统集成的企业。系统集成包括设备系统集成和应用系统集成,因此系统集成商也分为设备系统集成商(或称硬件系统集成商、弱电集成商)和应用系统集成商(即常说的行业信息化方案解决商)。设备系统集成商进一步细分为智能建筑系统集成商、计算机网络系统集成商、安防系统集成商。

智能建筑系统集成(Intelligent Building System Integration),指以搭建建筑主体内的建筑智能化管理系统为目的,利用综合布线技术、楼宇自控技术、通信技术、网络互联技术、多媒体应用技术、安全防范技术等将相关设备、软件进行集成设计、安装调试、界面定制开发和应用支持。智能建筑系统集成实施的子系统包括综合布线、楼宇自控、电话交换机、机房工程、监控系统、防盗报警、公共广播、门禁系统、楼宇对讲、一卡通、停车管理、消防系统、多媒体显示系统、远程会议系统。对于功能近似、统一管理的多栋住宅楼的智能建筑系统集成,又称为智能小区系统集成。

计算机网络系统集成(Computer Network System Integration),指通过结构化的综合布线系统和计算机网络技术,将各个分离的设备(如个人电脑)、功能和信息等集成到相互关联的、统一和协调的系统之中,使资源达到充分共享,实现集中、高效、便利的管理。系统集成应采用功能集成、网络集成、软件界面集成等多种集成技术。系统集成实现的关键在于解决系统之间的互联和互操作性问题,它是一个多厂商、多协议和面向各种应用的体系结构。这需要解决各类设备、子系统间的接口、协议、系统平台、应用软件等与子系统、建筑环境、施工配合、组织管理和人员配备相关的一切面向集成的问题。

安防系统集成(Security System Integration),指以搭建组织机构内的安全防范管理平台为目的,利用综合布线技术、通信技术、网络互联技术、多媒体应用技术、安全防范技术、网络安全技术等将相关设备、软件进行集成设计、安装调试、界面定制开发和应用支持。安防系统集成实施的子系统包括门禁系统、楼宇对讲系统、监控系统、防盗报警、一卡通、停车管理、消防系统、多媒体显示系统、远程会议系统。安防系统集成既可作为一个独立的系统集成项目,也可作为一个子系统包含在智能建筑系统集成中。

系统集成商一方面包含感知层终端设备提供商、应用层应用设备提供商和网络层网络设备提供商,终端设备包含传感器、RFID芯片、Narrow Band(NB)模组等传感设备;另一方面包含为智慧城市提供丰富的内容和应用,为用户提供定制化的服务。面对智慧城市建造过程中的复杂应用环境和众多不同领域的设备，系统集成商可以解决各类设备、子系统间的接口、协议、系统平台、应用软件等与子系统、建筑环境、施工配合、组织管理和人员配备相关的问题，确保得到最合适的解决方案。

2. 主要特点

智慧城市是按照科学的城市发展理念，利用新一代信息技术，在信息全面感知和互联的基础上，实现人、物、城市功能系统之间无缝连接与协同联动，达到城市管理智能自感知、自适应、自优化，形成具备可持续内生动力的安全、便捷、高效、绿色的城市形态。智慧城市的核心驱动力是通过深度的城市信息化来满足城市发展转型和管理方式转变的需求，以推进实体基础设施和信息设施相融合、构建城市智能基础设施为基础，以物联网、云计算、移动互联网等新一代信息通信技术在城市各领域的充分运用为主线，通过高科技的应用解决方案，提升城市运行管理水平、政府行政效能、公共服务能力和市民生活质量。

系统集成商作为同时掌握特定领域行业知识和供应商提供的先进自动控制平台的集成技能的解决方案提供者，在智慧城市建造过程中具有独特的优势，发挥着举足轻重的作用。

第一，系统集成商最大化地实现了最终用户的投资价值。系统集成商在为用户提供完整的解决方案时，既要在技术上实现客户的需求，还要对客户投资的实用性和有效性进行分析，为客户提供技术等服务。通过提供项目咨询、系统设计、编程实施、安装调试以及培训支持等系统服务，系统集成商满足了用户提高生产系统自动化程度的根本需求，实现了用户的投资价值。在工业化发展十分迅速而用户的自动化基础又普遍相对薄弱的现阶段，系统集成商通过积极实践自动化过程为推进智慧城市建造发挥了不可替代的基础性作用。

第二，系统集成商对自动化系统实现了价值提升。系统集成商拥有丰富的专业知识、专业技能及丰富经验，熟悉业务流程、管理模式、发展规划。在此基础之上，系统集成商将自己的工程经验和对特定应用对象工艺要求的理解转化为一种应用解决方案，并通过工程实践，将自动化系统平台的价值进行了个性化的提升。这种增值的过程为赢得客户的满意度以及业界认可起到了至为关键的作用。当然，一种优秀的控制平台对于系统集成商淋漓尽致地发挥其价值，也会起到相得益彰的作用。

第三，系统集成商往上游有整合供应商的能力，往下游能够快速复制成功经验。专业的系统集成商具备了成熟的技术和产品视力，对产品需求把握较准，可以提供最佳的技术和产品方案，并且可以为用户量身打造适用的方案设计。在智慧城市建造过程中更易于融入智慧城市，并且服务于智慧城市。智慧城市信息资源分布广泛，涉及单位多、服务对象广泛、参与资源管理多元化，要求互通互联和信息资源共享，而这需要通过城市公共信息综合平台建设得以实现。系统集成商具备强大的系统集成能力，可以建设好城市公共信息综合平台，集成多家技术，整合多家应用，推进智慧城市建造。

3. 应用现状

国家发展改革委、工信部等八部委于2014年印发《关于促进智慧城市健康发展的指导意见》，其中强调：智慧城市的建设必须以人为本、务实推进。智慧城市的发展要以"人"为核心，围绕其构建智慧城市生态。围绕以用户为核心的智慧城市生态参与者主要包括管理者、应用开发商、系统集成商、服务运营商、第三方机构（表6-1）。各参与者之间的关系如图6-3所示。

智慧城市的主要参与者　　　　　　　　　表6-1

参与者	主要内容
管理者	管理者可分为协调者和决策者，主要负责智慧城市建设和发展的规划和监管，协调、指导智慧城市建设工作
应用开发商	为智慧城市开发应用，应保证智慧城市应用符合标准的安全运维和管理要求
系统集成商	按客户需求提供系统模式，以及实现该系统模式的具体系统解决方案。主要包括设备系统集成商和应用系统集成商
服务运营商	整合现有传统产业资源，催生城市智慧应用体系，推动智慧应用与传统产业的协同发展
第三方机构	为智慧城市生态的其他参与者提供资金、咨询、资讯等服务，助力其他参与者更好发展

从智慧城市的运营模式来看，智慧城市主要有三种模式：单一主导型、合作型和多方参与型。①单一主导型以政府财政拨款或企业出资的方式直接建设、维护、运营智慧

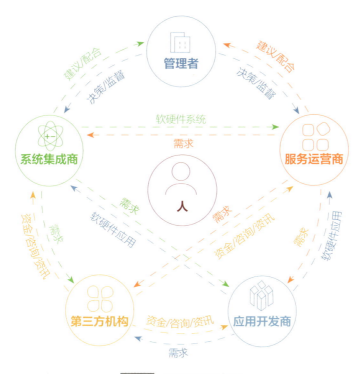

图6-3 智慧城市参与者

图片来源：2019年中国智慧城市发展研究报告（亿欧智库）

城市，服务内容和模式由出资方主导，服务企业按要求提供服务和产品，适用于公共基础设施、基础公共服务项目，其特点为落地速度快、可把控性强。②合作型引入外部资本投资建设，在稳定运营一定时间后交还政府或企业，或由政府和企业共同出资进行持续经营，适用于具有经营性的智慧城市项目，其特点为运营效率高、经营增值潜力大、多种资金来源。③多方参与型是政府和企业共同出资建设，或多方共同组建智慧城市运营公司，负责智慧城市项目的日常建设和运营管理，适用于涉及多种角色的智慧社区、园区项目，其特点为公众参与度强、多种资金来源、社会创新孵化。

目前，单一主导型的市场占比较大，合作型次之，多方参与型占比最少。随着智慧城市服务向增值型转移，企业和高校研究所的参与度不断提高，我国的智慧城市项目建设模式逐步从政府主导的单一模式向社会共同参与、联合建设运营的多元化模式转变，如图6-4所示。

图6-4 智慧城市建造模式转变

图片来源：笔者自绘

  系统集成商作为合作伙伴的重要一员，已经在新型智慧城市项目建造中扮演越来越重要的角色。当前我国智慧城市建设以政府主导与企业推动相结合的方式为主，而提供智慧城市解决方案的企业中以三大电信运营商、系统集成商和华为、阿里巴巴、腾讯、百度等国内巨头企业为主。在东部沿海地区、中部地区、西部地区，均有政府和企业开展合作，共建智慧城市（表6-2）。

全国智慧城市相关政企合作事项　　　　表6-2

地区	内容
东部沿海地区	2013年6月27日，中国电子科技集团公司与广东省人民政府签署战略合作框架协议。 2013年11月14日，中国航天科工集团公司与天津市政府签订智慧城市项目战略合作框架协议。 2014年4月22日，海南省人民政府与东华软件股份公司签署投资协议。 2015年4月13日，上海市政府与腾讯公司签署战略合作框架协议
中部地区	2012年2月9日，南宁市人民政府与中国电信广西分公司签署《智慧城市建设暨"十二五"信息化战略合作框架协议》，正式启动"智慧城市—光网南宁"建设项目。 2013年5月15日，山西省人民政府与中国航天科工集团公司在太原签署战略合作框架协议。 2013年8月23日，中国航天科工集团公司与武汉市政府签署了《武汉市智慧城市项目建设合作意向书》。 2015年3月23日，河南省政府与腾讯公司签署战略合作协议。 2015年9月1日，湖南省政府与腾讯公司在长沙签署战略合作框架协议，携手推进"互联网+"行动计划
西部地区	2012年9月18日，新疆维吾尔自治区人民政府与国际商业机器（中国）有限公司（IBM）签署战略合作备忘录。 2015年4月10日，重庆市政府与腾讯签署战略合作协议。 2015年7月23日，拉萨市人民政府与腾讯公司签署战略合作框架协议。 2016年8月2日，陕西移动与西安市人民政府为建造智慧城市达成战略合作

在政策支持及基础设施完备的基础上，智慧城市的应用场景日益丰富，例如智慧安防、智慧交通、智慧社区、智慧商业、智慧旅游、智慧环保、智慧能源等。截至目前，智慧安防、智慧交通是智慧城市建设中需求最高、落地最快、技术与服务相对成熟的领域。

（1）智慧安防

自2015年起，安防行业逐渐引入AI技术，"智慧安防"一词开始进入大众视野。智慧安防突破传统安防的界限，进一步与IT、电信、建筑、环保、物业等多领域进行融合，围绕安全主题扩大产业内涵，呈现出优势互补、协同发展的"大安防"产业格局。如图6-5所示。

智慧安防产业链从上游到下游依次为软硬件类厂商、产品/解决方案类厂商、运营/集成类厂商。产业链各环节的参与者除了原有的传统安防企业外，AI算法公司、云计算服务商、数据处理企业等纷纷参与进来，共同完善产业链各细分环节。由于AI、云计算等技术成熟，传统安防设备厂商开始向产业链上下游拓展业务；同时，AI算法厂商、云服务商、数据处理厂商迅速入场，并直接向用户提供产品或解决方案。整条产业链如图6-6所示。这使得产业链各环节界限逐渐模糊，产业生态逐渐走向多元化、开放化。

图6-5　智慧安防产业格局

图片来源：2019年中国智慧城市发展研究报告（亿欧智库）

图6-6 智慧安防产业链

图片来源：2019年中国智慧城市发展研究报告（亿欧智库）

智慧安防的企业按照从上游到下游的顺序，可以分为三层，即提供软硬件类基础设施的制造商、提供产品和解决方案的供应商、提供集成和运营的服务商。主要参与企业如图6-7所示。

从安全技术防范系统角度来说，智慧安防一方面可以为智慧城市建设搭建底层基础设施，另一方面也可以为智慧城市的其他环节建设提供关键技术支撑。智慧城市建设涉及技防系统、物防系统、人防系统、管理系统，而平安城市的建设主要涉及技防系统、物防系统、人防系统。由此可见，智慧安防是建设平安城市的技术手段，平安城市是智慧城市建设的重要组成部分。三者之间的关系如图6-8所示。

海康威视（HIKVISION）作为系统集成商，提供以视频为核心的智能物联网解决方案和大数据服务。其核心产品包括：网络摄像机、数字摄像机、显示设备、消费级摄像机萤石系列、萤石云平台、AGV产品阡陌系列、物联网感知控制终端等。它在平安城市的解决方案中，提供软硬件结合的一体化服务。主要应用场景包括：前端感知（高清治安监控、人员卡口、治安卡口、电子警察）、数据管理（视频汇聚、视频分析、社会监控资源聚合）和公安监控（大屏显示终端、视频检索、图像处理、治安异常告警、设备管理系统）。其核心技术能力表现为：

1）全场景的视频监控硬件产品矩阵。主要应用产品有卡口抓拍机、电警一体机、透雾摄像机、单兵终端和各类摄像机、人像抓拍机等。

图6-7 智慧安防主要参与企业

图片来源：2019年中国智慧城市发展研究报告（亿欧智库）

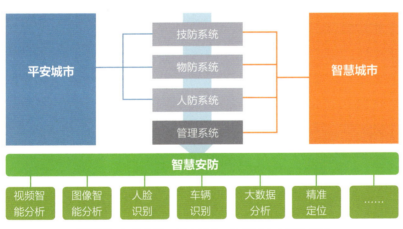

图6-8 智慧安防、平安城市、智慧城市之间的关系

图片来源：2019年中国智慧城市发展研究报告（亿欧智库）

2）全流程的高清视频解决方案。产品线覆盖采集、传输、存储、控制、显示，拥有高清编解码能力和Smart高保真低码率算法。

3）智能分析能力。基于高清视频的人脸抓拍比对、智能化治安异常监测，并提供视频管理和图像增强系统平台。

4）后期运维能力。综合监控与管理系统，实现对各类设备终端运行的实时监控。

云天励飞作为系统集成商，是视觉AI领域独角兽，同时提供集芯片、算法和大数据能力的"全栈式"技术为一体的解决方案。在智慧公安动态人像识别解决方案中，开发"深目"警用级动态人像识别系统。目前产品已在深圳多个区域、北京、新疆、浙江、云南、河南、河北和东南亚部分地区落地使用，其中深圳龙岗"深目"系统是目前全球最大的动态人像识别系统。系统上线不到一年即协助警方破案500余起，找回多名走失儿童，并成功服务2016杭州G20峰会西湖核心安保圈，全国双创周主会场和乌镇互联网大会。

"深目"系统的优势在于：①全球首创"云+端"动态人像智能架构：实现采集识别端智能和搜索挖掘云智能，前端人脸检测跟踪，实现精准人像采集；后端动态人像算法进行人像特征提取和比对，能做到"亿万人脸，秒级定位"。系统能在百亿级数据上保持稳定。②"芯片+算法+数据+应用+服务"端到端整体解决方案：能实现复杂场景下的人像识别高准确率，人像智能前端已部署超过5000端，动态人像数据已超过30亿张；应用贴近警务实战，具有采集、搜索、布控和挖掘功能。③云天"深目"系统还可以根据客户需求定制不同的场景解决方案，实现模块化，兼容支持各类采集终端如反恐解决方案、机场解决方案、校园解决方案、会展中心解决方案等，复用核心技术能力及模块化功能，解决不同场景下的针对性问题。④技术团队实力强，2018年荣获被誉为中国智能科学技术最高奖的"吴文俊人工智能科技进步奖"。

（2）智慧交通

智慧交通作为一种新的服务体系，为通畅的公众出行和可持续的经济发展服务，是智慧城市的重要组成部分。

交通是一个城市的核心动脉，也是智慧城市建设的重要组成部分。智慧交通作为一种新的服务体系，是在交通领域充分运用物联网、空间感知、云计算、移动互联网等新一代信息技术，对交通管理、交通运输、公众出行等交通领域全方面以及交通建设管理全过程进行管控支撑，使交通系统在区域、城市甚至更大的空间范围具备感知、互联、分析、预测、控制等能力，以充分保障交通安全、发挥交通基础设施效能、提升交通系统运行效率和管理水平，为通畅的公众出行和可持续的经济发展服务。

智慧交通产业链上游主要是提供信息采集与处理的设备制造商，中游主要包括软件和硬件产品提供商、解决方案提供商，下游以运营/集成/内容等第三方服务商为主。整条产业链如图6-9所示。产业链各环节企业众多，传统安防企业、互联网厂商、云计算服务商、算法提供商等均开始进入智慧交通各细分领域。

　　智慧交通重点参与企业从产业链上游到下游主要包括：芯片/软件/硬件产品供应商、解决方案提供商、运营/集成/内容服务商。如图6-10所示。

　　千方科技（CHINATRANSINFO）作为系统集成商，在基于大数据+人工智能的前提下提供智慧交通与智慧安防解决方案。主要应用场景和功能如下：①交通监测调度，

图6-9　智慧交通产业链

图片来源：2019年中国智慧城市发展研究报告（亿欧智库）

图6-10　智慧交通重点参与企业

图片来源：2019年中国智慧城市发展研究报告（亿欧智库）

包括路网运行监测、城市公交与出租车调度、轨道指挥、"两客一危"车辆监管、枢纽管理。②交通违法管理，包括违法行为及交通事故监控、车辆识别、违法抓拍、异常上报、警力调度辅助。③交通出行服务，包括智慧停车、智能公交电子站牌、车载导航、12308公交出行平台等。其核心产品包括：城市交通管理中心、高速ETC产品、智慧路网解决方案、网络摄像机、物联网传感器、存储与AI算力设备。它在城市智慧交通的解决方案中，提供以交通和安防为主要着力点的一体化服务。其核心技术能力表现为：

1）路网精细化监测。提供多种类交通流量检测、动态称重感知设备产品，并拥有路网运行监测、异常预警、协同处置等能力。

2）交通行业信息化系统建设能力。典型的如交通管理控制中心，接入各类数据和智能交通应用系统，提供监测、指挥、信息服务职能。

3）交通信号控制能力。"类脑"集中式控制，由信号优化与信号控制系统、信号控制机、车辆检测器协同处理完成。

4）智慧停车控制能力。拥有车牌抓拍、车牌识别与电子不停车收费系统建设能力。

6.2 国内外智慧城市建造的典型模式

智慧城市的建设为居民带来便捷舒适的生活，促进社会经济的发展。本节从模式介绍、主要特点、应用建议和国内外案例四个角度出发，介绍了政府独资建造、政府与市场主体合资建造、市场主体独立建造三种建造模式。

6.2.1 政府独资建造模式

在政府独资的建造模式下，智慧城市的建设及运营主要由政府负责投资和维护，并通过部分网络容量的出租盈利，弥补投资成本。政府通过上级财政拨款、财政收入、举债融资或者出台招商引资政策等方式获得资金，投资智慧城市建设；并结合当地行政管理的需要，对项目进行详细规划，通过招标投标选择合适的企业来完成智慧城市的建设。

该模式最大的优点在于，政府可以控制网络的使用方式和经营模式，不需要进行复杂的商务谈判和协商，同时，政府能够对工程进行严密的控制并对运营过程进行深入监管，速度快、规划全、资源多，对于智慧城市建造的整体情况有很好的把握。在这种模式下，政府自身的网络需要可以得到充分满足，以便用于智慧政务、公共安全等领域。而其缺点也较为明显：首先，政府需要承担投资建网的全部费用，这会给政府造成巨大的经济负担，必须有雄厚的资金实力作保证；其次，政府必须承担投资风险，政府从财政中专门拨款投资建网，并且承担网络运营和维护的全部成本，这对于缺乏网络运营经验的市政府部门来说风险非常大；最后，政府要凭一己之力负责网络的运营和维护，需要政府具备建设和运营能力，这对于政府部门来说也非常困难，往往需要投入专门的人力去负责此项工作。

1. 模式介绍

政府独资建造模式，指的是使用政府自己的资金投资建设项目，建成之后一般由政府自己管理运营。政府独资建造模式可以采用代建制的管理方式，即政府通过招标，选择专业化的项目管理单位（代建单位），由其负责项目的投资管理和建设的组织实施工作，项目建成之后交付使用单位（政府）。

代建制管理即代理建设管理，是通过委托—代理关系的确立，由代理方对建设项目进行全程管理的一种方式。国务院于2004年印发的《国务院关于投资体制改革的决定》中对代建制管理方式的含义进行了阐述："对非经营性政府投资项目加快推行代建制，即通过招标等方式，选择专业化的项目管理单位负责建设实施，严格控制项目投资、质量和工期，竣工验收后移交给使用单位"。

实施代建制主要是针对我国政府投资的工程项目。政府投资工程是指政府财政的投资、发行国债或地方财政债券，利用外国政府赠款以及国家财政担保的国内外金融组织的贷款等方式独资或者合资兴建的固定资产投资项目。政府投资工程按照建设项目的性质可以分为经营性和非经营性两种，前者如铁路、水利、电力工程，后者为非营利性的公益项目，如政府投资的医院、学校等。

2. 主要特点

（1）业务管理专业化。代建人的管理职能本来是由建设方自己承担的，按照传统模式建设方要成立工程指挥部、筹建处等管理班子。这些管理班子最大的特征就是临时性，机构是临时的，人员也是临时的。由于这种临时性，导致一方面无法积累专业管理经验，另一方面很难保证人员的专业管理素质，最终很难保证管理质量。而实行代建制，其中的代建人都是由专业化管理公司担任，其机构、人员设置稳定，管理人员的专业化水平高，在常年的专业化管理中积累经验较多。

（2）组织管理规范化。由于代建人是公司法人，是依靠管理费收入来取得收益生存发展的，所以这增加了代建人的压力，促使其提高管理水平，建立起一套较为完整的管理体系，其具体表现为组织管理更加规范化。

3. 应用建议

政府管理部门应该主导代建制的发展，建立完整的管理制度。具体应包括：

（1）市场准入制。对代建企业设置"门槛"，保证代建质量。这些"门槛"一般包含：注册资金，以证明承担风险的能力。技术力量，以证明管理能力。代建记录，以证明实际建设能力。同时，根据代建企业的相关数据确定其资质等级。

（2）招标投标制。选择代建企业时应采用招标投标制。这些制度应该包括：强制性规定，对于由政府财力或政府担保建设的工程，以及市政公共设施建设工程，强制性规定必须实行代建，并通过招标投标选择代建人。禁止性规定，参与投标的代建人，必须与招标人、工程承包商，材料供应商等没有任何资产和人事方面的牵连。

（3）信用记录。代建人的诚信度对于代建制而言非常重要。建立代建人的信用记录，有利于政府管理以及对建设方的选择。记录内容应包括：已经代建项目状况，如工程规模和数量、质量评定、审计结论等。不良记录，是否有被处罚的记录。

（4）行业管理制。随着政府职能转变、国企改革和代建市场的发展，代建企业必将走向行业管理的道路。在代建制发展的初期就未雨绸缪，建立起行业管理制度，既能使代建制健康发展，还可促进整个建设领域的行业管理水平。

4. 国内外案例

美国纽约市政府在智慧城市建造过程中，为指导和推广智能技术，投资300万美元用于传感器领域，为企业、居民提供高速互联网接入，将纽约老旧的付费电话转变成一体式通信设备网络，并与美国交通部共同投资2000万美元用于联网车辆试点建设。

韩国首尔是政府独自投资建网的成功典范。2011年，首尔提出"智慧首尔2015"计划，到2015年使首尔成为世界上最优秀的智慧城市。主要建设内容有：第一，首尔基于公共场所等生态显示屏，利用电子芯片，降低能源消耗，并且实现摄像头、麦克风等相关生活工具的设置和链接，使人们能够快速地融入智慧生活中；第二，城市管理人员能够利用互联网对城市道路、管道及停车场使用等情况进行全面的掌握，以此有效进行管理；第三，利用传感器、摄像机等设备能够实现火灾监控，有效提高火灾的防护安全等级；第四，智能交通能够实现交通工具运营信息的有效掌握，合理控制交通信号，并且利用其智能化手段便于残障人士的出行；第五，智能环境系统能够有效监控环境指标，并且将检测的交通信息发送到市民的使用终端中，控制房间能源的消耗，实现居家环保。首尔的智慧城市建设投入了较大的精力与支持力度、有充裕的资金作为保障，保证了政府对未来设施的控制权。

美国"智能电网"的建造模式主要为政府主导和企业参与相结合的形式。但是政府投入了大量的资源支持"智能电网"。首先，通过了《美国复苏与再投资法案》（ARRA），并推出7870亿美元的经济刺激计划，其中有45亿美元专用于扶持智能电网的发展。其次，出台了购买太阳能光伏系统与电动汽车以及建筑节能改建的补贴与减免税等一系列智能电网相关的财政补贴政策。最后，美国国家可再生能源实验室（NREL）与俄亥俄州的巴特尔研究院等都在美国政府的支持下对智能电网项目进行大规模研发，扶持智能电网的基础研究。

智慧宁波的建造模式主要以政府为主导。宁波市政府发布的《2012年宁波市加快创建智慧城市行动计划》表示，市政府将斥资逾50亿元推进信息网络基础工程、政府云计算中心、基础信息共享工程、智慧应用工程等30个智慧城市建设重大项目及19个智慧产业重大项目建设。在智慧交通方面，宁波市主要推进建设城市道路交通监控系统、交通视频监控系统、高清拍摄系统和动静态交通诱导系统，优化城市骨架路网结构，提高交通硬件建设。在智慧医疗方面，统一数字化集成平台和医疗专业网络，连接全市所有医疗卫生单位。统一数据中心，提供全市所有卫生数据信息，建立可共享的居民健康档案，实现全市医疗卫生信息的互联互通和业务协同。在智慧农业方面，主推农业示范推广基地，依托余姚滨海新城、宁波杭州湾和宁海浙东等现代农业综合开发区，以及各县

（市）区的特色农业产业基地、都市农业园区，推广应用信息化管理系统，农业专家咨询服务系统和农业电子商务，逐步实现农产品生产、加工、储藏、运输、营销等环节的科学化和智能化。

6.2.2 政府与市场主体合资建造模式

目前，智慧城市项目逐步由政府独资建造模式向政府与市场主体合资建造模式转变，这也是政府大力推广的建造模式。在这种模式下，政府和社会资本方共同出资、建造智慧城市，最终得到的收益共享，风险共担。在此过程中，政府能够很大程度上缓解财政投资压力，降低投资风险，并减少建造和运营工作，社会资本方主要发挥资源优势，承担项目的建设和运营维护工作，通过运营期间向社会提供服务，获得部分营业收入补偿前期建造投资。这种模式讲究的是双赢，目前在国内外智慧城市建设领域都有广泛应用。

1. 模式介绍

政府与市场主体合资建造模式可细分为两种情形：政府和运营商共同投资，日常建设和运营由运营商承担；政府牵头（部分投资），通过市场化方式引入企业资金投资基础设施建设，并许诺一段时间拥有经营权，向用户收取服务费用，到期后再由政府收回。

可以看出，政府与市场主体合资建造具有多个利益主体，包括政府、市场主体和用户。

（1）政府

政府作为智慧城市建设项目的发起人，在智慧城市建设初期先注入一部分资金，承担前期顶层设计、社会需求分析等工作。接着发挥政府职能，通过允诺社会资本方特许经营许可权等方式，保障社会资本方利益，并吸引更多社会资本方参与到智慧城市建设中来，政府在项目运营期间进行协调监管。

（2）市场主体

市场主体是合资建造模式中能够应用的关键一环，可能是电信运营商，也可能是系统集成商，或是多个市场主体组成的联合体。他们本身具有趋利性，具备一定的技术资源条件和人才储备，除了提供必要的投资以外，还要负责智慧城市建设和运营维护工作。在智慧城市建设完成之后的运营阶段，市场主体通过向服务购买者收取合理的费用，达到盈利的目的。与政府合资建造，有助于降低投资风险，实现项目的快速建造和实施。

（3）用户

用户是合资建造模式中的服务购买者，他们能够享受由政府和市场主体合资建造智慧城市给他们带来的好处，但是也需要通过不同方式（如政府税收、直接收费等）提供一定的资金以支撑该模式的运作。

2. 主要特点

（1）成立合作建设部门

政府将项目委托给市场主体，不仅减轻了财政负担，也保留了市场竞争优势。双方都派出团队成立专门的建设部门（实体或虚拟），负责智慧城市项目的建设和运营。项目建设运营过程中政府既是监管者，也是参与者，对项目提出建议和意见更有分量，能够有效控制项目的建设阶段的工程质量和运营阶段提供的服务水平，让智慧城市惠及更多的用户。

（2）建造速度快

采用合资建造模式，第一，政府不必再因为资金紧缺和投资不足耽误项目的"上马"时间，加快项目的立项决策。第二，政策往往鼓励市场在其技术资源和人才储备基础上进行创新，不仅有效加速单个项目的建成，也推动了基础设施建设和信息化行业发展。

（3）减轻政府财政压力

政府采用合资建造的模式最直接的优势就是政府不需要再从国家或地方财政拨全额款进行智慧城市建造，可以有效缓解财政压力，将有限的财政资源分摊到多个项目上同时开工建设。

（4）明显降低投资风险

智慧城市建造主体由一方变为多方，对于政府来说，可以降低由于资金紧张、不够专业等问题带来的管理风险，作为投资者之一也不丧失对投资项目的控制权。对于市场主体来说，投资智慧城市可以获得政府的政策支持，能够顺利完成投资项目的概率增大。

（5）市场主体盈利方式多样

市场主体可以通过灵活配置投资和收益模式来达到政府监管和企业运营的平衡，既保证公共服务的需要，又能实现项目的盈利。如，除了政府和用户购买服务获得收入以外，还可以通过运营其他网络容量（如广告收入等）获取盈利，但往往投资回收期较长。

（6）管理协调有难度

合资建造智慧城市也会带来一些问题，如多主体共有产权如何分割、主体之间如何建立合作关系、风险损失如何进行分担等。政府在合资建造模式中因为不占有技术和资源优势，管理协调市场主体的难度较高，在建设项目实施之前也无法准确提出这些问题的对策。

3. 应用建议

尽管现在地方多推行合资建造智慧城市的模式，但该种模式也存在一定的局限性和适用条件。

（1）适用于经济较发达地区

尽管合资建造模式对政府的财政要求有所降低，但智慧城市无论是基础设施建造还是运营维护阶段都需要投入大量的资金，由于投资基数较大，造成该种模式仍然只适用于经济较为发达的地区，经济欠发达地区采用该种模式仍然较为困难。

（2）政府应注意项目控制力度

合资建造模式需要兼顾政府需求和企业盈利需求，政府在智慧城市建造监管过程中应当掌握好对项目的控制力度，如果过度控制，会挫伤市场主体投资积极性，不利于双方建立长久的合作关系。

（3）政府和市场主体应确保信息通畅

政府与企业的充分沟通可以降低企业所承担的商业风险。在两者合作的过程中，应当建立良好的信息交流渠道，并保证信息交流的通畅和及时。

（4）市场主体也可以作为合资建造的发起人

一般来说，合资建造模式是由政府作为项目的发起人，委托市场主体进行智慧城市项目建造。但是政府往往市场敏锐度较低，把握时机的能力和市场主体相比较弱。因此应当考虑允许市场主体作为智慧城市建造项目的发起人，与政府之间竞争优质资源。

4. 国内外案例

（1）广州市智慧城市建造模式

广州作为中国第三大城市，是华南门户城市和重要的交通枢纽，也是我国信息化和高新技术发达地区之一，广州在建设智慧城市方面具备一定优势，为顺应世界新一代信息技术革命和新型城市发展趋势，广州市委市政府提出了"智慧广州"的战略决策。目前，智慧城市的建造在政务、民生、产业等层面进行了探索并取得了一定的成效。

广州市在建设智慧城市的过程中所采用的运营方式是，政府进行部分投资，运营商投资建网运营。在这种模式下，广州政府所投入的资金、花费的精力和担负的风险都是在安全范围内的，政府借助于运营商巨大的集成能力和多年的运营经验以及丰富的资源推进整个工程，同时，政府时刻保持着对网络建设和运营的深度监管，以确保智慧城市建设的正确方向。

（2）上海市智慧城市建造模式

上海市作为我国的经济中心，城市规模庞大，具备建设智慧城市的经济基础。上海市人民政府成立了上海市智慧城市建设领导小组，并在2020年发布的《关于进一步加快智慧城市建设的若干意见》中指出，要将上海建设成为全球新型智慧城市的排头兵，建设内容包括民生领域、城市管理、城市经济发展、网络安全等多个方面。上海市智慧城市的运营模式是政府指导并进行部分投资，同时运营商作为主导进行投资建网，形成共建共治共享的局面。这种模式能够为上海市节约巨大的建设投资，运营商参与上海市智慧城市建设，能够有效降低投资风险，运用所长通力合作，顺利完成智慧城市的建设目标。

上海市经济和信息化发展研究中心发布的《2019上海市智慧城市发展水平评估报告》显示，从网络就绪度、智慧应用指数、发展环境指数以及网络安全状况系数等40个指标来看，上海市2019年智慧城市发展水平综合指数为105.86，6年来保持持续增长，合资建造智慧城市的模式在实践中经受住了考验。

（3）斯德哥尔摩市政厅与IBM

斯德哥尔摩是瑞典的首都和经济中心，拥有大量的高新科技企业研发中心，每天有超过50万辆汽车涌入城市，该地区的人口也以每年2万人的速度增长，车流量增加使城市道路承受的负荷越来越大，交通堵塞问题愈演愈烈。因此，瑞典国家公路管理局和斯德哥尔摩市政厅迫切地想要寻找智慧交通的解决方案，企图通过智慧交通的建造，鼓励市民采用公共交通出行，减轻道路拥挤程度，达到改善城市环境、减少交通污染的目的。

在智慧交通建设过程中，斯德哥尔摩市政厅采用与IBM公司合资共建的建造模式，IBM公司提供技术支持，市政厅承包智慧城市建设，将智慧城市项目承包给IBM，IBM运用激光、摄像、系统工程技术，设计了一套高峰时间市中心道路行驶车辆收费系统。项目建造成功后，斯德哥尔摩市中心交通流量下降了25%，使用公共交通人数上升6%，城区温室气体排放量下降了40%，达到了理想的预期效果，是一个典型的政府与市场主体合资建造成功案例。

（4）德国波恩市与200家私营企业

为了更好地建设智慧城市，德国城市一般会选择政府和市场主体合作的模式。其有两种模式，一种为政府占主导地位，由政府提出智慧城市建设某领域长远的宏观目标，通过财政补贴的方式引导若干市场主体进行相关研究，最终从这些市场主体中选择最合适的一个，建立合作关系；另一种为市场主体占主导地位，德国电信、西门子、宝马等这样的大型企业为了推销本公司的某种产品或服务，会在全国范围内选择一个或几个城市进行试点，符合条件的或对项目感兴趣的城市会积极参加这些企业开展的试点竞赛。

德国波恩市曾是德意志联邦共和国首都，至今仍是德国重要的政治中心。拥有2000年历史的波恩，是德国最古老的城市之一。德国波恩市政府在建设智慧城市过程中拨款75万欧元，200家私营企业出资270万欧元，并向州政府和欧盟申请资金支持，开展智慧城市建设。

6.2.3 市场主体独立建造模式

1. 模式介绍

市场主体独立建造模式是由市场主体承担建设的全部任务，并负担全部所需费用，政府仅提供有限的基础设施和政策支持，对其基本不进行干涉和掌控。在智慧城市项目建设中，对于规模较小、可经营性较强、企业愿意积极参与的项目，例如热点（火车站、机场、商场、公交车、医院等）、社区服务微信交流互动平台等，可交由市场主体建设运营。此外，对于综合性较强、投资较大、运营维护难的智慧城市项目，由实力较强的市场主体独立建造的模式是有很大优势的，它不仅可以有效节约政府资源，也可以促进云计算、智慧民生等服务的发展。

2. 主要特点

（1）市场主体拥有项目所有权。市场主体独立建造模式与传统建造模式的很大不同是市场主体方完全拥有项目所有权，也不需要向政府移交项目。由于整个项目的所有权完全掌握在市场主体手中，这也极大地调动了市场主体建设与运营的积极性。

（2）政府无需承担风险。市场主体独立建造模式中，政府无需投入资金，不承担任何责任，也无需承担风险，因此政府的角色相对轻松。这种模式大大节约了政府的财力物力，更减少了大量的维护费用。但正是由于所有的权利与责任全部在市场主体手中，因此政府话语权较低，难以进行深入的监管。

（3）充分利用市场资源优势。在市场主体独立建造模式中，政府基本不进行干涉，市场主体拥有项目的所有权和极大的建设积极性，这促进了市场充分利用已有的网络、客户、运营经验、人才及资金等各项资源的优势，推动信息产业的发展，为居民提供更优质的服务。

3. 应用建议

加强政策约束。市场主体独立建造模式中，政府对项目建设及运营的影响力及控制力较弱，对社会主体难以干涉和掌控，因此需要加强政策约束。

选择实力较强社会主体。智慧城市的根本目的是营造有竞争力的商业环境、有吸引力的生活环境以及高效率的政府管理。这需要企业等社会主体内部有足够有力的运作体系与之对接，其完成项目建设与运营的概率也较大，因此需选择综合实力较强的社会主体。

项目所在地首选经济发达地区。市场主体独立建造模式中市场主体也会面临较大风险，例如公共服务所需要的网络流量不能得到保证，而市场主体需要通过建设项目获得盈利，因此其首选地最好为经济发达且潜在用户较多的地区。

4. 国内外案例

（1）安居宝"智慧云停车"智慧城市建设项目

随着互联网的发展，市场主体自主建造模式的智慧城市建设在"互联网＋"行动提出以后快速发展，例如安居宝"智慧云停车"的智慧城市建设项目。该项目是以项目企业投资为主，资金来源是以自筹＋融资两种方式完成，项目期由企业自筹资金5亿元，后期通过股权融资进行15亿元的融资，项目总融资额约20亿元。广东安居宝数据科技股份有限公司，是领先的智慧家居、智慧停车解决方案供应公司，安居宝首先自筹资金5亿元同步布局全国12大城市云停车场：广州、北京、上海、深圳、天津、杭州、南京、西安、武汉、重庆、成都、济南。

2015年6月安居宝"智慧云停车"平台正式发布，该平台通过微信公众号及App形式为会员车主提供停车位预约、停车诱导、不停车缴费等"互联网＋"智慧停车服务。停车云平台、手机App＋微信公众号开发均由安居宝内部软件开发团队进行。项目共有四部分运营服务内容：车主进出停车场的不停车缴费服务、对车主进行停车诱导服务、车位预约服务、汽车后市场服务。车主在使用不停车缴费、车位预约服务时，需要通过"智慧停车云平台"进行费用的支付，安居宝通过产生的资金池、预约服务费、洗车等汽车后市场服务等方式盈利，是比较成功的市场主体独立建造模式。

（2）东华智慧城市超级电脑建设项目

东华软件股份有限公司员工规模超过8000人，拥有CMMI5、国家信息系统集成与服务大型一级、国家计算机信息系统集成一级、甲级涉密等顶级资质以及800多项自主知识产权的软件产品。东华软件以"惠民、利企、服政、保安全"为目标，成立东华智慧城市集团，积极参与新型智慧城市标准的制定与检验，提供投资、咨询、规划、设计、实施、运营等全线服务，致力于成为中国最优秀的新型智慧城市运营商。

2018年5月28日，腾讯宣布入股东华软件控股公司，双方围绕传统行业数字化转型新需求，聚焦政府、医疗、能源、金融、物流等行业核心应用场景，重点在智慧城市、医疗云及医疗互联网应用、能源云、金融大数据四个方向开展深度合作，双方携手，助力打通B端和C端的双向畅通，共同推动传统行业数字化转型升级。2018年12月21日，由东华软件智慧城市集团、腾讯云RayData、灵雀云、Intel联合发布的东华智慧城市超级电脑，可为各级政府委办局提供各种智慧城市高效可交付应用。智慧城市超级电脑能够解决目前困扰智慧城市发展几大问题，如产品交付周期长、不贴近用户需求、展示效果差、后续升级慢、高峰期计算资源不足、产品售后服务复杂等。正是东华软件与腾讯云等市场主体的相互协作，各自优势资源互补，促进了智慧城市数字化升级，助力了各级政府新型智慧城市的加速建设。

（3）日本智慧城市独立建造模式

日本是智慧城市建设实践的先锋力量，首都东京于2007年发起"东京无所不在计划"。东京的无所不在计划是其建设智慧城市举措的一个代表，通过授权鼓励运营商独自投资建网运营，东京政府与运营商进行了明确的分工，即政府仅负责项目的运营监督，由运营商负责建设实施和运营管理，以此充分调动运营商建设的积极性。通过东京的无所不在计划，在全市成功安装了物联网应用，将东京市所有的场所和物品通过虚拟网络联结起来。同时，政府还建立了电子病历系统，整合了各种临床信息系统知识库，提供病人的各项基本信息，为医生和护士提供自动提醒等。东京基于泛在网络环境的优越性，实现了多方面城市功能的移动化、网络化。

（4）美国智慧城市独立建造模式

美国是最先提出智慧城市概念的国家。作为全球领先的发达国家，美国智慧城市的建设从内外两点着眼，对外为保持世界竞争优势地位，对内是对本国经济的拉升提振，以促进国家的经济繁荣与社会可持续发展。鉴于此，美国已将智慧城市建设上升到国家战略的高度，并率先提出了国家信息基础设施NII和全球信息基础设施GII计划。2009年9月，美国中西部艾奥瓦州的迪比克市宣布，将建设美国第一个智慧城市——一个由高科技充分武装的6万人社区。迪比克市智能城市建设的核心在于智能的水、电和交通运输，艾奥瓦州电力与照明公司电力和布莱克山能源公司天然气成为合作伙伴，将300户家庭所用的水表替换成具有智能接口的智能水表，向居民和城市提供了便利服务。

此外，美国智慧城市建造会有自发的基金会和学校等社会主体的支持。例如，20多个城市—高校合作组织启动MetroLab网络，2016年建设60多个智慧城市项目。MetroLab网络总投资100万美元，由约翰和凯瑟琳·麦克阿瑟基金会提供资金，该网络提供合作平台，帮助建立新的城市—高校的合作关系，分享成功项目、协调城市和高校的研究工作。Envision America是一个新的、全国性、非营利性的基金组织，组织了一项针对美国城市问题的挑战赛，致力于通过加速解决空气污染、废水、废物、能源等问题的技术部署，最终让城市变得更加智慧。

第7章 新型智慧城市PPP市场发展及运作流程

智慧城市建设是一项复杂的系统工程，所需资金巨大，建设周期长，涉及政府、企事业单位和市民家庭等多元主体，涵盖投融资、建设、运营、监管等过程，具有较强的复杂性。单靠政府或是社会资本一方很难完成并达到预期的智慧城市建设目标，将PPP模式引入智慧城市建设运营中既是智慧城市建设所提出的必然要求，也是社会资本参与智慧城市建设的心之所向。由此，智慧城市PPP应运而生。

7.1 PPP及其在新型智慧城市建设中的应用

7.1.1 PPP内涵及分类

PPP（Public-Private-Partnership），即"公共部门—私人企业—合作"模式，是指在基础设施及公共服务领域，政府和社会资本之间基于双方签订合同/协议建立长期合作关系，共同完成基础设施/公共事业项目的投资、建设和运营，为使用者提供最优公共产品或服务的项目。广义的PPP还泛指公共部门与私人部门在提供公共产品和服务的过程中建立的各种合作伙伴关系。接下来，本节将分别介绍PPP模式的内涵、分类以及PPP在我国的发展历程。

1. PPP内涵

PPP模式以各参与方的"双赢"或"多赢"作为合作的基本理念。PPP模式具有以下核心属性。第一，形成政府部门与私营机构的长期合同（一般情况在10—30年），基于签署的PPP合作合同，由私营机构负责提供某项公共服务。第二，私营机构能够通过合同提供服务来获取收入，收入来源可能是通过以政府主导定价的使用者付费、挖掘市场获得的经营收益以及政府财政预算补贴或政府财政预算购买公共服务，也可能是三种收入来源的组合。同时根据合同，有关服务获得和需求方面的风险，从政府部门转移至私营部门。第三，几方社会资本通过投资建立相关公司以进行项目的投资、建设、运营、移交。第四，站在社会资本投资人的角度，通过财务分析如内部收益率比对，确保项目的吸引力。第五，根据不同项目情况，除了财政预算补贴或政府预算购买公共服务，政府部门还可能需要提供必要的资本投入，包括土地、现存资产、债务或资本融资，并有可能以股权投入劣后、担当协助融资等多种形式，实现与私营机构有效的风险共担。第六，合同结束时，相关资产应按照合同约定转移其所有权至政府一方。以上核心属性基本被各国认可，各国开展PPP项目基本都需要在PPP核心属性的基础上决定项目的识别、法律基础、业务框架和监管框架等一系列重要的顶层设计。

基于上述属性，PPP模式主要强调三大特点：

（1）伙伴关系。通常模式是由社会资本承担设计、建设、运营、维护基础设施的大部分工作，并通过"使用者付费"及必要的"政府付费"获得合理投资回报；政府部门负责基础设施及公共服务价格和质量监管，双方合作保证以最少的资源实现最多最好的产品或服务的供给。

（2）利益共享。PPP模式项目能够在不提高政府债务水平的情况下为公共基础设施建设带来投资，同时，私营部门能够以专业化的项目运营水平和效率，带来更高的工程质量和更少的开销。

（3）风险共担。PPP在项目初期就实现风险分配，政府承担部分风险，减少了私人部门承担的风险，降低了项目融资难度，有助于项目融资成功。当项目发生亏损时，政府与私人部门共同承担损失。风险共担是私人企业与政府公共部门合作的基础。

因此，PPP模式是一种优化的项目融资与实施模式。PPP模式相比传统的模式的优点至少体现在以下三个方面：

（1）PPP模式有利于优化政府和市场资源配置。通过引入市场竞争机制，不仅可以吸收社会资本先进的管理经验，而且能有效提高项目经营水平，降低运营成本，提高服务水平和质量。政府可以从繁重的事务中脱身出来，从过去的基础设施和公共服务的提供者变成一个监管的角色，负责基础设施及公共服务价格和质量的监管，私营部门则承担设计、建设、运营、维护基础设施的大部门工作。

（2）PPP模式有助于提高公共财政资源效率。一方面，成功的PPP项目能够动员私营部门资源，减轻公共部门预算压力，提高公共工程的建设和管理水平，降低项目建设、运营等全周期的成本，提高项目投资效率，提高公共部门管理水平；另一方面，应用PPP项目也有利于减少公共债务，有利于提高公共财政的可持续性。

（3）PPP模式还可以增加公共产品服务供给和质量。通过政府与社会资本的合作，政府可以以有限的财政资金，利用市场机制撬动社会资本，让老百姓更好地享受多样化的公共服务。

2. PPP分类

（1）按服务于社会经济发展的不同方面分类

PPP项目大致可分为经济、社会和政府三类。经济类包括交通运输、市政公用事业、园区开发、节能环保等领域；社会类包括保障性住房、教育、文化、卫生等领域；政府类主要服务于司法执法、行政、防务等领域。

（2）按PPP项目运作方式分类

PPP项目主要包括委托运营（Operations & Maintenance，O&M）、管理合同（Management Contract，MC）、租赁—运营—移交（Lease-Operate-Transfer，LOT）、建设—运营—移交（Build-Operate-Transfer，BOT）、建设—拥有—运营（Build-Own-Operate，BOO）、购买—建设—运营（Buy-Build-Operate，BBO）、移交—运营—移交（Transfer-Operate-Transfer，TOT）、改建—运营—移交（Rehabilitate-Operate-Transfer，ROT）、区域特许经营（Concession），以及这些方式的组合建设—拥有—运营-移交（Build-Own-Operate-Transfer，BOOT）等[1]。基于《关

---

[1] 上述运作方式的命名以公共资产的所有权/使用权等的控制状态为基础，在国内实践中应用较多。

于印发政府和社会资本合作模式操作指南(试行)的通知》(财金〔2014〕113号),各类运作方式的具体含义如下:

1)O&M(Operations & Maintenance,委托运营)是指政府将存量公共资产的运营维护职责委托给社会资本或项目公司,社会资本或项目公司不负责用户服务的政府和社会资本合作项目运作方式。政府保留资产所有权,只向社会资本或项目公司支付委托运营费。合同期限一般不超过8年。

2)MC(Management Contract,管理合同)是指政府将存量公共资产的运营、维护及用户服务职责授权给社会资本或项目公司的项目运作方式。政府保留资产所有权,只向社会资本或项目公司支付管理费。管理合同通常作为移交—运营—移交的过渡方式,合同期限一般不超过3年。

3)LOT(Lease-Operate-Transfer,租赁—运营—移交)模式是指政府将公共资产的运营、维护和用户服务职责转移给社会资本或项目公司的运作方式。政府承担公共资产投资,保留资产所有权租赁给社会资本。

4)BOT(Build-Operate-Transfer,建设—运营—移交)是指由社会资本或项目公司承担新建项目设计、融资、建造、运营、维护和用户服务职责,合同期满后项目资产及相关权利等移交给政府的项目运作方式。合同期限一般为20—30年。该模式是目前在智慧城市领域应用最广泛的项目合作模式。

5)BOO(Built-Own-Operate,建设—拥有—经营)模式由BOT方式演变而来,二者区别主要是BOO方式下社会资本或项目公司拥有项目所有权,但必须在合同中注明保证公益性的约束条款,一般不涉及项目期满移交。

6)TOT(Transfer-Operate-Transfer,移交—运营—移交)是指政府将存量资产所有权有偿转让给社会资本或项目公司,并由其负责运营、维护和用户服务,合同期满后资产及其所有权等移交给政府的项目运作方式。合同期限一般为20—30年。

7)ROT(Rebuild-Operate-Transfer,重构—运营—移交)是指政府在TOT模式的基础上,增加改扩建内容的项目运作方式。合同期限一般为20—30年。

8)BOOT(Build-Own-Operate-Transfer,建设—拥有—运营—移交)是指由社会资本方负责项目的融资与建设,并在建成后获得项目所有权与经营权,在特许期限内,由社会资本方负责项目的运营,并通过提供服务或产品获得经营收入及政府补贴,以收回项目投资成本并获得合理回报。特许经营期到期后,社会资本方将项目的所有权及经营权一并无偿或有偿移交给政府。该模式适用于经营性或准经营性项目。

上述具体运作方式的选择主要由PPP项目类型、融资需求、改扩建需求、收费定价机制、投资收益水平、风险分配基本框架和期满处置等因素决定。

(3)按社会资本、特许经营者和项目公司获得收入的方式分类

按社会资本、特许经营者和项目公司获得收入的方式,PPP项目可分为使用者付费方式、政府付费方式和可行性缺口补助方式(Viability Gap Funding/Subsidy,VGF)。

1)使用者付费方式通常用于可经营性系数较高、财务效益良好、直接向终端用户提供服务的基础设施项目,如市政供水、城市管道燃气和收费公路等。

2)政府付费方式通常用于不直接向终端用户提供服务的终端型基础设施项目,如市政污水处理厂、垃圾焚烧发电厂等,或者不具备收益性的基础设施项目,如市政道路、河道治理等。

3)VGF方式指用户付费不足部分由政府以财政补贴、股本投入、优惠贷款、融资担保和其他优惠政策,给予社会资本经济补助。VGF通常用于可经营性系数较低、财务效益欠佳、直接向终端用户提供服务但收费无法覆盖投资和运营回报的基础设施项目,如医院、学校、文化及体育场馆、保障房、价格调整之后或需求不足的网络型市政公用项目、交通流量不足的收费公路等。

3. PPP发展历程

在2002年之前,我国的PPP模式以外资参与的BOT模式为主。1984年香港合和电力(中国)有限公司与深圳特区电力开发公司(深圳市能源集团有限公司的前身)合作经营开发的沙角B电厂,是我国第一个真正意义上的BOT项目。

2003年至2008年,建设部发布《关于加快市政公用行业市场化进程的意见》(建成[2002]272号),鼓励社会资本、外国资本以多种形式参与市政基础设施建设,使BOT模式得到了一定的发展。但截至2014年,我国尚未出台针对PPP模式的顶层制度设计,PPP模式在我国发展相对迟缓。

2014年,财政部发布《关于推广运用政府和社会资本合作模式有关问题的通知》(财金[2014]76号),标志着我国对PPP模式的顶层制度设计出台。自此,PPP模式开始进

入推广应用期。2015年5月,在国务院常务会议上,李克强总理针对推广PPP作出明确表示:在公共产品和服务领域,推广PPP模式,是当前稳增长、促改革、调结构的重要举措,也是拉动投资增长的有效手段。PPP模式进入高速发展期。2017年4月,《关于进一步规范地方政府举债融资行为的通知》(财预〔2017〕50号)出台,要求PPP模式需规范运作,PPP进入规范发展期。

7.1.2 智慧城市PPP应用的必要性和可行性

智慧城市建设是一项复杂的系统工程,单靠政府或是社会资本一方很难完成并达到预期的智慧城市建设目标,这就对PPP模式的应用提出了必然要求。具体地,智慧城市PPP应用的必要性体现在以下几个方面:

(1)智慧城市建设资金需求大。智慧城市的建设涉及智慧政府、智慧社区、智慧基础设施及公共服务等各个领域,且建设、运营周期长,导致建设及运营资金需求很大,而政府财政远不足以支撑,多个地方政府负债高企,加之在《中华人民共和国预算法实施条例》和《地方政府一般债务预算管理办法》等法律法规出台实施后,地方政府财政支出能力有限,资金短缺及融资困难成为阻碍智慧城市建设发展的一大难题。政府需引入多元化社会资本,破除困境,采用PPP模式可以有效缓解政府财政资金短缺,同时可使有限的财政资源发挥最大效用。

(2)智慧城市建设技术要求高。智慧城市建设的技术要求领先、专业、范围广,包括物联网、云计算、人工智能等新一代信息技术,以及一系列城市感知设备与手段。这些技术及手段大多掌握于各先进的企业手中,且大多为民营企业,这方面是政府部门所欠缺的重要部分。PPP模式可以通过引入社会资本整合多元化技术及手段,为智慧城市建设提供强有力的技术支撑。

(3)智慧城市运营管理要求高。在建设技术不断提高的同时,智慧城市的运营管理理念也在不断地更新与发展,软件、硬件、技术的运用及更新给智慧城市各项目的管理带来挑战,而政府部门在这方面的能力较为欠缺。PPP模式引入社会资本方进行项目的运营管理,社会资本将以其开发、设计、建设、运作方面的经验总结形成高效可行的管理模式,弥补政府部门在这方面的欠缺,提高项目的运营管理能力。

（4）智慧城市建设不确定性大。智慧城市通常由诸多子项目构成，涉及技术领域多、建设时间长、运营时间长、投资金额大、不确定因素众多，其项目风险难以准确估计。PPP模式中政府与社会资本开展的是项目全生命周期的合作，双方共同参与项目的识别、可行性研究、项目融资、项目建设等过程，政府与社会资本共担风险，能够降低项目总体风险。

此外，由于PPP模式是一种政府与社会资本合作的模式，其"伙伴关系"的内涵保障了社会资本方面的需求也能得到满足，进而保障了其在智慧城市建设中广泛应用的可行性。

通过PPP模式参与智慧城市建设，社会资本方面能满足以下需求：

（1）赚取可观利润。智慧城市项目体量大，且运营周期长，社会资本可通过使用者付费与政府补贴的形式产生收入，由于涉及领域广泛，可收费来源广泛，且智慧城市建设运营商具有一定的排他性，一旦高质量地建成，易成为产业巨头，其利润空间可观。

（2）盘活资产。社会资本可通过智慧城市项目的建设与运营，升级改造其原有已建的老旧基础设施，整合原有零散的基础设施，推进城市智慧化的同时，提升企业部署整体性与先进性，从而盘活企业资产。

（3）建立城市运营排他权。由于智慧城市的建设包含自上而下，由平台到基础设施的一整套智慧系统，其他运营商难以在某一环节起到取代作用，用户也具有一定的依赖性，因此智慧城市运营具有一定的排他权。

（4）获取智慧城市大数据。在运营的过程中，社会资本方还可以积累起大量相关公共性大数据，形成数据资产，在此基础上可开发大数据应用产品，对内可用以提升经营和服务水平，对外可增强产业合作竞争力。

因此，传统的政府自建自营模式已经远不能满足智慧城市建设的需要，将PPP模式引入智慧城市建设势在必行。智慧城市PPP应用既是智慧城市建设所提出的必然要求，也是社会资本参与智慧城市建设的心之所向。

7.1.3 智慧城市PPP的应用范围和运作方式

1. 智慧城市PPP的应用范围

由于PPP模式的特殊优势和重要作用，我国政府已先后出台多项政策鼓励、引导PPP

模式在城市建设中的应用。例如，2014年11月，国务院印发《关于创新重点领域投融资机制鼓励社会投资的指导意见》（国发［2014］60号），针对生态环保、农业水利、市政设施、交通、能源设施、信息和民用空间设施、社会事业7个重点领域，提出了吸引社会投资的政策措施；2015年5月，国务院办公厅转发财政部、国家发展改革委和人民银行《关于在公共服务领域推广政府和社会资本合作模式指导意见的通知》（国办发［2015］42号文），指出"在能源、交通运输、水利、环境保护、农业、林业、科技、保障性安居工程、医疗、卫生、养老、教育、文化等公共服务领域，鼓励采用政府和社会资本合作模式"。

在政策的支持和引导以及社会资本的主动参与下，PPP模式已在智慧城市建设的各个子领域得到了广泛的应用。基于吴沁喆（2018）统计，截至2018年8月，我国智慧城市PPP项目各领域子项已中标个数及金额如图7-1和图7-2所示，以智慧基础设施、智慧园区、智慧平台、智慧停车项目较多，另有少数智慧水利、智慧环保、智慧医疗、智慧农业、智慧公安、智慧能源、智慧教育PPP项目已中标。其中，智慧园区由于项目单体规模大，总投资规模以222.27亿元处于明显领先地位，智慧基础设施PPP项目由于数量最多，其总投资规模仅次于智慧园区PPP项目，智慧平台、智慧停车、智慧医疗、智慧农业的投资规模处于同一水平，另有较少的智慧水利、智慧环保、智慧公安、智慧能源、智慧教育的PPP项目投资已中标。

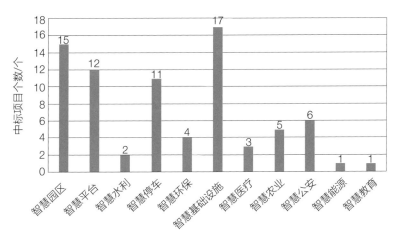

图7-1　智慧城市PPP子项中标个数统计

图片来源：吴沁喆（2018）

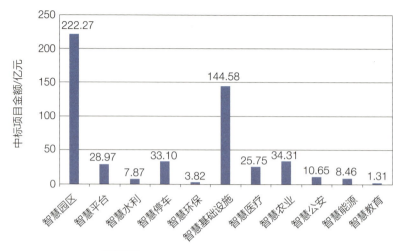

图7-2 智慧城市PPP子项中标金额统计

图片来源：吴沁喆（2018）

除了应用于上述智慧城市具体建设模块的"智慧城市相关子项建设PPP项目"，PPP模式还可以应用于全区域综合打包型的智慧城市建设项目，即"智慧城市整体建设PPP项目"。例如河北沧州、山东蓬莱、湖南湘潭等地全面建设统一的平台、基础设施及指挥中心，就是在全市顶层规划的指导下，区分不同子项目的性质开展建设。截至2018年8月，除了77个智慧城市相关子项建设PPP项目外，我国还有57个智慧城市整体建设PPP项目已中标，总投资418.65亿元。

2. 智慧城市PPP的运作方式

首先，智慧城市项目根据项目特性不同，主要适用以下几种PPP运作方式：

（1）BOT（Build-Operate-Transfer），即建设—运营—移交模式。该模式主要适用于经营性或准经营性项目，也是目前在智慧城市领域应用最广泛的项目合作模式。

（2）BOOT（Build-Own-Operate-Transfer），即建设—拥有—运营—移交模式。该模式主要适用于经营性或准经营性项目。

（3）TBT（TOT+BOT），即将TOT模式与BOT模式组合起来，以BOT为主的模式。该模式主要适用于将存量项目与新建项目打包的经营性或准经营性项目。

（4）BLT（Build-Lease-Transfer），即建设—租赁—移交模式。对于社会资本而言，该模式投资风险较低,然而相应的投资回报率也较低。该模式主要适用于非经营性项目。

同时,在智慧城市建设中,基于不同项目的收费机制,PPP模式要采用不同的回报机制。目前主要采用的回报机制有以下三种:

(1)对于具有完善的收费机制的经营性项目,例如智慧公共信息网络、智慧终端系统等,通常采用使用者付费回报模式。

(2)对于具有一定的收费机制的准经营性项目,例如智慧交通、智慧水利、智慧医疗、智慧教育、智慧旅游、智慧园区、智慧农业、智慧能源等,通常采用可行性缺口补助回报模式。

(3)对于公益性、不具备收费功能的非经营性项目,例如智慧政务、智慧公安、智慧平台、智慧应急指挥、智慧数据库、智慧基础设施、智慧社区等,通常采用政府付费回报模式。

此外,在以PPP模式推进智慧城市建设的过程中,通常由政府出资方和社会资本方共同出资成立特殊项目公司(Special Purpose Vehicle,SPV)来具体操作项目的投融资、建设和运营。根据SPV公司是否参与具体项目建设运营,以及参与建设工程的多少,国内典型的智慧城市建设PPP模式又可以分为"大管家"模式、"整体推进"模式和"分领域"模式。整体而言,"整体推进"的PPP模式是目前国内智慧城市建设运营的主流模式。三种模式的具体含义如下:

(1)"大管家"模式是指SPV公司不参与项目建设,主要负责顶层设计、投融资和管理。这一模式的主要特点是:智慧城市项目整体打包;SPV公司不做项目建设,主要负责顶层设计、投融资和管理;具体项目由SPV公司招标或分包建设运营。"大管家"模式的优点是:经营性与公益性捆绑开发,提高社会资本方对非经营性项目参与度;通过收益性项目弥补公益性项目缺口,降低政府的财政支出压力。但同时存在如下缺点:SPV公司只做管理,不做建设运营,综合成本高;社会资本方通常对智慧城市建设经验不足,带来运营风险。例如,合肥市高新区的智慧城市建设运营采用了"大管家"模式。

(2)"整体推进"模式是指SPV公司负责所有项目投融资和管理,负责主要项目建设运营,其他项目通过招标或分包建设运营。这一模式的主要特点是:智慧城市项目整体打包;SPV公司负责主要项目的建设和运营,其他项目通过招标或分包建设运营。"整体推进"模式的优点是:项目整体打包,有利于业务、数据统筹整合;经营性与公益性捆绑开发，提高社会资本方对非经营性项目参与度；通过收益性项目弥补公益性项目缺口，降低政府的财政支出压力。但同时存在以下缺点：要求政府对建设项目掌握程度深；要求社会资本方具有丰富的智慧城市建设运营经验；对社会资本方的资金需求较大。例如，湖南湘潭市、浙江台州温岭市、山东省烟台蓬莱市等地的智慧城市建设运营采用了"整体推进"模式。

（3）"分领域"模式是指智慧城市项目按照领域分批次推进，SPV公司负责该领域主要建设与运营工作。这一模式的主要特点是：智慧城市项目分领域打包，分批次推进；在其他项目实施中，会产生多个SPV公司。"分领域"模式的优点是：灵活性好，智慧城市项目成熟一批，实施一批；可按领域选择合适的社会资本方建设运营；对社会资本方的资金需求较小。但同时存在以下缺点：多个SPV公司，增加管理成本，跨系统整合、业务共享难度大；对于部分领域预期收益差的项目，社会资本参与度不高。例如，安徽省淮南市的智慧城市建设运营采用了"分领域"模式。

7.2　新型智慧城市PPP市场发展

截至2020年5月，根据最新财政部政府和社会资本合作中心项目管理库[①]、项目储备清单[②]公布的智慧城市PPP项目数据，国内已有101个智慧城市项目采用PPP模式进行建设。

7.2.1　市场发展规模及特征

1. 按项目实施阶段划分

截至2020年5月，各地推行在库的智慧城市PPP项目共101个，按照财政部发布的PPP项目操作指南，从项目实施阶段划分看，处于执行阶段的项目有58个，约占57%，

[①] 是指准备、采购、执行和移交阶段项目，已完成物有所值评价和财政承受能力论证的审核。
[②] 是指识别阶段项目，是地方政府部门有意愿采用PPP模式的备选项目，但尚未完成物有所值评价和财政承受能力论证的审核。

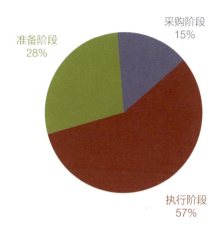

图7-3 我国智慧城市PPP项目实施阶段

图片来源：数据由政府和社会资本合作中心智慧城市PPP项目汇总，截至2020年5月。笔者自绘

说明这部分智慧城市PPP项目建设的必要性和可行性较强、项目资金到位情况良好、社会资本方参与度较高、项目前期工作准备充分、项目"两评一案"（项目物有所值评价、项目财政承受能力论证评价、项目实施方案）等论证与认可充分；处于采购阶段的项目15个，约占15%；处在准备阶段的项目有28个，约占28%。具体数据如图7-3所示。

截至2020年5月，全国推行在库的101个智慧城市PPP项目中，以山东15个项目最多。湖南、河北、湖北分别有9个、8个、7个次之。这说明山东对智慧城市PPP项目的建设规划性和可行性最强。按照财政部发布的PPP项目操作指南，从项目实施阶段划分看，山东执行阶段的项目仍以9个领跑全国，湖南省执行阶段的项目有8个略有次之。同时，山东省的准备阶段项目也有4个。说明山东省的智慧城市PPP项目资金到位情况良好、社会资本方参与度较高、项目前期工作准备充分。具体数据如图7-4所示。

2. 按项目运作方式划分

从全国各省（自治区、直辖市）智慧城市PPP项目实施情况统计分析看，如图7-5所示，在101个项目中，采用BOT模式的项目为76个，约占项目总数的75%；采用BOO模式的项目有4个，约占总数的4%；采用TOT+BOT模式的项目有4个，约占总数的4%；仅2个项目采用DBOT模式，其余项目采用BOOT、BOT+BOO、DBOT+TOT、TOT+ROT、DBFOT等其他运作模式。

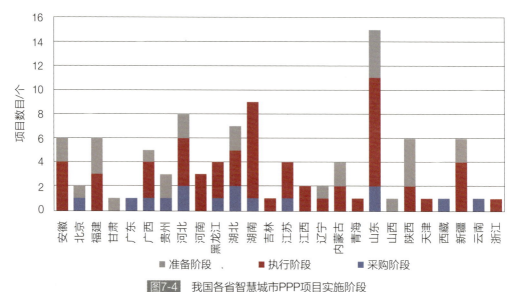

图7-4 我国各省智慧城市PPP项目实施阶段

图片来源：数据由政府和社会资本合作中心智慧城市PPP项目汇总，截至2020年5月。笔者自绘

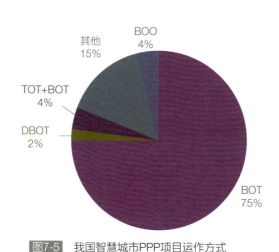

图7-5 我国智慧城市PPP项目运作方式

图片来源：数据由政府和社会资本合作中心智慧城市PPP项目汇总，截至2020年5月。笔者自绘

截至2020年5月，全国推行在库的101个智慧城市PPP项目中，大部分省份的大部分项目均采用BOT模式。山东省15个项目中14个采用BOT模式，仅有一个项目采用BOO模式。北京、河南、辽宁、内蒙古、青海、山西、天津、西藏、云南和浙江所有项目

均采用BOT模式，同时，福建、河北、湖北、新疆等项目数较多的省份，大部分项目也都是采用的BOT模式。这说明BOT模式以其组织结构简单、项目回报率明确和有利于提高项目运作效率等优点更适用于当下的智慧城市PPP项目中。具体数据如图7-6所示。

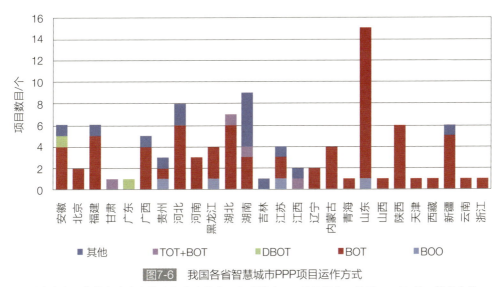

图7-6 我国各省智慧城市PPP项目运作方式

图片来源：数据由政府和社会资本合作中心智慧城市PPP项目汇总，截至2020年5月。笔者自绘

3. 按项目回报机制划分

如图7-7所示。从项目回报机制情况看，采用可行性缺口补助方式的项目有64个，约占项目总数的63%；采用政府付费的项目有29个，约占项目总数的29%；采用使用者付费的项目仅有7个，约占项目总数的7%；另有一个项目未公布回报机制。政府付费主要是针对一些非经营性项目（项目本身无任何的经营收入来源），由政府直接付费购买公共产品和服务。使用者付费主要适用于纯经营性项目（项目可以通过经营获取收入来源），项目公司向社会公众提供公共服务，直接向最终用户收取费用，以回收项目建设和运营成本并获取合理利润。可行性缺口补助适用于准经营性项目（准经营性PPP项目具有部分经营性收入，但经营收费不足以覆盖投资成本和获得合理的投资回报，需要政府补助部分资金），由政府给予项目公司一定的经济补助，以弥补使用者付费之外的缺口部分。

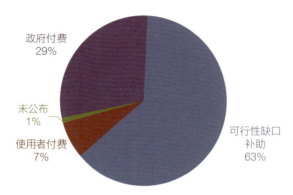

图7-7 我国智慧城市PPP项目回报机制

图片来源：数据由政府和社会资本合作中心智慧城市PPP项目汇总，截至2020年5月。笔者自绘

如图7-8所示。截至2020年5月，山东、湖北、湖南、安徽、陕西和河北采用可行性缺口补助方式的项目分别为10个、6个、6个、5个、5个和4个。山东、福建、新疆三个省区采用政府付费项目都是4个。可行性缺口补助方式仍是最主流的项目回报机制，同时，政府付费机制在智慧城市PPP项目建设大省中所占的比例同样较大。这说明政府出资或部分出资仍是项目的主要资金来源。

4. 按项目合作期限划分

如图7-9所示，合作期限≤10年的项目有28个，占项目总数的28%；合作期限11—15年的项目有42个，约占项目总数的41%；合作期限16—20年的项目有21个，约占项目总数的21%；合作期限≥21年的项目有10个，约占项目总数的10%。PPP模式下政府和社会资本方构成了"命运共同体"，通过尽量长的合作周期，可以最大限度地调动社会资本方的主动性、积极性、创造性，切实保障全寿命周期物有所值，确保政府及公众利益充分兑现。但从实际操作看，大多数项目合作期限较短。

截至2020年5月，我国各省智慧城市PPP项目合作期限主要集中在10年内和11—15年。安徽、福建、河北、湖北、湖南和陕西六省合作期限11—15年的项目所占比重较大；广西、黑龙江两省区的项目的合作期限均是10年之内。作为智慧城市PPP项目建设大省的山东，合作期限15年之内的项目占比超50%。这说明智慧城市PPP项目较长的合作期将导致开发者自身承担的义务和风险的期限较长，或将损伤社会资本方参与项目

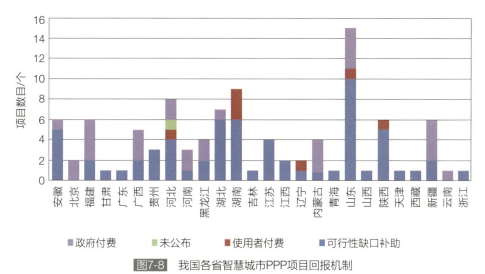

图7-8 我国各省智慧城市PPP项目回报机制

图片来源：数据由政府和社会资本合作中心智慧城市PPP项目汇总，截至2020年5月。笔者自绘

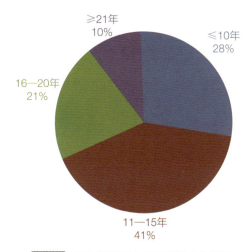

图7-9 我国智慧城市PPP项目合作期限

图片来源：数据由政府和社会资本合作中心智慧城市PPP项目汇总，截至2020年5月。笔者自绘

的积极性。在较短合作期限的前提下，出现"不可抗力"等"由双方共同承担风险"的情形下，再做延长合作期限的考虑是实际操作中的主要解决方法。具体情况如图7-10所示。

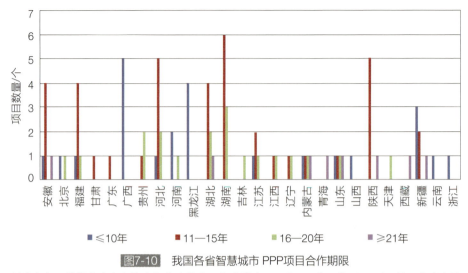

图7-10 我国各省智慧城市PPP项目合作期限

图片来源：数据由政府和社会资本合作中心智慧城市PPP项目汇总，截至2020年5月。笔者自绘

7.2.2 市场发展存在的主要问题

新型智慧城市PPP市场已经初具规模，但也尚面临诸多问题。这些问题一方面来自PPP模式自身面临的各类风险，另一方面来源于智慧城市建设和运营的特殊要求。

1. PPP模式自身面临的主要风险

PPP模式在实施过程中自身就面临政策、法律法规、营运、财务、政府信用等诸多方面的风险。

政策风险是指由于政府的决策程序不规范、缺乏PPP的运作经验和能力、前期准备不足和信息不对称等造成项目决策失误或过程冗长带来的风险。

法律法规变更风险主要是指由于采纳、颁布、修订、重新诠释法律或规定而导致项目的合法性、市场需求、产品/服务收费、合同协议的有效性等元素发生变化，从而对项目的正常建设和运营带来损害，甚至直接导致项目的中止和失败风险。PPP项目涉及的法律法规比较多，加之我国PPP项目还处在起步阶段，我国尚没有完善的PPP法律法规，这可能会导致原有项目合法性、有效性存在问题，给PPP项目的建设和运营带来不利影响，甚至直接导致项目失败和终止。

营运风险主要是指在实际运营过程中由于基础设施项目的经营状况或服务提供过程中受各种因素的影响，如审批延误、配套设施提供不足等因素，导致项目盈利能力达不到民营机构合作方预期水平的风险。

财务风险包括因PPP项目投入大、建设周期长、由货币贬值或汇率变化引起的收入减少，货币贬值减少收入的价值，降低项目的投资回报，存在汇率风险；民营部门在项目建设过程中因为融资渠道不畅，资金不到位导致项目失败。此外，PPP项目融资中可能涉及房地产抵押、信用保证、股权质押、应收账款质押等多种征信方式，实际操作中可能存在征信方式不能落实的风险。尤其对于非上市公司，股权质押和基础设施收益权应收账款质押等一些需要政府登记的征信方式，各地在执行中的口径尺度会有很大差异，因此在融资协议签订之前就要对不同地区的抵押登记政策进行了解。

政府信用风险是指政府不履行或拒绝履行合同约定的责任和义务而给项目带来直接或间接的危害。例如，一些地方政府为了"招商引资"，向企业承诺了过高的收益率，在高利润的诱惑下，有的企业没有进行充分论证就贸然进入，项目运营之后，政府负担不了支出压力，项目收益也就难以保证，导致政府信用风险的出现。

2. 智慧城市PPP存在的主要问题

由于PPP模式自身存在的诸多问题，导致PPP模式在智慧城市建设中应用尚不够广泛；此外，由于智慧城市建设的特殊性，智慧城市PPP项目还面临一些特殊瓶颈。例如缺乏专门的管理协调机构，即我国所开展的PPP项目多由各项目的管理部门自行负责，缺乏一个综合性部门对PPP项目实施规范管理，在智慧城市建设的实际工作中，多头管理、互相推诿、专业人员较少、资金运作不规范、项目操作不合规等问题时有发生。此外，应用也存在局限，例如对于一些保密性要求较高的基础设施引入社会资本会造成安全隐患。因此我国的智慧城市PPP市场存在以下问题。

（1）智慧城市PPP进展缓慢。PPP模式的快速发展为智慧城市建设带来了巨大发展机遇，但从当前实际情况看，我国智慧城市PPP项目数量偏少，这与现代城市发展对"智慧"的实际需求不符。与传统模式相比，采用PPP模式的流程更复杂，前期工作相对烦琐，周期较长。由于政府方内部管理不统一，对PPP项目的认识和实践不足，智慧城市PPP项目缺乏标准流程和操作指南，政府方PPP人才匮乏，难以解决PPP操作过程中不断涌现的新问题，一些PPP项目期限过长，民企和金融机构难以接受，融资难度加大，导致项目进度缓慢，也给项目后续实施工作带来困难。

（2）PPP运作方式比较单一。我国智慧城市PPP项目运作模式目前主要是BOT模式，其项目性质主要是新建项目。采用TOT模式和ROT模式的项目比重过小，这与国家发展改革委2017年7月印发的《关于加快运用PPP模式盘活基础设施存量资产有关工作的通知》（发改投资〔2017〕1266号）和《财政部关于进一步做好政府和社会资本合作项目示范工作的通知》（财金〔2015〕57号）就优先支持融资平台公司将存量项目转型为PPP项目，分类实施、规范有序盘活基础设施存量资产，实现投资良性循环所倡导的运作模式差距甚远。

（3）项目回报机制过度依赖政府付费。在智慧城市PPP项目中，绝大多数项目依靠政府付费，没有使用者付费的基础或者是使用者付费的空间挖掘不够。目前，一些地方政府债台高筑，在财政部印发的《政府和社会资本合作项目财政承受能力论证指引》（财金〔2015〕21号）对财政可承受能力进行量化控制，规定每一年度全部PPP项目需要从预算中安排的支出责任，占一般公共预算支出比例应当不超过10%的背景下，回报机制采用使用者付费或者可行性缺口补助方式意义重大。

（4）项目合作期限整体偏短。在智慧城市 PPP项目中大多数项目的合作期限为10—15年。2015年经国务院批准，下发《基础设施和公用事业特许经营管理办法》规定基础设施和公用事业特许经营期限最长不超过30年，2015年财政部《关于进一步做好政府和社会资本合作项目示范工作的通知》（财金〔2015〕57号）第二条第六款规定的PPP示范项目"原则上不低于10年"，作为智慧城市项目在PPP模式下合作期限总体偏短。鉴于智慧城市项目建设运维要求高、技术性强，动态性和风险性并存，社会资本方立足于项目全寿命周期，期限偏短难以充分调动其创新驱动要素，未能充分发挥政府和社会资本双方优势。

（5）社会资本采购方式竞争性不充分。PPP模式强调融资、投资、建设、运营、维护等一体化，促使社会资本方基于整个全寿命周期角度降低投资和运营维护成本，提高资金使用效率，从而保证项目预期效果。PPP模式的实质是绩效考核，按效付费，降低全寿命周期成本。PPP项目目标实现的前提是在采购过程中需要有充分的市场竞争作保障，但从当前项目实际运作看，有的项目时间紧张，强调快速完成采购，在采购过程中就会产生新的问题，如果采用非公开招标采购的方式，采购过程就没有充分的市场竞争，自然偏离了PPP项目的目标和本质。

7.3 新型智慧城市PPP项目运作流程

基于《关于印发政府和社会资本合作模式操作指南（试行）的通知》（财金〔2014〕113号），如图7-11所示，PPP项目操作流程一般可分为项目识别、项目准备、项目采购、项目执行和项目移交5个阶段。

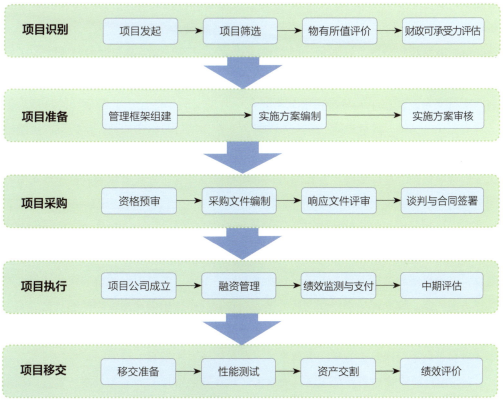

图7-11 PPP项目操作流程

图片来源：《政府和社会资本合作模式操作指南（试行）》

（1）项目识别阶段：该阶段由项目发起、项目筛选、物有所值评价和财政可承受力评估四个流程组成。在此阶段政府公共部门需要履行项目确定以及对项目的PPP具体模式进行模拟实施分析的职责。

（2）项目准备阶段：该阶段由管理框架组建、实施方案编制和实施方案审核三个流程组成。在此阶段中最主要的工作是实施方案编制。在项目实施方案编制时需要注意以下几个问题：①合理分配项目风险；②选择合适的项目运作方式；③选择合适的采购方式；④制定合理的交易结构；⑤设计合理的回报机制。

（3）项目采购阶段：该阶段由资格预审、采购文件编制、响应文件评审和谈判与合同签署四个流程组成。在此阶段政府公共部门需要履行项目确定以及对项目的PPP具体模式进行模拟实施分析的职责。在设置合理的资格预审条件前，应做好充分的市场测试，需充分了解项目所处社会资本的相关指标，了解项目所需的基本资质和经验要求。

（4）项目执行阶段：该阶段由项目公司成立、融资管理、绩效监测与支付和中期评估四个流程组成。项目执行阶段是PPP项目运作成功的关键，因为PPP项目从项目识别、项目准备到项目采购阶段可能只需要几个月的时间即可完成。而项目的执行阶段通常需要10—15年，甚至需要二三十年的时间。作为项目开始实施并产生效果的关键阶段，需要每3—5年进行一次中期评估。在项目执行阶段应有良好的履约管理能力和合理的绩效考核机制。良好的履约管理能力一方面是指政府对于项目公司的监管意识和监管能力，另一方面也指政府自身的履约意识和能力，其中阶段性政府付费能力是最核心内容。

（5）项目移交阶段：该阶段由移交准备、性能测试、资产交割和绩效评价四个流程组成，其中性能测试环节最为关键。在性能测试环节中，应该根据约定确认移交情形和补偿方案，制定资产评估和性能测试方案。项目移交工作组应严格按照性能测试方案和移交标准对移交资产进行性能测试。如性能测试结果不达标，移交工作组应要求社会资本或项目公司进行恢复性修理、更新重置或提取移交维修保函。

PPP项目操作较复杂，步骤多，周期长，对政府的管理能力要求较高。实践中，政府往往难以独自完成整个操作流程，需借助法律、技术、财务、环境以及其他领域的专业顾问力量。合理选择并有效管理顾问团队，对PPP项目的顺利实施至关重要。

7.4 新型智慧城市PPP项目案例

7.4.1 国内案例

1. 银川市智慧城市PPP项目

（1）基本情况

作为"国家智慧城市试点城市""国家信息消费试点城市""跨境贸易电子商务试点城市"和"宽带中国"示范城市[①]，宁夏银川为智慧城市PPP模式提供了社会资本进入智慧城市建设的蓝图样板。

2014年，银川市政府与中国上市通信设备制造商和领先的通信解决方案供应商——中兴通讯合作，积极探索智慧城市的实践，创新性地提出了智慧银川的构想（图7-12）。智慧银川建设率先引入了PPP模式。在项目设计阶段，银川市智慧城市PPP项目未采用建设后再移交的传统建设模式，而是由银川市政府与中兴通讯成立的国有控股合资项目公司，即中兴（银川）智慧产业有限公司进行智慧银川设计实施。公司注册资本为10亿元整，银川市政府出资90%，社会资本中兴通讯出资10%[②]。在合同50年期满之后，政府以政府付费形式每年向项目公司支付2亿元（信息服务费用）。政府50年间每年支付的价款形成稳定现金流，折现成为此项目公司的估值，通过资本化运作实现融资退出，完成前期的资本投资回报与资本收益。通过股票增值收益解决了智慧城市建设资金，化解了分散投资所造成的行政壁垒、信息孤岛问题，更解决了以往BT模式下更新换代的难题。银川市利用社会资本建成智慧城市的同时，还获得了股票增值带来的额外收益，未来将成为我国智慧城市建设的经典模式。

（2）项目意义

智慧银川是PPP模式首次融入智慧城市建设。政府购买解决一部分建设资金和监督、社会资本投入主导建设与运营，既有利于解决建设期间资金链条的断裂问题，也解

[①] 李慧娟. 银川PPP模式：让梦想照进现实. 和讯网, http://news.hexun.com/2015-09-01/178777174.html。
[②] 智慧城市引入PPP中兴通讯欲复制"银川模式". 凤凰财经, http://finance.ifeng.com/a/20150714/13837532_0.shtml。

图7-12 智慧银川应用体系

图片来源：根据财政部政府及社会资本合作中心公开资料整理

决了运营期间政府部门无法在升级换代上紧跟形势的问题。智慧城市建设中通过采集市民消费情况数据，提出需求，由项目公司成立中兴（银川）智慧城市研究院负责开发，项目成果归属于公司，并由公司负责根据国际标准运营及应用。形成一个"数据流量+资本"的良性闭环生态系统。通过政府购买服务及智慧城市的结构化融资方式，有效地解决了传统项目回报率低下的问题，打造了智慧银川2.0模式，使银川市成为国家智慧城市建造样板。

2. 合肥高新区智慧城市管理运营项目

2013年8月，合肥高新区入选住房城乡建设部第二批国家智慧城市试点地区。2014年12月15日，合肥高新区智慧城市管理运营项目成立，后入选财政部第二批次国家示范项目。根据《国家智慧城市创建任务书》要求，合肥高新区智慧城市管理运营项目初步投资估算26.5亿元①。为顺应经济新常态下投融资改革的发展趋势，高新区积极稳妥推广使用政府和社会资本合作机制（PPP）模式，通过公开招标的方式积极吸引社会资本的参与。

（1）基本情况

合肥高新区将打造"智慧高新"运营平台，主要负责合肥高新区行政区域范围内的智慧城市项目的顶层设计及深化、项目投资融资、项目建设的管理、项目的运营维护、智慧产业创新发展等。高新区将建设创新引领的科技人为型智慧城市，重点推进"1352"工程建设②；重点实施"城市公共信息平台、生态园区智慧环境监测、智能应急等"在内的14个智慧应用项目③，形成具有本地特色的智慧城市发展框架。项目运作采取设计—建设—运营—移交（DBOT）模式，按准备阶段项目合同设计，采取合肥高新区建发局控股占比20%，社会资本占比80%的方式成立项目公司，"合肥高新区智慧城市管理运营项目合作公司"作为运作主体。项目资本金54200万元，其中政府出资10840万元，社会资本出资43360万元。成立SPV项目公司后，再由社会资本自行融资216800万元④。合同期限分为项目的建设期和运营期，工期从2015年12月开始，合同期限为15年。高新区智慧城市管理运营项目计算期10年内，在建设期内分10年支出，每年约占高新区一般公共预算支出的5%以内，严格遵守国家的相关规定，并且符合各项法律法规对财政承受能力的要求。

本项目回报机制根据不同的子项目采用政府购买服务、可行性缺口补助和使用者付费模式。本项目政府购买服务和可行性缺口补助共149000万元，使用者付费为248000万元⑤。

在政府与项目公司签订一个长期的特许权合同后，由项目公司承担新建项目报批、

---

① 合肥市高新区引入PPP模式建设"智慧城市"．财政部网站，http://szs.mof.gov.cn/mofhome/mof/xinwenlianbo/anhuicaizhengxinxilianbo/201508/t20150811_1414161.html．
② 即构建1个整体智慧网络架构；实施民生、政务和产业3大智慧应用；推进"制度、政策、资金、运营、人才"5大保障体系；确保"安全保障支撑和标准体系支撑"2大支撑．
③ 重点实施十四个智慧应用项目：即基础网络建设、城市公共信息平台、城市公共基础数据库、建筑市场管理、智慧城区规划、建筑节能、生态园区智慧环境监测、智能交通、智慧应急、政务服务、社会服务、智慧物流、智慧语音示范工程、科技创新与产业服务平台．
④ 资料来源：合肥高新区智慧城市管理运营项目立项文件．
⑤ 数据来源：财政部政府及社会资本合作中心公开资料．

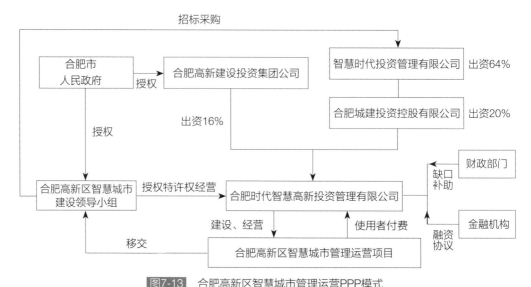

图7-13 合肥高新区智慧城市管理运营PPP模式

图片来源：根据财政部政府及社会资本合作中心公开资料整理

顶层设计及深化、项目投融资、项目建造、运营维护（项目范围只针对政府委托项目）和用户服务职责，合同期满后转移环节使政府拥有项目资产及相关收益所有权。政府方将不承担任何融资还款压力，获得的净现金流量现值最大，全投资税后财务内部收益率对社会投资者具有一定的吸引力，由社会资本负责智慧高新建设项目的建设、运营和移交等各项工作。符合合理分配风险的要求。执行阶段项目的PPP模式如图7-13所示。

（2）项目创新

第一，在全国率先采用公开招标方式，运用综合评价指标体系组建智慧城市PPP平台类主体。根据智慧城市创建试点要求，委托安徽合肥公共资源服务中心，面向全国公开、公平、公正选择项目合作伙伴。在项目招标过程中，高新区在全行业第一家制定了《智慧城市SPV运营公司综合评价指标体系》，并成功运用该指标体系遴选出优质社会资本合作方。项目合作公司或SPV公司承接并受托管理行政区划内所有的智慧城市项目建设、运营和管理。高新区政府与平台公司建立业务和投融资管控体系，无需再为每个具体项目建设出资成立众多公司主体。

第二，实现PPP模式应用于智慧城市整体建设的创新和突破。通常PPP合作模式只应用局限于智能交通、平安城市、智慧社区和水务处理等局部、单一的智慧城市项目。

本项目通过PPP方式，引进社会资本方，共同参与组建智慧城市管理运营平台公司。该公司将承接和受托运营整个合肥高新区行政区划内所有的智慧城市项目建设、运营和管理，包括"顶层设计及深化、项目投资融资、项目建设的管理、项目的运营维护、智慧产业创新发展"等，超越了传统意义上的智慧城市建设领域内的单体项目实施主体范畴。

第三，推进了智慧高新城市建设的应用创新及投融资机制创新。采取"发展商"的理念，推动各类智慧城市相关产业的国家级智库资源和产业支撑单位落户合肥高新区，促进智慧城市相关产业落户发展，从而进一步完善合肥国家级高新技术产业开发区的产业布局和功能定位，为项目后续成功实施奠定了坚实基础。对政府方（合肥高新区）来说，引进社会资本方不仅仅是完成智慧高新项目建设，也是"招商引资、招商引智"的双赢之举。项目实施将是PPP模式的有力创新，有利于促进各地区、各单位通过PPP方式创新更多合作模式，产生更多衍生价值。

第四，项目交易结构设计机制上侧重顶层设计与系统思维。要求SPV公司综合考虑规划方案的投融资结构、建设管理模式及后续运维服务模式，合理考虑公益性项目与运营类项目的分配比例，以系统思维统筹考虑政府付费比例与公众、企业付费比例的关系，充分发挥社会资本方在智慧城市建设的积极性及创新活力。

第五，实现了项目管理实现机制创新。建议高新区以混合所有制模式成立非营利性智囊咨询研究机构——高新区智慧城市发展研究中心，与高新区智慧办一起作为PPP项目的设计及监督部门，依托国家智库、知名院校及高新区的资源整合优势，负责PPP项目的识别与前期准备、出台PPP项目的建设运营标准，对政府购买服务的质量进行系统全面性评估，充分发挥高新区管委会实施PPP项目的"智库"和伴随服务职能，促进PPP可持续发展。

（3）潜在风险

第一，本项目技术未实现完全自主产权。智慧城市项目建设依靠的技术基础大多从国外引进，这必然导致购买和维修成本的加大。如一旦该技术或更新技术不再向我国提供，则将会给本项目带来技术风险。

第二，智慧城市项目的建设是通过各个平台相互协作运行的，特别依赖互联网。而已知的互联网所依赖的芯片、操作系统、路由器都有可能存在不可知的安全隐患，这也是本项目潜在信息安全风险。

第三，智慧城市项目涉及资金量巨大，融资过程可能存在违法违规举债担保。其中，由政府承担社会资本保底损失或承诺固定回报等，均属于为项目债务提供违规担保。

7.4.2 国外案例

PPP模式由于其在基础设施建设、社会服务提供方面有明显优势，被各个国家广泛使用。据世界银行统计，世界银行相关的基础设施PPP项目（PPI）在过去20年间得到快速发展，超过134个发展中国家采用PPP方式提供基础设施和社会服务，占相关国家基础设施总投资的15%—20%。

1. 德国柏林

欧洲的城市中，德国首都柏林始终位于智慧城市建设的前沿，引领创新模式的发展。柏林市智慧城市的建设特点是采用PPP合作机制，实现专业运营，数据共享。

柏林市政府和社会资本合作成立项目公司，旨在吸引投资的机构"柏林伙伴组织"（Berlin Partner GmbH）。从建设模式来看，柏林市政府负责智慧城市的建设、规划与协调组织；而"柏林伙伴组织"则负责提供后期一站式服务，包含具体项目的实施运作与10个试点区的运营维护。同时，真正实现智慧城市建设期间的800多个数据库数据共享，打造开放式平台，采用数据公平、透明发布的制度，使得参与方能够同时分享、跟进不涉及保密内容的数据，极大地提高了工作效率。

为了更好地建设智慧城市，合作有两种情况：一种是政府首先会在某个方面提出长远的宏观目标，并通过财政补贴的方式引导企业进行相关研究，最终从若干参与者中选出合适的合作者。另一种是像德国电信、西门子、宝马等大型企业为了推销本公司的某种产品或服务，会在全国范围内选择一个或几个城市进行试点，符合条件的或对项目感兴趣的城市会积极参加这些企业开展的试点竞赛。

从资金结构来看，柏林的智慧城市建设政府和社会资本各出资一半，各占一半股份。此外，还有多种投入资金来源，例如，欧盟的智慧城市建设项目拨款，一些达到欧盟标准及对欧洲发展有益的项目，如节能减排的智慧城市项目还可向欧盟申请支持专项资金；联邦政府、州与市级政府的财政补贴；奔驰、宝马等大型企业的积极参与。例如，"电动汽车国家发展计划"，并选取了包括柏林在内的4个州开展试点。在这个为期4年（截止时间为2016年）的项目中，联邦政府投入8000万欧元，柏林州政府投入6000万欧元，参与企业投入6000万欧元。

德国智慧城市建设的水平未必比中国城市高多少，但是其建设智慧城市的相关做法与经验，却非常值得我国众多专家学者、各级政府决策层参考以及各地在智慧城市建设过程中借鉴和学习。

2. 西班牙巴塞罗那

巴塞罗那在2015年Juniper Research的全球智慧城市排名中位列全球第一，是国际智慧城市建设的先行者，其极为合理的智慧城市综合规划广为世界所学习与借鉴。

巴塞罗那市与企业共同开发和设计了统一的智慧城市标准体系，包括基础设施的接口标准、数据采集标准、设备采购标准、技术标准等。这套智慧标准体系由巴塞罗那与企业共同拥有所有权，如果其他城市要采用这套标准体系，需要向巴塞罗那和企业支付专利费用。巴塞罗那利用专利费用的收入，来维持智慧城市日常运转和维护。

在合作伙伴的选择上，巴塞罗那重视政府与科技创新型企业的合作，打造科技创新中心。巴塞罗那政府和社会资本的合作中创新商业合作模式，在多个项目上与欧洲各国政府、思科、谷歌、IBM等高科技公司建立长期合作伙伴关系，合作内容不仅包括智慧城市项目的建设，还搭建了支撑智慧城市发展的科技创新体系，如建设企业孵化器、技术创新和技术转移中心等。完备的科技创新体系为巴塞罗那培养了专业技术人员，极大地促进了当地的智慧城市建设，同时也为巴塞罗那创造了大量的就业机会，为当地经济发展注入了新的动能。

在标准确定与收费机制上，巴塞罗那开发了拥有自主知识产权的智慧城市建设标准体系，并以此类模式的推广向其他采用的城市收取专利费。巴塞罗那市政府基于各类智慧城市项目的实践经验，广泛听取高新技术企业的行业意见，统一研发设计了智慧城市建设标准，从前期的设计开发、到后期的运营维护与执行等。其所有权为政府和社会资本所共有，使用权可以转让，但需向政府支付专利使用费，项目收益用于智慧城市日常的运营与维护。

3. 韩国釜山

韩国的智慧城市建设依托相互联通的服务器、广泛分布的传感设备以及高精尖的互联网技术，采用PPP模式打造基于大数据的云服务。

釜山作为韩国第二大城市、最大的城市港，已经发展成为韩国智慧城市建设的典型城市。在2005年提出了绿色"U-City"（Ubiquitous City）计划，将高科技融入城市基础设施建设，实现了跨港口、交通、旅游等多行业部门的互联互通。釜山绿色的"U-City"计划分为三个阶段。第一阶段重点关注设计与规划。将城市管理与开发功能集中于新成立的釜山手机软件中心（BMAC）之上，使用开放的城市数据实现信息的应用共享与开发。通过13家新子公司以及70个新开发的手机软件第一年即实现收入2200万美元。釜山的智慧城市建设实现了几项创新。一是高效率的云服务。能够在存量基础设施的基础上升级网络，实现向更多市民用户提供城市服务。作为开放式平台，绿色"U-City"整合了多项服务，同时向市民提供公益性的公共服务，并向企业等用户提供营利性的收费服务，并向第三方开发者提供市政数据，促进社会资本参与到城市存量项目的创新服务中来。2012年，为了促进可持续性发展，在第二阶段推行为期4年的发展规划。通过不断的市民新设备用户体验实验积累经验，在运营维护中重点关注内容管理，建设"智慧经济、智慧文化、智慧生活、智慧绿色"的新型城市。第三阶段将引入商业化的终端使用者，从面向免费的市民转为面向大商业集团与行业，建设更富创造性的商业化云服务平台。

釜山绿色"U-City"是釜山市政府、釜山信息工业振兴园（Busan IT Industry Promotion Agency）与国际科技巨头供应商思科公司和韩国电信（KT，韩国规模最大的电信公司）之间的合作，总投资达4.52亿美元，约定风险与收益共享。基于在韩国仁川经济自由区域（IFEZ）项目上的成功合作经验，各方共同成立KCSS，作为负责具体项目实施运营的公司，通过其全网覆盖的传感器网络，高度整合的移动网络，负责提供从交通到智慧建筑领域的全方位ICT技术合作。政府方提供一定的资金支持，从运营收入中收回成本。两个社会资本方思科与KT负责提供技术与运营的专业化支持，建设协作式云基础设施。思科于2009年负责主导运营管理，而KT作为手机运营商，超越了传统的服务范围，在"U-City"的城市设计与投资环节起到了相当重要的作用，并且负责后期的全盘运营。KT的手机移动云网络实现了全市100%覆盖。

拓展阅读1　我国PPP相关政策梳理

主旨	时间	出台部门	政策、事件	主要相关内容
框架性制度设计层面	2013.11	十八届三中全会	《中共中央关于全面深化改革若干重大问题的决定》	提出"允许社会资本通过特许经营等方式参与城市基础设施投资和运营",打开了重启PPP及配套政策制定的序幕
	2014.9	国务院	《关于加强地方政府性债务管理的意见》(国发[2014]43号)	推广使用PPP模式,鼓励社会资本通过特许经营等方式参与城市基础设施等有一定收益的公益性事业投资和运营
	2014.9	国务院	《关于深化预算管理制度改革的决定》(国发[2014]45号)	
	2014.9	财政部	《关于推广运用政府和社会资本合作模式有关问题的通知》(财金[2014]76号)	首次正式提出PPP的标准说法,提出框架性指导意见,进行多层次推广部署
初期推广和落实层面	2014.5	国家发展改革委	关于发布首批基础设施等领域鼓励社会投资项目的通知(发改基础[2014]981号)	首批推出的基础设施等领域鼓励社会资本参与的80个项目
	2014.5	财政部	财政部成立政府和社会资本合作(PPP)工作领导小组	财政部副部长担任领导小组组长。各地之后陆续成立PPP工作领导小组
	2014.11	国务院	《关于创新重点领域投融资机制鼓励社会投资的指导意见》(国发[2014]60号)	多个领域鼓励社会资本参与PPP,提出一系列放宽市场准入的政策措施以及创新融资方式
	2014.11	财政部	《关于印发政府和社会资本合作模式操作指南(试行)的通知》(财金[2014]113号)	从项目全生命周期操作流程,多角度指导PPP项目运作实施
	2014.12	国家发展改革委	《关于开展政府和社会资本合作的指导意见》(发改投资[2014]2724号)	公益性PPP项目可以采用政府购买服务,采用建设—拥有—运营(BOO)、委托运营等市场化模式推进

续表

主旨	时间	出台部门	政策、事件	主要相关内容
初期推广和落实层面	2014.12	财政部	关于印发《政府和社会资本合作项目政府采购管理办法》的通知（财库[2014]215号）	规范PPP项目采购程序，强调监督检查等
	2015.4	财政部	关于印发《政府和社会资本合作项目财政承受能力论证指引》的通知（财金[2015]21号）	要求财政部门采用定量和定性分析方法进行财政承受能力评估
	2015.4	财政部、国家发展改革委、住房城乡建设部等六部委	《基础设施和公用事业特许经营管理办法》（2015年第25号令）	对作为PPP模式之一的特许经营进行系统化的制度设计，强调投资者利益保护，提出创新融资渠道等
	2015.5	财政部、国家发展改革委、人民银行	《国务院办公厅转发财政部发展改革委人民银行关于在公共服务领域推广政府和社会资本合作模式指导意见的通知》（国办发[2015]42号）	重要里程碑，规定了PPP合作领域；明确财税补贴体制；放开符合条件的融资平台公司可作为社会资本参与PPP项目
	2015.9	财政部	关于公布第二批政府和社会资本合作示范项目的通知（财金[2015]109号）	确定北京市兴延高速等206个项目作为第二批PPP示范项目，总投资6589亿元
	2015.12	财政部	关于印发《PPP物有所值评价指引（试行）》的通知（财金[2015]167号）	物有所值评价包括定性评价和定量评价，现阶段以定性评价为主，鼓励开展定量评价
继续力推示范项目	2016.6	财政部	关于组织开展第三批政府和社会资本合作示范项目申报筛选工作的通知（财金函[2016]47号）	明确申报PPP示范项目程序，助推更多PPP项目落地实施
	2016.10	财政部、教育部、科技部等20部委	关于联合公布第三批政府和社会资本合作示范项目 加快推动示范项目建设的通知（财金[2016]91号）	确定北京市首都地区环线高速公路（通州—大兴段）等516个项目作为第三批PPP示范项目，计划总投资金额11708亿元

续表

主旨	时间	出台部门	政策、事件	主要相关内容
集中入库管理	2015.12	财政部	关于规范政府和社会资本合作（PPP）综合信息平台运行的通知（财金[2015]166号）	财政部开发建设PPP综合信息平台，所有PPP项目必须列入项目库，未入库项目不得列入各地PPP项目名录，原则上不得通过财政预算安排支出
	2016.3	财政部	财政部"全国PPP综合信息平台"首次披露	财政部搭建全国PPP综合信息平台，对2013年以来全国所有PPP项目纳入线上监管和信息共享
	2016.12	国家发展改革委	传统基础设施领域政府和社会资本合作（PPP）项目库管理办法（试行）	发展改革委的PPP项目库由国家发展改革委统一建设，各级发展改革委分级管理
	2017.1	财政部	关于印发《政府和社会资本合作（PPP）综合信息平台信息公开管理暂行办法》的通知（财金[2017]1号）	落实PPP信息公开工作，通过对PPP各方有效的监督和约束，保障公众知情权，促进PPP市场公平竞争、规范发展
	2017.2	财政部、天津金融资产交易所	PPP资产交易和管理平台成立	由财政部政府和社会资本合作中心与天津金融资产交易所共建的天金所"PPP资产交易和管理平台"在天津成立
	2017.3	财政部	关于印发《政府和社会资本合作（PPP）咨询机构库管理暂行办法》的通知（财金[2017]8号）	对纳入机构库的咨询机构进行管理
鼓励社资、规范运作	2016.5	财政部、国家发展改革委	关于进一步共同做好政府和社会资本合作（PPP）有关工作的通知（财金[2016]32号）	稳妥有序推进PPP工作，扎实做好PPP项目前期工作，建立完善合理的投资回报机制，着力提高PPP项目融资效率，加强PPP信息公开

续表

主旨	时间	出台部门	政策、事件	主要相关内容
鼓励社资、规范运作	2016.5	国家发展改革委、财政部	《关于进一步共同做好政府和社会资本合作（PPP）有关工作的通知》（财金［2016］32号）	挖掘PPP项目商业价值，鼓励社会资本创新管理
	2016.10	国家发展改革委	《传统基础设施领域实施政府和社会资本合作项目工作导则》（发改投资［2016］2231号）	特许经营优先
	2016.12	国家发展改革委、证监会	关于推进传统基础设施领域政府和社会资本合作（PPP）项目资产证券化相关工作的通知（发改投资［2016］2698号）	首次正式启动PPP项目资产证券化，明确PPP项目资产证券化的范围和标准
	2017.1	国务院	《国务院关于扩大对外开放积极利用外资若干措施的通知》（国发［2017］5号）	鼓励外资参与
	2017.1	国务院	《国务院办公厅关于促进开发区改革和创新发展的若干意见》（国发［2017］7号）	鼓励参与开发区PPP建设
规范各方行为、保障PPP合规运作	2017.4	财政部、国家发展改革委、司法部、人民银行、银监会、证监会	关于进一步规范地方政府举债融资行为的通知（财预［2017］50号）	制止利用PPP变相举债；要求PPP项目信息公开
	2017.7	国家发展改革委	国家发展改革委关于加快运用PPP模式盘活基础设施存量资产有关工作的通知（发改投资［2017］1266号）	运用PPP模式盘活基础设施存量资产，同时要规范与社会资本方的合作行为，严禁利用PPP模式违法违规变相举债
	2017.11	财政部	《关于规范政府和社会资本合作（PPP）综合信息平台项目库管理的通知》（财办金［2017］92号）	对"新增"和"存量"PPP项目均实行负面清单管理方式；严格新项目入库标准、集中清理已入库项目

续表

主旨	时间	出台部门	政策、事件	主要相关内容
规范各方行为、保障PPP合规运作	2017.11	国资委	《关于加强中央企业PPP业务风险管控的通知》（国资发财管〔2017〕192号）	加强央企PPP风险管控，不得通过引入"明股实债"类股权资金或者购买劣后级份额等方式承担应由其他方承担的风险
	2018.3	财政部	《关于规范金融企业对地方政府和国有企业投融资行为有关问题的通知》（财金〔2018〕23号）	除购买地方政府债券外，不得直接或通过地方国有企事业单位等间接渠道为地方政府及其部门提供任何形式的融资，不得提供债务性资金作为地方建设项目、政府投资基金PPP项目资本金
	2018.4	财政部	《关于进一步加强政府和社会资本合作（PPP）示范项目规范管理的通知》（财金〔2018〕54号）	分类处置核查存在问题的示范项目，后续强化信息公开，建立健全长效管理机制
	2018.9	财政部	《关于规范推进政府与社会资本合作（PPP）工作的实施意见（征求意见稿）》	规范的PPP项目形成中长期财政支出事项不属于地方政府隐形债务；原则上不再开展完全政府付费项目
	2018.11	财政部	《中共中央 国务院关于全面实施预算绩效管理的意见》（财预〔2018〕167号）	加快对PPP等各项政府投融资活动实施绩效管理，实现全过程跟踪问效
	2019.11	财政部	关于印发《政府会计准则第10号——政府和社会资本合作项目合同》的通知（财会〔2019〕23号）	为了适应权责发生制政府综合财务报告制度改革需要，规范政府方对政府和社会资本合作项目合同的确认、计量和相关信息的列报，提高会计信息质量
	2020.1	财政部	关于深入推进财政法治建设的指导意见（财法〔2020〕4号）	提升财政管理效能。依法规范推进政府和社会资本合作

续表

主旨	时间	出台部门	政策、事件	主要相关内容
规范各方行为、保障PPP合规运作	2020.2	财政部	关于印发污水处理和垃圾处理领域PPP项目合同示范文本的通知（财办金〔2020〕10号）	推动污水处理和垃圾处理领域PPP项目规范运作，加强项目前期准备和合同管理工作，组织编制污水处理厂网一体化和垃圾处理PPP项目合同示范文本
	2020.3	财政部	关于印发《政府和社会资本合作（PPP）项目绩效管理操作指引》的通知（财金〔2020〕13号）	规范政府和社会资本合作（PPP）项目全生命周期绩效管理工作，提高公共服务供给质量和效率，保障合作各方合法权益
鼓励PPP模式运用	2017.5	国家发展改革委	政府和社会资本合作（PPP）项目专项债券发行指引（发改办财金〔2017〕730号）	明确PPP专项债的发行指引，推动PPP专项债的后续发行
	2017.6	国家发展改革委	关于规范开展政府和社会资本合作项目资产证券化有关事宜的通知（财金〔2017〕55号）	要求分类稳妥推动、严格筛选、加强监管PPP资产证券化；完善PPP资产证券化的工作程序
	2017.7	国务院法制办、国家发展改革委、财政部	《基础设施和公共服务领域政府和社会资本合作条例（征求意见稿）》	国家保障各种所有制形式的社会资本方依法平等参与政府和社会资本合作项目，同时为后续立法打基础
	2017.9	国务院	《国务院办公厅关于进一步激发民间有效投资活力促进经济持续健康发展的指导意见》（国办发〔2017〕79号）	鼓励民间资本参与PPP，强调政府诚信体系建设，对政府失信行为依法追责到人，以激发民间有效投资
	2018.1	证监会	构建资本市场服务PPP企业融资发展的长效机制	针对《关于建立PPP退出机制的提案》，提出积极支持符合条件的PPP企业进行股权融资以及发行债券融资；通过资产证券化方式丰富PPP项目退出渠道

续表

主旨	时间	出台部门	政策、事件	主要相关内容
鼓励PPP模式运用	2018.4	文旅部、财政部	《关于在旅游领域推广政府和社会资本合作模式的指导意见》（文旅旅发[2018]3号）	在旅游领域推广PPP模式，优化旅游公益性服务和公共产品供给，促进旅游资源保护和合理利用
	2018.10	国务院	《关于保持基础设施领域补短板力度的指导意见》（国办发[2018]101号）	鼓励地方采用PPP模式，撬动民间投资投入补短板重大项目；加大推进合规PPP项目，推动合规PPP项目发行债券，加强PPP项目可行性论证
	2018.11	财政部	《关于加强中国政企合作投资基金管理的通知》（财金函[2018]95号）	要求中国政企合作投资基金股份有限公司、中国政企合作投资基金管理有限责任公司对民营企业参与的PPP项目给予倾斜，高度重视PPP规范管理工作
	2018.11	文旅部、财政部	《关于在文化领域推广政府和社会资本合作模式的指导意见》（文旅产业发[2018]96号）	鼓励社会需求稳定、具有可经营性、能够实现按效付费、公共属性较强的文化项目采用PPP模式
	2019.11	财政部、水利部	《水利发展资金管理办法》（财农[2019]54号）	鼓励采用政府和社会资本合作（PPP）模式开展项目建设，创新项目投资运营机制
	2019.11	国家发展改革委、财政部	《关于深化农村公共基础设施管护体制改革的指导意见》（发改农经[2019]1645号）	规范运用政府和社会资本合作模式，努力开拓市场化筹资渠道

续表

主旨	时间	出台部门	政策、事件	主要相关内容
鼓励PPP模式运用	2020.4	农业农村部	关于印发《社会资本投资农业农村指引》的通知	创新政府和社会资本合作模式。积极探索农业农村领域有稳定收益的公益性项目，推广政府和社会资本合作（PPP）模式的实施路径和机制，让社会资本投资可预期、有回报、能持续，依法合规、有序推进政府和社会资本合作。鼓励各级农业农村部门按照农业领域政府和社会资本合作相关文件要求，对本地区农业投资项目进行系统性梳理，筛选并培育适于采取PPP模式的乡村振兴项目，优先支持农业农村基础设施建设等有一定收益的公益性项目

注：依据"中债资信专题报告2018年第182期：融资平台PPP监管政策演变梳理"及"财政部PPP中心内容"整理。

拓展阅读2　我国智慧城市PPP项目梳理

项目	阶段	发起时间	金额（万元）	合同期限	运作方式	回报机制
管理库项目						
安徽省池州市江南产业集中区智慧交通PPP项目	准备	2019-07-18	3164.3	15年	BOT	可行性缺口补助
铜陵市智能交通科技基础设施建设PPP项目	准备	2019-07-11	11887	12年	BOT	可行性缺口补助

续表

项目	阶段	发起时间	金额（万元）	合同期限	运作方式	回报机制
河北省定州市智慧城市建设项目	准备	2019-06-03	56500	16年	BOT	可行性缺口补助
"智慧汉中"PPP项目	准备	2019-08-12	50202	15年	BOT	可行性缺口补助
贵州省桐梓县"智慧桐梓"建设PPP项目	准备	2018-12-01	34981	14年	DBOT+TOT	可行性缺口补助
西安市碑林区智慧社区PPP项目	准备	2018-07-30	17578.45	12年	BOT	可行性缺口补助
广西贵港市平南县智慧城市项目	执行	2018-12-25	56718.93	10年	BOT	政府付费
湖南省华容县新型智慧城市建设PPP项目	采购	2019-01-15	30155.21	15年	TOT+BOT	可行性缺口补助
桂平市智慧城市建设PPP项目	采购	2019-01-01	25165	10年	BOT	可行性缺口补助
河北省沧州市河间市智慧交通和疏堵保畅工程项目	采购	2017-08-01	4170	11年	BOT	使用者付费
上饶市大数据云中心PPP项目	执行	2018-06-29	134093.3	20年	其他	可行性缺口补助
智慧邹城（一期）PPP项目	采购	2018-01-12	17731.05	11年	BOT	可行性缺口补助
闽南数据湖产业园项目	准备	2018-06-04	92752	17年	BOT	可行性缺口补助
山西省忻州市原平市智慧城市建设工程PPP项目（一期）	准备	2018-08-13	10647	10年	BOT	可行性缺口补助
云南省普洱市景东彝族自治县城市智慧化建设PPP项目	采购	2018-08-10	12160	10年	BOT	政府付费

续表

项目	阶段	发起时间	金额（万元）	合同期限	运作方式	回报机制
贵德县智慧城市建设PPP项目	执行	2017-05-22	32583	25年	BOT	可行性缺口补助
山东省潍坊市寿光市平安城市建设PPP项目	准备	2018-05-18	30190.03	10年	BOT	可行性缺口补助
广西壮族自治区南宁市武鸣区平安武鸣PPP项目	执行	2017-09-27	14421.08	10年	其他	可行性缺口补助
河北省张家口公共安全视频监控建设联网应用（雪亮工程）PPP项目	采购	2017-03-15	17831	10年	未公布	未公布
广东省阳江市阳春市智慧城市PPP项目	采购	2017-02-17	19932	15年	DBOT	可行性缺口补助
江西省宜春市丰城市智慧城市建设项目	执行	2018-02-15	69284.51	15年	TOT+BOT	可行性缺口补助
河北省承德市丰宁满族自治县智慧城市项目	执行	2017-08-10	24853.65	11年	BOT	可行性缺口补助
广西玉林市智慧城市项目一期	准备	2017-01-11	45067.48	10年	BOT	政府付费
商河县智慧城市管理平台PPP项目	采购	2017-12-05	22029	11年	BOT	可行性缺口补助
天津市津南区"智慧津南"及数据湖（一期）建设PPP项目	执行	2018-03-01	225806.29	18年	BOT	可行性缺口补助
武汉食品工业加工智慧园区示范工程建设项目	采购	2017-03-08	25399	25年	BOT	可行性缺口补助
江苏省泰州市华东数据湖产业园及智慧姜堰PPP项目	执行	2017-08-14	366084.15	18年	BOT	可行性缺口补助
智慧石首建设PPP项目	采购	2016-11-24	16139	15年	BOT	可行性缺口补助

续表

项目	阶段	发起时间	金额（万元）	合同期限	运作方式	回报机制
陕西省汉中市汉台区智慧汉台PPP项目	执行	2017-01-18	26034.22	12年	BOT	可行性缺口补助
吉林省延边朝鲜族自治州延吉市延吉数据湖基础设施项目（PPP）	执行	2017-10-02	63529.12	17年	其他	可行性缺口补助
河北省石家庄市鹿泉区新型智慧城市PPP项目	准备	2018-03-11	63467	18年	BOT+BOO	可行性缺口补助
辽宁省大连市庄河市智慧城市一期工程PPP项目	执行	2016-09-05	21306.69	12年	BOT	可行性缺口补助
长汀（原中央苏区）智能运营中心PPP项目	执行	2017-11-20	24065.9	15年	BOT	政府付费
河北省承德市隆化县智慧城市PPP建设项目	执行	2016-08-01	9549	15年	BOT	可行性缺口补助
赫章县智慧赫章建设PPP项目	采购	2017-11-01	67972	17年	BOT	可行性缺口补助
泰兴智慧城市及周边配套设施建设项目	采购	2017-05-01	244917	13年	其他	可行性缺口补助
山东省聊城市茌平县"智慧城市"社会安全及县乡道智能交通系统建设PPP项目	准备	2017-09-01	13773.77	10年	BOT	可行性缺口补助
西咸新区空港新城"智慧空港"PPP项目	执行	2017-09-30	7324.1	11年	BOT	可行性缺口补助
诸城市智慧公安PPP项目	执行	2017-06-01	34554.05	12年	BOT	可行性缺口补助
广西贵港市智慧城市建设PPP项目	执行	2017-07-09	265844	10年	BOT	政府付费
福建省泉州市惠安县智慧城市PPP项目	准备	2017-07-06	49022	14年	BOT	政府付费

续表

项目	阶段	发起时间	金额（万元）	合同期限	运作方式	回报机制
智慧双牌（二期）PPP项目	执行	2017-07-12	14648	11年	BOT	可行性缺口补助
湖南省怀化市中方县智慧中方一期建设PPP项目	执行	2017-01-01	47306.25	20年	其他	可行性缺口补助
山东省青岛市市北区智慧城区（一期）PPP项目	执行	2017-07-29	150000	20年	BOT	政府付费
哈尔滨市阿城区智慧城市建设运营项目	采购	2016-10-01	738.44	10年	BOT	政府付费
河北省承德市滦平县"天网"深化工程PPP项目	执行	2017-02-01	9335.63	11年	BOT	政府付费
新疆维吾尔自治区阿克苏地区数字阿克苏地理空间数据服务平台建设PPP项目（第四批次国家级示范）	执行	2017-02-16	88632.11	30年	BOT	可行性缺口补助
新疆维吾尔自治区吐鲁番智慧城市建设项目一期	执行	2017-06-12	16157.23	11年	BOT	政府付费
北京市延庆区智慧环保政府和社会资本合作（PPP）项目	采购	2017-06-20	17228.88	20年	BOT	政府付费
内乡县教育信息化扶贫整县推进项目	执行	2017-08-03	29711.4	16年	BOT	政府付费
黑龙江省双鸭山市智慧城市PPP项目	执行	2017-07-06	24100	10年	BOT	可行性缺口补助
山东省聊城市东阿县智慧城市建设项目	执行	2017-03-15	49516	25年	BOT	可行性缺口补助
湖北省天门市智慧城市建设与运营	执行	2016-11-14	5290.62	12年	BOT	可行性缺口补助
山东省威海市乳山市平安城市工程PPP项目	执行	2017-01-18	16618.79	16年	BOT	可行性缺口补助

续表

项目	阶段	发起时间	金额（万元）	合同期限	运作方式	回报机制
黑龙江省哈尔滨市方正县智慧城市项目	执行	2016-01-05	6355.94	10年	BOO	政府付费
福建省泉州市智慧丰泽（一期）PPP项目	执行	2016-01-28	45494	10年	BOT	政府付费
舞钢市智慧城市建设项目	执行	2016-08-01	17002.02	10年	BOT	政府付费
河南省信阳市光山县"智慧光山"建设PPP项目	执行	2017-01-10	24992.5	10年	BOT	可行性缺口补助
湖南省益阳市桃江县智慧桃江建设PPP项目	执行	2016-12-09	25310	15年	DBFOT	可行性缺口补助
湖南省湘西州凤凰县智慧城市建设PPP项目（第四批次国家级示范）	执行	2017-01-10	200971.93	20年	未公布	使用者付费
内蒙古阿拉善盟智慧阿拉善（一期）项目（第四批次国家级示范）	执行	2016-10-01	34263.62	13年	BOT	政府付费
新疆昌吉市准东经济技术开发区平安城市视频监控系统建设项目	执行	2016-11-09	8345.91	10年	TOT+ROT	政府付费
湖南省娄底市智慧娄底建设PPP项目	执行	2016-04-14	70192.74	19年	其他	使用者付费
吉首市智慧城市建设	执行	2016-05-04	40000	15年	BOT	可行性缺口补助
江苏省丹阳市智慧城市项目	执行	2016-05-05	14699	15年	BOT	可行性缺口补助
安徽省合肥市庐江县智慧城市管理运营项目	执行	2016-04-18	100000	25年	DBOT	可行性缺口补助
山东省章丘市智慧城市视频监控"天网"工程PPP项目	执行	2016-01-01	9598	10年	BOT	政府付费

续表

项目	阶段	发起时间	金额（万元）	合同期限	运作方式	回报机制
湘潭市"新型智慧城市"PPP项目（第三批次国家级示范）	执行	2016-07-06	285678	12年	BOT	可行性缺口补助
福建省泉州市公安智能交通系统工程（一期）PPP项目（第三批次国家级示范）	执行	2016-05-18	13911.82	11年	其他	政府付费
安徽省池州市社会服务管理信息化平台PPP项目	执行	2016-05-10	10547	11年	BOOT	可行性缺口补助/政府付费+使用者付费
河北省沧州市任丘市智能交通系统工程	执行	2016-03-01	25459.92	11年	BOT	政府付费
内蒙古自治区通辽市视频信息共享平台	执行	2015-08-01	13800	10年	BOT	政府付费
浙西数据中心	执行	2016-01-07	12103	10年	BOT	可行性缺口补助
山东省烟台市招远市智慧金都项目	执行	2017-01-05	119800	20年	BOT	可行性缺口补助
宁乡县智慧城市	执行	2015-11-15	46100	14年	其他	使用者付费
黑龙江省大庆市信息惠民工程PPP项目	执行	2015-12-15	25957.09	10年	BOT	可行性缺口补助
淮安市智慧城市项目	执行	2015-07-01	88000	10年	BOO	可行性缺口补助
安徽省淮南智慧城市民生领域建设PPP项目（智慧医疗）（第三批次国家级示范）	执行	2015-07-29	12595	10年	BOT	政府付费
山东省日照市五莲县智慧交通和智慧城管建设项目	执行	2015-05-10	8876	10年	BOT	政府付费

续表

项目	阶段	发起时间	金额（万元）	合同期限	运作方式	回报机制
合肥高新区智慧城市管理运营项目（第二批次国家级示范）	执行	2014-12-15	271000	15年	BOT	可行性缺口补助
智慧老河口（第三批次国家级示范）	执行	2015-02-02	7343	15年	TOT+BOT	可行性缺口补助
山东省济宁市任城区山东智慧城市产业园建设项目（第三批次国家级示范）	执行	2015-04-06	322464.24	30年	BOO	政府付费
山东省滨州市阳信县"智慧阳信"项目（第三批次国家级示范）	执行	2014-10-17	94000	13年	BOT	可行性缺口补助
新疆维吾尔自治区昌吉州木垒县新型智慧木垒建设项目	执行	2015-11-11	19712	10年	BOT	政府付费
西藏自治区日喀则市智慧日喀则建设（一期）	采购	2017-01-05	331121.29	25年	BOT	可行性缺口补助
湖北省恩施州来凤县互联网大数据中心项目（第四批次国家级示范）	执行	2017-05-05	178080.65	20年	BOT	可行性缺口补助
储备清单库项目						
喀什市智慧城市	准备	2015-10-12	20339.84	10年	BOT	政府付费
天水市智慧城市项目	准备	2020-05-09	22600.66	11年	TOT+BOT	可行性缺口补助
山东省莱芜市智慧城市项目	准备	2015-05-01	91070	10年	BOT	可行性缺口补助
房山区智慧城市建设项目	准备	2016-10-19	300000	10年	BOT	政府付费
黔南州瓮安智慧城市建设项目	准备	2015-06-24	40000	20年	BOO	可行性缺口补助

续表

项目	阶段	发起时间	金额（万元）	合同期限	运作方式	回报机制
湖北省荆门市钟祥市智慧城市建设	准备	2018-07-13	80000	20年	BOT	可行性缺口补助
新宾满族自治县智慧城市建设项目	准备	2016-07-06	48701	20年	BOT	使用者付费
荆门市智慧荆门项目	准备	2015-10-14	96000	15年	BOT	政府付费
山东省济宁市泗水县智慧泗水建设项目	准备	2015-05-20	40000	30年	BOT	使用者付费
内蒙古自治区鄂尔多斯市东胜区智慧城市建设2016年提升工程（I-dongsheng公众服务平台）	准备	2016-03-28	5300	17年	BOT	政府付费
信息化产业园(大数据)及智慧石泉项目	准备	2017-06-23	5649.86	15年	BOT	可行性缺口补助
福建省福州市城市运营管理中心	准备	2017-05-05	11358	12年	BOT	可行性缺口补助
新疆维吾尔自治区乌鲁木齐市机动车智能服务平台项目	准备	2019-02-14	49058	13年	BOT	可行性缺口补助
鄂尔多斯云计算标准化数据机房建设工程项目	准备	2016-10-07	94989	30年	BOT	可行性缺口补助
陕西省商洛市丹凤县航空航天博览园项目	准备	2017-03-14	55000	25年	BOT	使用者付费

注：资料来源于政府和社会资本合作中心，截至2020年5月。统计项目均入选财政部政府和社会资本合作中心[①]的"管理库项目"或"储备清单"，所属行业为科技—智慧城市。

---

① 财政部政府和社会资本合作中心（China Public Private Partnerships Center，CPPPC），简称PPP中心，官方网址为http://www.cpppc.org/。主要承担政府和社会资本合作（PPP）相关的政策研究、咨询培训、能力建设、融资支持、信息统计和国际交流等工作。

第8章　新型智慧城市建造组织实施模式

新型智慧城市成为我国下一阶段新型城镇化深入推进、城市转型发展的关键抓手，是促进城市健康、安全、可持续发展的重要方案。截至2019年2月，全国100%的副省级以上城市、93%的地级以上城市，总计约700多个城市（含县级市）提出或在建智慧城市。如何高效组织实施新型智慧城市的建造过程是保障智慧城市综合投资效益发挥的重要保障。《国务院办公厅关于促进建筑业持续健康发展的意见》（国办发［2017］19号）将"培育全过程工程咨询"和"加快推行工程总承包"作为完善工程建设组织模式的两项重要举措。因此，本章主要介绍全过程工程咨询和工程总承包的相关政策、实施要求以及相关案例，为新型智慧城市建设提出依据。

8.1　全过程工程咨询

全过程工程咨询服务是一种创新咨询服务组织实施方式，大力发展以市场需求为导向、满足委托方多样化需求的新型咨询服务模式。全过程工程咨询服务可采用多种组织方式，由项目投资人委托一家单位负责或牵头组织全过程工程咨询服务团队，并由全过程工程项目管理师作为全过程工程咨询服务团队总负责人和总咨询师，为项目决策至运营持续提供局部或整体解决方案，以及项目各阶段咨询和全过程管理服务。

8.1.1 政策要求

1. 国家层面政策要求

目前，针对全过程工程咨询提出要求的国家层面政策文件主要有《国务院办公厅关于促进建筑业持续健康发展的意见》（国办发〔2017〕19号）及《国家发展改革委 住房城乡建设部关于推进全过程工程咨询服务发展的指导意见》（发改投资规〔2019〕515号）。

（1）《国务院办公厅关于促进建筑业持续健康发展的意见》相关规定

2017年2月，《国务院办公厅关于促进建筑业持续健康发展的意见》（国办发〔2017〕19号）首次提出，要"培育全过程工程咨询"。"鼓励投资咨询、勘察、设计、监理、招标代理、造价等企业采取联合经营、并购重组等方式发展全过程工程咨询，培育一批具有国际水平的全过程工程咨询企业。"同时还要求，"政府投资工程应带头推行全过程工程咨询，鼓励非政府投资工程委托全过程工程咨询服务。"

《国务院办公厅关于促进建筑业持续健康发展的意见》针对"全过程工程咨询"的核心要点如下：

1）明确了培育全过程工程咨询的主要目的："培育一批具有国际水平的全过程工程咨询企业"，使工程咨询类企业不仅能为委托方（业主）提供全过程集成化服务，而且具有国际竞争力，应对建筑市场国际化挑战。

2）指出了工程咨询类企业全过程工程咨询发展路径："鼓励投资咨询、勘察、设计、监理、招标代理、造价等企业采取联合经营、并购重组等方式发展全过程工程咨询"。

3）指明了培育全过程工程咨询的发展路径："政府投资工程应带头推行全过程工程咨询。"通过政府投资工程的引导和带动作用，促进非政府投资工程委托全过程工程咨询服务。

（2）《国家发展改革委 住房城乡建设部关于推进全过程工程咨询服务发展的指导意见》相关规定

为了更好地贯彻落实《国务院办公厅关于促进建筑业持续健康发展的意见》，2019年3月，《国家发展改革委 住房城乡建设部关于推进全过程工程咨询服务发展的指导意见》（发改投资规〔2019〕515号，以下简称《指导意见》）联合印发，对于推进全过程工程咨询服务发展，提升固定资产投资决策科学化水平，进一步完善工程建设组织模式，推动高质量发展具有重要意义。

该《指导意见》指出，改革开放以来，我国工程咨询服务市场化、专业化快速发展，形成了投资咨询、招标代理、勘察、设计、监理、造价、项目管理等咨询服务业态。随着我国固定资产投资项目建设水平逐步提高，为更好地实现投资建设意图，投资者或建设单位在固定资产投资项目决策、工程建设、项目运营过程中，对综合性、跨阶段、一体化的咨询服务需求日益增强。这种需求与现行制度造成的单项服务供给模式之间的矛盾日益突出。因此，有必要创新咨询服务组织实施方式，大力发展以市场需求为导向、满足委托方多样化需求的全过程工程咨询服务模式。

该《指导意见》针对"全过程工程咨询"的核心要点如下：

1）明确了培育发展全过程工程咨询的两个着力点：坚持市场培育和政府引导相结合的原则，鼓励咨询单位根据市场需求，从投资决策、工程建设、运营等项目全生命周期角度，开展跨阶段咨询服务组合或同一阶段内不同类型咨询服务组合，发展多种形式的全过程工程咨询服务模式。同时，结合投资高质量发展和工程质量提升需求，立足关键环节，针对投资决策和建设实施两个阶段，重点培育发展投资决策综合性咨询和工程建设全过程咨询，为推进全过程工程咨询指明了发展方向和实施路径。

2）明确了投资决策综合性咨询的内容和方式：要求投资决策综合性咨询要统筹考虑影响项目可行性的各种因素，将各专项评价评估一并纳入可行性研究统筹论证，提高决策科学化水平。投资决策综合性咨询服务可由工程咨询单位采取市场合作、委托专业服务等方式牵头提供，或由其会同具备相应资格的服务机构联合提供。鼓励纳入有关行业自律管理体系的工程咨询单位开展综合性咨询服务，鼓励咨询工程师（投资）作为综合性咨询项目负责人。

3）明确了工程建设全过程咨询的内容和条件：鼓励实施工程建设全过程咨询，由咨询单位提供招标代理、勘察、设计、监理、造价、项目管理等全过程咨询服务。工程建设全过程咨询单位提供勘察、设计、监理或造价咨询服务时，应当具有与工程规模及委托内容相适应的资质条件。工程建设全过程咨询项目负责人应当取得工程建设类注册执业资格且具有工程类、工程经济类高级职称，并具有类似工程经验。对于工程建设全过程咨询服务中承担工程勘察、设计、监理或造价咨询业务的负责人，应具有法律法规规定的相应执业资格。

4）明确了全过程工程咨询服务酬金计取方式：全过程工程咨询服务酬金可在项目投资中列支，也可根据所包含的专项服务（投资咨询、招标代理、勘察、设计、监理、项目管理等）在项目投资中列支的费用进行支付。全过程工程咨询服务酬金既可按各专项服务费用叠加后再增加相应统筹管理费用计取，也可按人工成本加酬金方式计取。鼓励投资者或建设单位根据咨询服务节约的投资额对咨询单位予以奖励。

2. 地方层面政策要求

目前我国全过程工程咨询尚处于推广和试点阶段，2017年5月2日，住房城乡建设部发布《关于开展全过程工程咨询试点工作的通知》（建市〔2017〕101号），确定北京、上海等8个省市以及40家咨询企业率先开展为期两年的全过程工程咨询试点工作，其中北京市及上海市暂未出台全过程工程咨询试点工作方案。以下主要梳理各试点省市开展全过程工程咨询有关的政策内容要求。

江苏：江苏省住房城乡建设厅于2017年1月3日发布《关于推进工程建设全过程项目管理咨询服务的指导意见》（苏建管〔2016〕730号），旨在全面整合工程建设过程中所需的咨询服务业务，引导开展全过程工程项目管理咨询服务。被住房城乡建设部列为全过程工程咨询试点省份后，江苏省住房城乡建设厅于2017年10月27日又发布《江苏省开展全过程工程咨询试点工作方案》（苏建科〔2017〕526号，以下简称《试点工作方案》），推进全过程工程咨询试点。该《试点工作方案》包括五方面内容，即：指导思想、工作目标、工作内容、工作进度、保障措施。核心内容包括：未将勘察设计管理纳入全过程工程咨询服务范围、明确了全过程工程咨询单位应具备的资质条件、对全过程工程咨询服务计费方式未作出进一步规定、明确了建设单位和全过程工程咨询单位的义务和责任、制定全过程工程咨询服务技术标准和合同范本以及推进工程咨询类业务一体化融合发展。

浙江：2017年6月13日，浙江省住房城乡建设厅发布的《浙江省全过程工程咨询试点工作方案》（建建发〔2017〕208号）包括七方面内容，即：指导思想、工作目标、工作依据、实施部门、工作步骤、试点内容、保障措施。核心内容包括：未将工程设计纳入全过程工程咨询服务范畴、强调全过程工程咨询单位的独立性、区分不同类别项目实施不同的委托方式、倡导采用"基本酬金加奖励"的计费模式以及明确了全过程工程咨询单位的代理权。

福建：2017年8月30日，福建省住房城乡建设厅发布的《福建省全过程工程咨询试点工作方案》（闽建科〔2017〕36号）包括六方面内容，即：指导思想、工作目标、实施部门、工作步骤、试点内容和措施、工作保障。核心内容包括：比较准确地界定了全过程工程咨询服务范围、引导勘察设计单位发展全过程工程咨询、明确了全过程工程咨询服务资质资格要求、探索全过程工程咨询业务委托方式、规定全过程工程咨询服务有两种计费模式以及明确了全过程工程咨询单位的代理权。

湖南：2017年12月21日，湖南省住房城乡建设厅发布的《湖南省全过程工程咨询试点工作方案》（湘建设函〔2017〕446号）包括四方面内容，即：总体要求、工作步骤、主要举措、保障措施。核心内容包括：未将勘察设计管理纳入全过程工程咨询服务范围、放宽全过程工程咨询企业资质与资格限制、明确了全过程工程咨询服务计费及支付方式、积极鼓励工程技术创新以及加快全过程工程咨询政策标准体系建设。

广东：2017年8月7日，广东省住房城乡建设厅发布的《广东省全过程工程咨询试点工作实施方案》（粤建市〔2017〕167号）包括五方面内容，即：总体要求、实施部门、工作任务、实施步骤、保障措施。核心内容包括：未将勘察设计管理纳入全过程工程咨询服务范畴、准确描述了全过程工程咨询服务资格要求、提出了全过程工程咨询的总分包实施模式、规定全过程工程咨询服务有两种计费模式以及明确了全过程工程咨询单位的代理权。

四川：2017年7月17日，四川省住房城乡建设厅发布的《四川省全过程工程咨询试点工作方案》（川建发〔2017〕11号）包括六方面内容，即：指导思想、基本原则、工作目标、工作内容、实施步骤、保障措施。核心内容包括：未将勘察设计管理纳入全过程工程咨询服务范畴、兼顾既有"工程咨询"服务主体、强调工程勘察设计单位和工程监理单位的优势、创新全过程工程咨询委托方式、规定全过程工程咨询服务有两种计费模式以及推进全过程工程咨询服务标准化建设。

8.1.2 实施要点

所谓全过程工程咨询，是指工程咨询方综合运用多学科知识、工程实践经验、现代科学技术和经济管理方法，采用多种服务方式组合，为委托方在项目投资决策、建设实施阶段提供局部或整体解决方案的智力性服务活动。

这里的"工程咨询方",可以是具备相应资质和能力的一家咨询单位,也可以是多家咨询单位组成的联合体。对新型智慧城市而言,"委托方"可以是投资方、建设单位,也可能是运营单位。全过程工程咨询强调技术、经济和管理相结合的综合性咨询。

1. 全过程工程咨询服务内容

根据《国家发展改革委 住房城乡建设部关于推进全过程工程咨询服务发展的指导意见》(发改投资规〔2019〕515号),全过程工程咨询服务内容可分为投资决策综合性咨询和工程建设全过程咨询。

(1)新型智慧城市投资决策综合性咨询,是指综合性工程咨询单位接受投资者委托,就新型智慧城市投资项目的技术、经济、生态环境、能源、资源、安全等影响可行性的要素进行分析研究和论证,为投资者提供决策依据和建议,其目的是减少分散专项评价评估,避免可行性研究论证碎片化。

(2)新型智慧城市建设全过程咨询,是指由一家具有相应资质条件的咨询企业或多家具有相应资质条件的咨询企业组成联合体,为新型智慧城市建设单位提供招标代理、勘察、设计、监理、造价咨询、项目管理等全过程咨询服务,满足建设单位一体化服务需求,增强工程建设过程的协同性。

2. 全过程工程咨询服务本质

全过程工程咨询内涵丰富,要将全过程工程咨询与其他相关概念相区别。首先,要将"制度"与"模式"相区别。全过程工程咨询是一种工程建设组织模式,不是一种制度。工程监理、工程招标投标等属于制度,制度的本质是"强制性";而模式的本质是"选择性"。其次,要将"全过程工程咨询"与"项目管理服务"相区别。全过程工程咨询强调技术、经济、管理的综合集成服务;而项目管理服务主要侧重于管理咨询。第三,要将"全过程"与"全寿命期"相区别。全过程工程咨询业务可以覆盖项目投资决策、建设实施全过程,但并非每一项目都需要从头到尾进行咨询,也可以是其中若干阶段。而且,运营维护期咨询可看作是全过程工程咨询的"外延"。

8.2 工程总承包

工程总承包是国际公认和普遍采用的一种承包方式，大力推行工程总承包，将有利于实现设计、采购、施工等各阶段工作的深度融合，发挥工程总承包企业的技术和管理优势，提高工程建设水平。当前，我国新型智慧城市建设模式已形成传统的设计施工分别承包模式、工程总承包、政府和社会资本合作（PPP）等多模式并存的局面。根据现有研究，现阶段新型智慧城市以工程总承包及PPP模式开展建设的项目占比近八成，其中工程总承包模式占比最大（41%）。工程总承包已成为我国新型智慧城市建设中最常用的模式之一。

我国早在1984年就开始出台推进工程总承包的相关政策，随着2016年2月《中共中央 国务院关于进一步加强城市规划建设管理工作的若干意见》（中发［2016］6号）的发布，标志着工程总承包模式在我国进入快速发展阶段，相关政策和实施要求在不断变更和完善。鉴于此，本节将重点讨论2016年以来工程总承包模式最新的相关政策以及在新型智慧城市建设背景下该组织模式的实施要求。

8.2.1 政策要求

1. 国家层面政策要求

2016年2月6日，为进一步加强和改进城市规划建设管理工作，解决制约城市科学发展的突出矛盾和深层次问题，开创城市现代化建设新局面，《中共中央 国务院关于进一步加强城市规划建设管理工作的若干意见》（中发［2016］6号）发布，明确指出要深化工程建设实施组织方式改革，推广工程总承包模式。随后，国家层面密集出台一系列工程总承包相关的推广政策。

（1）《关于进一步推进工程总承包发展的若干意见》（建市［2016］93号）

2016年5月20日，住房城乡建设部印发《关于进一步推进工程总承包发展的若干意见》（以下简称《若干意见》），深化工程建设组织实施方式改革。

《若干意见》的核心要点如下：

1）大力推进工程总承包。工程总承包一般采用"设计—采购—施工"总承包或者

"设计—施工"总承包模式。政府投资项目和装配式建筑应当积极采用工程总承包。

2）完善工程总承包管理制度。工程总承包发包阶段可以在可行性研究、方案设计或者初步设计完成后。工程总承包企业应当具有与工程规模相适应的设计资质或者施工资质。工程总承包项目经理应取得工程建设类注册执业资格或高级专业技术职称，并具有工程总承包相关的工作经历。工程总承包企业可以在其资质证书许可工程项目范围内自行实施设计和施工，也可以根据合同约定或者经建设单位同意，直接将设计或者施工业务择优分包给具有相应资质的企业。工程总承包企业对工程质量、安全、工期和造价等全面负责。

3）提升企业工程总承包能力和水平。工程总承包企业要根据业务需要，调整和完善组织机构，形成集设计、采购和施工管理一体化的组织体系。加强工程总承包项目管理体系和管理人才队伍建设。

4）加强推进工程总承包发展的组织和实施。各级建设主管部门加强工程总承包企业的培育，扩大工程总承包的影响力。充分发挥行业协会的作用，开展政策研究，组织人才培训和经验交流。

（2）《国务院办公厅关于促进建筑业持续健康发展的意见》（国办发〔2017〕19号）

2017年2月24日，为进一步深化建筑业"放管服"改革，加快产业升级，促进建筑业持续健康发展，为新型城镇化提供支撑，国务院办公厅发布《国务院办公厅关于促进建筑业持续健康发展的意见》（国办发〔2017〕19号），提出要完善工程建设组织模式，加快推行工程总承包。

具体要求包括：政府投资工程应完善建设管理模式，带头推行工程总承包。加快完善工程总承包相关的招标投标、施工许可、竣工验收等制度规定。按照总承包负总责的原则，落实工程总承包单位在工程质量安全、进度控制、成本管理等方面的责任。除以暂估价形式包括在工程总承包范围内且依法必须进行招标的项目外，工程总承包单位可以直接发包总承包合同中涵盖的其他专业业务。

（3）《房屋建筑和市政基础设施项目工程总承包管理办法》（建市规〔2019〕12号）

2019年12月23日，为规范房屋建筑和市政基础设施项目工程总承包活动，提升工程建设质量和效益，住房城乡建设部、国家发展改革委制定了《房屋建筑和市政基础设施项目工程总承包管理办法》（以下简称《管理办法》）。《管理办法》就工程总承包定义、范围、项目承发包要求、单位条件、招标投标、施工、咨询、管理等相关内容进行了全方位的规定。该办法自2020年3月1日起施行,是工程总承包模式在我国推行以来首次从部委层面建立的统一规则。标志着工程总承包模式已成为国家建筑产业发展的重点方向,具有广阔的市场前景,并且随着EPC工程在整个工程市场的比重日益增大,将直接影响工程市场的结构升级。

与《若干意见》(建市〔2016〕93号)相比,《管理办法》在内容上做了多方面调整。

1)工程总承包实施范围更加灵活。《管理办法》指出"建设内容明确、技术方案成熟的项目,适宜采用工程总承包方法。"未明确提出关于装配式建筑和政府投资项目采用总承包方式的规定,给予建设单位更大的选择权,有助于工程总承包模式的健康发展。

2)工程总承包企业双资质要求。《若干意见》规定工程总承包企业应当具有工程规模相适应的工程设计资质或者施工资质,即相应的设计资质或施工资质都可以承揽工程总承包业务。《管理办法》指出"工程总承包单位应当同时具有与工程规模相适应的工程设计资质和施工资质,或者由具有相应资质的设计单位和施工单位组成联合体。"

3)工程总承包的承发包阶段。《若干意见》提出建设单位可以根据项目特点,在可行性研究、方案设计或者初步设计完成后,按相关规定进行工程总承包项目发包。为了适应《政府投资条例》有关要求,《管理办法》对工程总承包承发包阶段重新做了规定:"建设单位应当在发包前完成项目审、核准或者备案程序。采用工程总承包方式的企业投资项目,应当在核准或者备案后进行工程总承包发包。采用工程总承包方式的政府投资项目,原则上应当在初步设计审批完成后进行工程总承包项目发包;其中,按照国家有关规定简化报批文件和审批程序的政府投资项目,应当在完成相应的投资决策审批后进行工程总承包项目发包。"

4)工程总承包风险分摊原则。《若干意见》只规定了"公平合理分担风险",而《管理办法》则做了更加详细的规定:"建设单位和工程总承包单位应当加强风险管理,合理分担风险。建设单位承担的风险主要包括:(一)主要工程材料、设备、人工价格和招标时基期价相比,波动幅度超过合同约定幅度的部分;(二)因国家法律法规政策变化引起的合同价格的变化;(三)不可预见的地质条件造成的工程费用和工期变化;(四)因建设单位原因产生的工程费用和工期的变化;(五)不可抗力造成的工程费用和工期的变化。具体风险分担内容由双方在合同中约定。鼓励建设单位和工程总承包单位运用保险手段增强防范风险能力。"

5）政府投资项目合同价格形式不做要求。《若干意见》规定工程总承包项目可以采用总价合同或者成本加酬金合同，虽然没有对工程总承包项目价格形式做强制规定，但指向性非常清晰，即固定总价计价。相比之下，《管理办法》对政府投资项目合同价格形式不做要求，提出"企业投资项目的工程总承包宜采用总价合同，政府投资项目的工程总承包应当合理确定合同价格形式。"

6）工程总承包项目投标单位要求。《管理办法》规定参与前期工作的咨询设计单位可以有条件地参与工程总承包投标。"工程总承包单位不得是工程总承包项目代建单位、项目管理单位、监理单位、造价咨询单位、招标代理单位。政府投资项目的项目建议书、可行性研究报告、初步设计文件编制单位及其评估单位，一般不得成为项目的工程总承包单位。政府投资项目招标人公开已完成项目建议书、可行性研究报告、初步设计文件的，上述单位可以参与该工程总承包项目的投标，经依法评标、定标，成为工程总承包单位。"

2. 地方层面政策要求

2016年以来，随着国家层面工程总承包模式推进力度明显加大，各地也相继印发相关政策文件，以鼓励和推进工程总承包模式的发展。

吉林：2016年12月13日，吉林省住房城乡建设厅发布《吉林省住房和城乡建设厅关于加快推进工程总承包发展的实施意见》（吉建管〔2016〕50号），对工程总承包覆盖范围、工程总承包主要方式、工程总承包发包管理、工程总承包分包管理、工程总承包监督管理、加快推进工程总承包发展等内容提出指导意见，以"进一步深化吉林省建筑业改革发展，推动工程项目组织实施方式改革，提高工程项目管理水平，实现传统建筑产业向现代建筑产业的转变，充分发挥市场对资源配置的决定作用，明确项目建设主体责任，加快推行工程总承包发展。"

上海：2016年12月19日，上海市住房城乡建设管理委员会发布《上海市工程总承包试点项目管理办法》，对工程总承包的定义、范围、承发包管理、合同和结算、参建单位的责任、义务和监督管理几方面作出明确规定，"旨在促进上海市建设工程勘察、设计、施工等各阶段的深度融合，有效控制项目投资、提高工程建设效率，进一步推进和规范上海市工程总承包的实施和发展。该办法自2017年1月1日起施行，有效期2年。"

2018年12月20日，上海市住房城乡建设管理委员会印发《上海市工程总承包招标评标办法》，进一步规范了上海市工程总承包的招标评标活动。

浙江：2017年12月8日，浙江省住房城乡建设厅印发了《浙江省工程总承包计价规则（试行）》。这是全国第一个地方性工程总承包计价规则。《浙江省工程总承包计价规则（试行）》自2018年1月1日起施行，适用于浙江省行政区域范围内从事房屋建筑工程的设计、采购、施工等实行全过程或若干阶段承包的计价活动，市政基础设施工程参照执行。该规则为工程总承包提供了计价依据，将有助于工程总承包改革推进。该规则在处理计价因素价格波动上突出强调了发承包双方风险合理分担原则，肯定了工程总承包商的管理价值。

四川：2018年1月25日，四川省人民政府办公厅发布《四川省人民政府办公厅关于促进建筑业持续健康发展的实施意见》（川办发〔2018〕9号），提出"积极推行工程总承包制度。政府投资项目和装配式建筑以及大型公共建筑原则上采用工程总承包模式。建设单位可以根据项目实际或行业管理规定在项目可行性研究、方案设计或者初步设计完成后，以工程估算价或概算价为经济控制指标组织开展工程总承包招标工作。工程总承包企业可依据合同约定依法选择分包单位，并对工程的质量、安全、工期和造价全面负责。依法必须招标的项目，涉及施工质量的结构性材料及重要的功能性材料、设备，由总承包单位采购，建设单位不得指定生产厂、供应商。开展工程总承包试点评估，完善与工程总承包模式相适应的招标投标、施工许可、分包管理、工程造价、竣工验收等管理制度。鼓励和引导企业联合重组，增强工程总承包管理能力，培养一批具有先进管理技术的工程总承包企业。成都、绵阳、泸州要率先推行工程总承包模式，到2025年，全省建筑市场符合条件的工程项目普遍采用工程总承包模式。"

江苏：2018年2月7日，江苏省建设工程招标投标办公室发布《江苏省房屋建筑和市政基础设施项目工程总承包招标投标导则》，用以推进江苏省房屋建筑和市政基础设施项目工程总承包的发展，规范江苏省房屋建筑和市政基础设施项目工程总承包招标投标活动。

湖北：2018年4月9日，湖北省人民政府发布《省人民政府关于促进全省建筑业改革发展二十条意见》。提出要"深化工程项目组织实施方式改革。大力推行工程总承包，政府投资新建项目和国有投资新建项目应带头采用工程总承包，装配式建筑全部采用工程总承包，鼓励社会资本投资新建项目和PPP项目采用工程总承包。健全工程总承包的招标投标、质量安全管理和市场准入制度，鼓励工程建设的设计、施工、建造和服务企业融合发展。到2020年，我省新建项目工程总承包占比，武汉市、襄阳市、宜昌市达到30%以上，其他市州达到15%以上；到2025年，武汉市、襄阳市、宜昌市达到50%以上，其他市州达到30%以上。"

8.2.2 实施要点

工程总承包是指承包单位按照与建设单位签订的合同，对工程设计、采购、施工或者设计、施工等阶段实行总承包，并对工程的质量、安全、工期和造价等全面负责的工程建设组织实施方式。工程总承包的主要代表性模式有设计、采购、施工（Engineering-Procurement-Construction，EPC）承包和设计、施工（Design-Build，DB）承包。此外，近年来国际上还出现了EPC+O&M（Engineering-Procurement-Construction+Operation & Maintenance）、DBO（Design-Build-Operation）等模式。

需要特别说明的是，EPC（Engineering-Procurement-Construction）常被翻译为设计—采购—施工。但是，将"Engineering"一词简单地译为"设计"未必恰当。"Engineering"一词有着丰富含义。在EPC中，它不仅包括具体的设计工作（Design），而且包括整个建设工程的总体策划、组织管理策划和具体管理工作。因此，很难用一个简单的中文词来准确表达"Engineering"一词在这里的含义。

新型智慧城市建设涉及城市安全和政府管理职能的治理类项目多采用EPC模式。新型智慧城市建设单位通常采用公开招标方式选择工程总承包单位，中标的工程总承包单位按合同完成设计、采购、施工等任务。

1. 设计

其中，设计除方案设计、初步设计和施工图设计外，还包括对总体技术和管理策划、工程组织策划、资源需求策划等整个工程建设内容的系统性分析。

在工程总承包模式中，要积极发挥设计主导性。设计前期，应认真检查和验证设计基础数据和资料。设计过程中,要充分利用EPC"分阶段出图、设计施工可同时进行,整体协调性好"的特点,"边设计边施工边修改,尤其注意推动设计与施工高度融合,高度重视设计创效作用,既要保证图纸有可施工性,又要考虑控制概算。积极参与概念方案,服务前移,从设计与施工融合的角度做建设性思考,使选定方案更具可建造性。"注重设计细节,尽量避免设计图纸出现错误或遗漏。特别要注意设计工作的执行计划和采购、施工等工作的有序衔接,各阶段设计文件应满足项目其他工作的需求,尽量减少大的设计改动。

2. 采购

在项目前期阶段,采购人员应积极询价,紧密配合报价部门的投标报价工作。避免在实际采购过程中出现偏差或价格大幅浮动,对整个项目的成本控制造成影响。在项目设计阶段,要与设计部门建立良好的沟通渠道,一方面要对设备规格、材料的种类、数量等相关问题达成共识,既要满足设计要求,又要具备经济性;另一方面由于EPC分阶段出图的特点,要对项目的采购内容有整体的把握,为设计变动做好预案。有效编制采购执行计划,在实际采购过程中,设备、材料应有计划地供货至现场,保证项目的顺利实施。既不能提早入场造成材料积压和资金占用,也不能过晚入场影响施工。

3. 施工

施工前,需由施工经理编制施工执行计划,对施工组织、质量、进度、费用、安全、资源供应等内容作出安排。工程总承包企业可以选择自行施工或者依法分包给具有相应资质的施工企业完成,但是严禁转包和违法分包。自行施工的,总承包企业应依法取得安全生产许可证,按照合同约定对建设单位负责;依法分包的,施工企业应依法取得安全生产许可证,按照分包合同的约定对工程总承包企业负责。但是分包合同不能免除工程总承包企业的合同义务和法律责任,工程总承包企业和分包企业就分包工程对建设单位承担连带责任。针对依法分包的情况,施工执行计划中应明确分包范围、分包人责任义务等。

施工过程中,管理重点仍应放在质量、进度、费用、安全四方面。进度控制需在施工执行计划的基础上编制施工进度计划,对施工进度监控和跟踪,并及时调整。质量控制要严格把控过程质量和结果质量,过程质量管理需对特殊过程和关键工序进行识别和质量控制,结果质量管理应按程序对工程产品进行检验并组织各单位参加工程质量验收。费用控制要确定费用控制基准并按程序调整，过程中可以采用赢得值等方法，分析费用偏差及时纠偏。安全管理中，要明确总包和分包的安全责任，提高各方的安全意识。总承包单位需要对整个项目的安全管理负责，建立项目安全生产责任制和有效的监督管理机制。同时也应提高分包单位责任承担的主动性，减少对总承包单位的过度依赖。

8.2.3 应用案例

1. 廉江新型智慧城市一期工程项目

廉江市新型智慧城市一期工程由廉江市发展和改革局以廉发改资〔2019〕2号批准建设。通过建设绿色智慧城市，推动绿色建筑和基础设施建设，发展智慧公共服务和智慧产业，助力当地高质量发展。

（1）项目概况。廉江市新型智慧城市一期工程总投资估算3.9亿元，计划工期为3年。该项目采用EPC总承包方式，设计+采购+施工全过程承包，中标单位为国地科技与广东省电信规划设计院组成的联合体。项目于2019年9月28日开工，具体概括为"1311"，即一个顶层设计、三大工程、十一大项目。其中，新型智慧城市顶层设计将形成科学合理的建设思路、方法步骤和路线图，指导廉江新型智慧城市建设[①]。

1）智慧廉江基础工程：包括信息传输网络、智慧城市支撑平台、三维实景建模与规划信息平台三大项目，是一期工程及后续新型智慧城市建设的基础工程。

2）智慧视频与安防工程：统筹视频监控系统建设，在满足上级主管部门关于安防建设要求的基础上，实现视频监控系统的统筹建设和多方应用，促进建设效益最大化。

3）智慧应用示范工程：针对廉江现实需求，以信息传输网络、支撑平台和视频监控系统为基础，重点建设智慧政务、智慧水务、智慧城管、智慧交通、智慧环保、智慧旅游和智慧教育七大项目。

4）智慧城市配套市政工程：包括智慧廉江通信工程顶层设计、视频监控设备、水量传感器等相应市政工程设计与安装，廉江大道红绿灯增设与改造、智慧路灯世界与建

---

① 廉江市新型智慧城市一期工程EPC总承包招标公告. 建设招标网. https://www.jszhaobiao.com/notice-detail-85395213.html。

设等市政工程。

（2）EPC工程总承包实施。廉江市新型智慧城市一期工程采用EPC工程总承包建设模式，具体包括廉江市新型智慧城市顶层设计、"智慧城市支撑平台""三维实景建模与规划信息平台""智慧视频与安防工程""智慧政务""智慧水务""智慧城管""智慧交通""智慧环保""智慧旅游"和"智慧教育"的初步设计及以后阶段的测量、设计、概算、预算、施工、材料采购（含所有设备）及试运行服务，承包方负责竣工资料编制、整理和报审（监理方和建设方给予配合）以及竣工结算的编制。

1）设计：项目的初步设计（含初设概算）、实施方案设计（含实施方案设计和设计图纸审查、实施方案预算编制、竣工图文件编制）、设计配合结算报告编制、电子化移交、现场技术服务等工作。

2）采购：项目的所有软、硬件设备及材料采购。

3）施工：项目的安装、调试、试运行及运行维护；建设单位为承包商提供必要的配合并负责工程监理、征地等合同以外内容的落实并承担相关费用。

2. 西安市智慧环保工程项目

（1）项目概况。西安市智慧环保项目总投资估算约3.6亿元，是汾渭平原第一个大型智慧环保项目，同时也是目前国内规模最大的智慧环保项目。建设内容主要包括"智慧环保"感知层建设，即建设国标空气站，新建和改造水质自动监测站、超级站、加强站、浮标站等，新建污染走廊监测系统，新建针对当地排放企业的VOCs监测系统。另外，需建设西安市环保指挥中心应用平台，开发基于环境感知物联网+大数据应用的智慧管理平台系统。

（2）EPC工程总承包实施。该项目采用EPC工程总承包模式，承包商为中节能天融科技有限公司，包括总体布局设计、系统设备材料购置安装及配套土建工程施工、系统软件购置安装、系统设备软件试运行和联动试运行，以及项目验收等。项目建成后为西安市构筑起"空天地一体化"全方位、多层次、广覆盖的"环境感知物联网"，实时掌握环境大数据，精准追溯污染来源，实现环境保护动态监管，及时执法。该工程入选中国环保产业研究院公布的12个荣获"2019生态环境产业创新工程"称号。

参考文献

[1] 《我国智慧城市建设若干关键问题研究》课题组. 走向智慧城市 [M]. 北京: 科学出版社, 2014: 86-87.

[2] 樊友山. 携手共建新型智慧城市美好未来 [EB/OL]. http://cn.chinadaily.com.cn/2015dejsjhlwdh/2015-12/17/content_22732177.htm, 2015-12-17.

[3] 李若愚, 刘超, 薛鹏程. 从智慧城市到新型智慧城市的规划建设探究 [J]. 现代商业, 2020 (04): 50-51.

[4] 熊垓智. 拥抱后规划时代——新型城镇化之智慧城市建设思考 [J]. 自动化博览, 2016, 3: 68-71.

[5] 董恒昌, 张鹏, 王园. 新型智慧城市顶层设计架构 [J]. 智能建筑与智慧城市, 2019 (09): 21-24.

[6] 钱学森. 再谈开放的复杂巨系统 [J/OL]. http://www.lib.xjtu.edu.cn/lib75/qxs/zzlw/zzlw4.htm, 1991.

[7] 蒋斌. 开辟城市可持续发展新路径以新发展理念引领新型智慧城市建设 [EB/OL]. http://theory.people.com.cn/n1/2017/0913/c40531-29531563.html, 2017-9-13.

[8] 刘治彦. 智慧城市的特征和"痛点" [EB/OL]. http://www.cssn.cn/zhcspd/201707/t20170712_3577931_2.shtml, 2017-7-12.

[9] 新型智慧城市建设部际协调工作组召开第一次会议https://www.ndrc.gov.cn/fzggw/wld/lnx/lddt/201604/t20160419_1167721.html.

[10] 关于组织开展新型智慧城市评价工作务实推动新型智慧城市健康快速发展的通知(发改办高技 [2016] 2476号) [EB/OL]. http://www.ndrc.gov.cn/xxgk/zcfb/tz/201604/t20160428-963033.html, 2016-4-28.

[11] 郑海峰. 新型智慧城市建设中的"里子"与"面子"问题研究 [J]. 中国商论, 2020 (04): 30-31, 34.

[12] Giffinger R, Fertner C, Kramar H, et al. Smart Cities: Ranking of European Medium-Sized Cities [R]. Vienna, Austria: Centre of Regional Science, Vienna University of Technology, 2007.

[13] 张新, 杨建国. 智慧交通发展趋势、目标及框架构建 [J]. 中国行政管理, 2015 (04): 150-152.

[14] 郑文超, 贲伟, 汪德生. 智慧交通现状与发展 [J]. 指挥信息系统与技术, 2018, 9 (04): 8-16.

[15] 项颢, 沈洁, 贾琨. 智慧建筑的发展趋势及与智慧城市的关系 [J]. 智能建筑与智慧城市, 2019 (11): 44-47.

[16] 李思思. 基于政府治理能力现代化的智慧政务建设探析 [J]. 中国管理信息化, 2019, 22 (24): 142-143.

[17] 王丹, 栾超, 王殿清. 5G助力智慧医疗将大有可为 [J]. 通信世界, 2019 (34): 41-42.

[18] 杨现民. 信息时代智慧教育的内涵与特征 [J]. 中国电化教育, 2014 (01): 29-34.

[19] 王帅, 林坦. 智慧物流发展的动因、架构和建议 [J]. 中国流通经济, 2019, 33 (01): 35-42.

[20] 住房城乡建设部办公厅关于印发《智慧社区建设指南（试行）》的通知[EB/OL]. http://www.mohurd.gov.cn/wjfb/201405/t20140520_217948.html, 2014-5-4.

[21] 蔡宁. 智慧经济与智慧产业的内涵、功能及其关系研究[J]. 商业经济, 2019（08）：48-50.

[22] 陈俣含. 从传统智慧城市到新型智慧城市：建设现状及未来发展路径探讨[J]. 未来与发展, 2020, 44（01）：1-6.

[23] 马莉. 智慧城市时空大数据平台研究[J]. 科技创新与应用, 2019（25）：58-59.

[24] 投融资是智慧城市建设的源头活水[EB/OL]. http://www.xinhuanet.com/info/2017-09/22/c_136629603.htm, 2017-9-22.

[25] 蒋震, 周婷. 从智慧城市到智慧社会的路径研究[J]. 通信企业管理, 2019（07）：65-67.

[26] 郁建生, 林珂等. 智慧城市——顶层设计与实践[M]. 北京：人民邮电出版社, 2017.

[27] 郭中梅, 朱常波, 夏俊杰, 孙亮."疫情大考"下的智慧城市未来发展思考[J]. 邮电设计技术, 2020（02）：5-8.

[28] 昌超. 云计算及物联网技术在智慧城市中的应用分析[J]. 信息与电脑（理论版）, 2019（11）：190-191.

[29] 柳祖国, 李世其, 李作清. 增强现实技术的研究进展及应用[J]. 系统仿真学报, 2003（02）：222-225.

[30] 彭崧, 谢茶花, 尹积栋. 基于大数据的吉安智慧城市系统协同工作机制建设[J]. 中外企业家, 2019（34）：199.

[31] 孙超. 浅谈虚拟现实技术在智慧城市领域的应用[J]. 中国公共安全, 2017（01）：73-78.

[32] 徐博. 大数据在智慧城市规划中的应用分析[J]. 中国新通信, 2019, 21（23）：115.

[33] 俞洪良, 毛义华. 工程项目管理[M]. 杭州：浙江大学出版社：2014.

[34] 吴红辉. 智慧城市实践总论[M]. 北京：人民邮电出版社, 2017.

[35] 张弛, 武善梅. 服务智慧城市的云计算技术——以居民出行数据分析服务为例[J]. 现代城市, 2019, 14（01）：39-44.

[36] 张飞舟, 杨凯, 张弛. 智慧城市及其解决方案[M]. 北京：电子工业出版社, 2015.

[37] 张磊. 基于云计算的智慧城市建设探讨[J]. 信息记录材料, 2019, 20（09）：113-115.

[38] 邹湘军, 孙健, 何汉武, 郑德涛, 陈新. 虚拟现实技术的演变发展与展望[J]. 系统仿真学报, 2004（09）：1905-1909.

[39] 刘卉卉, 赵福君. 基于BIM5D的工程智能建造管理应用分析[J]. 大众标准化, 2019（15）：58-59.

[40] 唐向阳, 张勇, 李江有. 机器视觉关键技术的现状及应用展望[J]. 昆明理工大学学报（理工版）, 2004（02）：36-39.

[41] 马衍庆. 基于机器学习的网络流量识别方法与实现[D]. 济南：山东大学, 2014.

[42] 袁烽, 周渐佳, 闫超. 数字工匠：人机协作下的建筑未来[J]. 建筑学报, 2019（04）：1-8.

[43] 杨诗冬, 杨邓文萍. 人工智能在智慧建筑中的应用[J]. 智能建筑与智慧城市, 2020（03）：30-33.

[44] 中华医学信息导报. 心血管影像学最新研究进展[N]. 2018.

[45] 张光华, 潘婧. 人工智能技术在医疗领域中的应用[J]. 电子技术与软件工程, 2019（19）：239-240.

[46] 中国信息通信研究院. 中国数字经济发展与就业白皮书（2019年）[R]. 2019.

[47] 人民日报. 3000公里如咫尺！全国首例5G远程人体手术顺利完成[N]. 2019.

[48] 中国互联网协会. 中国网民权益保护调查报告（2016）[R]. 2016.

[49] 宋璟, 李斌, 班晓芳. 关于我国智慧城市信息安全的现状与思考[J]. 中国信息安全, 2016（02）：107-11.

[50] 徐敦楷. 顶层设计理念与高校的科学发展[J]. 中国高等教育, 2008（22）：11-13.

[51] 房毓菲, 单志广. 智慧城市顶层设计方法研究及启示[J]. 电子政务, 2017（02）：75-85.

[52] 陆小敏, 陈杰, 袁伟. 关于智慧城市顶层设计的思考[J]. 电子政务, 2014（01）：15-22.

[53] 王家耀. 建设智慧城市需要系统思维[N]. 中国能源报, 2020-03-16（032）.

[54] 杨成福, 王毅睿. 智慧城市顶层设计浅析[J]. 邮电设计技术, 2016（04）：76-83.

[55] 中华人民共和国国家标准. 智慧城市 顶层设计指南GB/T 36333—2018 [S]. 北京: 中国标准出版社, 2018.

[56] 何军. 智慧城市顶层设计与推进举措研究——以智慧南京顶层设计主要思路及发展策略为例 [J]. 城市发展研究, 2013（07）: 79-83.

[57] 中共中央 国务院印发《国家新型城镇化规划（2014—2020年）》[EB/OL]. http://www.gov.cn/gongbao/content/2014/content_2644805.htm, 2014-3-16.

[58] 关于促进智慧城市健康发展的指导意见 [EB/OL]. http://www.gov.cn/gongbao/content/2015/content_2806019.htm, 2014-3-16.

[59] 臧维明, 李月芳, 魏光明. 新型智慧城市标准体系框架及评估指标初探 [J]. 中国电子科学研究院学报, 2018, 13（01）: 1-7.

[60] 河北省人民政府办公厅关于加快推进新型智慧城市建设的指导意见 [EB/OL]. http://info.hebei.gov.cn//eportal/ui?pageId=6809997&articleKey=6857213&columnId=6855575, 2019-3-11.

[61] 江津区人民政府. 关于印发重庆市江津区新型智慧城市建设方案（2019—2022年）的通知（江津府办发[2019]109号）[EB/OL]. http://www.jiangjin.gov.cn/zwgk_180/fdzdgknr/lzyj/qtgw/202004/t20200402_6937648.html, 2019-11-22.

[62] 阿里巴巴集团置业部. 智能建筑白皮书 [R]. 2017.

[63] 杜明芳. 智慧建筑内涵、架构及理论体系 [J]. 智能建筑, 2019（03）: 15-18.

[64] 中华人民共和国行业标准. 住宅建筑电气设计规范JGJ 242—2011 [S]. 北京: 中国建筑工业出版社, 2012.

[65] 康春鹏. 智慧社区在社会管理中的应用 [J]. 北京青年政治学院学报, 2012, 21（02）: 72-76.

[66] 刘倩, 赵临龙, 拓盼, 高丽. 关于智慧教育的"教育革命"的思考 [J]. 科技风, 2020（05）: 54, 61.

[67] 司林波, 刘畅. 智慧政府治理: 大数据时代政府治理变革之道 [J]. 电子政务, 2018（05）: 85-92.

[68] 王京春, 高斌, 类延旭, 方华英, 高飞. 浅析智慧社区的相关概念及其应用实践——以北京市海淀区清华园街道为例 [J]. 理论导刊, 2012（11）: 13-15.

[69] 王勇, 王毅, 乐宇日. 智慧建筑 [M]. 北京: 清华大学出版社, 2012: 1.

[70] 吴建新. 以智慧政府建设推进智慧城市发展的对策研究 [J]. 中国信息界, 2011（05）: 24-26.

[71] 项颢, 沈洁, 贾琨. 智慧建筑的概念及其系统框架 [J]. 智能建筑与智慧城市, 2019（10）: 31-34, 40.

[72] 杨希. 智慧园区建设探讨 [J]. 数字通信世界, 2019（11）: 269.

[73] 中华人民共和国行业标准. 医疗建筑电气设计规范JGJ 312—2013 [S]. 北京: 中国建筑工业出版社, 2014.

[74] 余芳强, 曹强, 许璟琳. 基于BIM的医疗建筑智慧建设运维管理系统研究 [J]. 上海建设科技, 2018（01）: 30-34.

[75] 中华人民共和国行业标准. 智能建筑设计标准GB 50314—2015 [S]. 北京: 中国计划出版社, 2015.

[76] 张珂. 从智能交通到智能能源: 智慧城市在七个方面的应用实践 [J]. 大数据时代, 2018（12）: 46-51.

[77] 张宇航. 关于大数据人工智能时代的智慧交通研究 [J]. 通讯世界, 2019, 26（02）: 87-88.

[78] 陈才君, 柳展, 钱小鸿. 智慧交通 [M]. 北京: 清华大学出版社, 2015.

[79] 程世东. 智慧停车为何这么火？政府新基建、新高度促完善成熟 [J]. 人民交通, 2020（04）: 38-39.

[80] 蒋南. 智能交通集成指挥平台的研发与管理 [D]. 杭州: 浙江工业大学, 2012.

[81] 邓晓斌. 基于GIS的交通规划决策支持系统设计 [J]. 测绘, 2017, 40（03）: 115-116, 21.

[82] POWELL D. Land-vehicle navigation using GPS [J]. Proceedings of the IEEE, 87（1）: 145-162.

[83] 袁理. ATIS出行者信息系统相关问题研究 [D]. 成都: 西南交通大学, 2010.

[84] 吴建洪. 车载导航系统的研究与实现 [D]. 长沙: 湖南大学, 2007.

[85] 蒋震, 江东来. 高速公路交通安全措施综合应

用分析[J].工程技术研究,2019,4(06):233-234.

[86] 崔立秋.城市轨道交通运营安全管理模式研究[D].北京:北京交通大学,2009.

[87] 袁理.基于GPS/GPRS的出租车调度系统[D].长沙:中南林业科技大学,2015.

[88] 欧栋杰.ETC前台系统关键技术的研究[D].淮南:安徽理工大学,2014.

[89] 李远.电子不停车收费系统(ETC)的研究与设计[D].太原:太原理工大学,2013.

[90] 冯汀.电子不停车收费系统的设计与实现[D].成都:电子科技大学,2015.

[91] 徐友春,王荣本,李兵.世界智能车辆近况综述[J].汽车工程,2001(05):289-295.

[92] 王科.城市交通中智能车辆环境感知方法研究[D].长沙:湖南大学,2013.

[93] 石金进.基于视觉的智能车辆道路识别与障碍物检测方法研究[D].哈尔滨:哈尔滨工业大学,2017.

[94] 贺大胜.智能交通发展现状及在我国的应用研究[D].西安:长安大学,2013.

[95] 秦小虎.城市交通紧急事件处理与安全系统模型及应用研究[D].重庆:重庆大学,2005.

[96] 张爱国,范文强,张迎娅.云计算模型在智能交通系统中的应用研究——以深圳市为例[J].城市交通,2019,17(03):48-52,95.

[97] 张玉辉.基于智慧城市的兰州市交通拥堵治理研究[D].兰州:兰州大学,2018.

[98] 艾小燕.武汉市智慧交通管理中的大数据应用研究[D].武汉:华中科技大学,2018.

[99] 李旎.政府在智慧城市建设中的作用研究[J].现代商业,2019(01):179-180.

[100] 郭兴东."互联网+"行动下我国智慧城市建设运营模式研究[D].武汉:华中师范大学,2016.

[101] 海南省推动网上督查减轻基层负担[EB/OL].http://www.cac.gov.cn/2019-08/19/c_1124890225.htm.

[102] 龚蔚文.杭州电信智慧城市业务发展战略研究[D].杭州:浙江工业大学,2019.

[103] 应江勇.电信运营商"智慧城市"建设运营的博弈及评估研究[D].北京:北京邮电大学,2015.

[104] 夏俊杰,郭中梅,孙亮.中国联通助力智慧城市业务,打造智慧城市应用示范[EB/OL].http://www.cww.net.cn/article?id=457754,2019-9-11.

[105] iResearch Inc. 2019 Report of Development of China's Smart Cities.2019[EB/OL]. http://www.iresearchchina.com/index.html.

[106] 李英.大数据时代下智慧城市建设项目运营模式分析[J].工程建设与设计,2019(16).

[107] 郭会明,于相宝.智慧城市建设运营模式研究[M].北京:北京理工大学出版社,2016.

[108] 德勤全球.超级智能城市2.0:人工智能引领新风向[R].2019.

[109] 董经轩.智慧城市运营管理模式创新研究[D].贵阳:贵州财经大学,2019.

[110] 韩天璞.智慧城市建设及运营模式研究[D].北京:北京邮电大学,2013.

[111] 关于进一步加快智慧城市建设的若干意见[EB/OL]. http://www.shanghai.gov.cn/nw2/nw2314/nw2319/nw12344/u26aw63566.html?phlnohdjmglngdbi,2020-2-10.

[112] 张晓莺.上海市智慧城市发展水平评估报告[R].上海:上海市经济和信息化发展研究中心,2019.

[113] 孙宏超.美国迪比克:科技武装的社区[J].中国经济和信息化,2013(02):72.

[114] 宋昊阳.美国智慧城市建设经验对郑州的启示[J].美与时代(城市版),2016(07):36-37.

[115] 贺娟茹.智慧城市项目PPP模式的应用研究[D].成都:西南石油大学,2017.

[116] 新型智慧城市建设部际协调工作组.新型智慧城市发展报告2015—2016[M].北京:中国计划出版社,2016.

[117] 张延强,单志广,马潮江.智慧城市建设PPP模式实践研究[J].城市发展研究,2018,25(01):18-22.

[118] 申彤.促进智慧城市建设中PPP模式应用研究[D].北京:中国财政科学研究院,2018.

[119] 吴沁喆.当智慧城市遇上PPP[J].施工企业管理,2018(12):81-83.

[120] 李明，吴磊. 智慧城市建设项目PPP模式应用现状与推进建议[J]. 科技进步与对策，2018，35（24）：112-116.

[121] 孙天伟. 智慧城市建设模式探讨[J]. 江苏通信，2019，35（06）：47-49.

[122] 马亮，张敏，乐云. 我国工程总承包政策综合量化研究——基于文献计量与内容分析[J]. 建筑经济，2019，40（04）：103-109.

[123] 李君兰，张国强，尚时羽. 新型智慧城市建设典型模式比较研究[J]. 人工智能，2019，（06）：6-15.

[124] 杨建伟. 工程总承包模式与传统模式的招标发包模式研究[J]. 工程技术研究，2019，4（22）：147-148.

[125] 张学利. EPC总承包模式下的工程项目管理研究[D]. 西安：西安建筑科技大学，2008.

[126] 张劲文. 关于创新智慧城市建设投融资模式的思考[J]. 中国经贸导刊，2019（22）：74-75.

[127] 王耀中. EPC工程总承包：建筑业企业新常态下发展的核心竞争力[N]. 2019-04-05.

[128] 叶浩文，周冲，王兵. 以EPC模式推进装配式建筑发展的思考[J]. 工程管理学报，2017，31（02）：17-22.

[129] 廉江市新型智慧城市一期工程EPC总承包招标公告. [EB/OL]. https://www.jszhaobiao.com/notice-detail-85395213.html.

[130] 西安市"智慧环保"项目[EB/OL]. http://www.zghbcyyjy.cn/?p=16898.